新《事业单位财务规则》解读与实务

赵治纲　何平◎编著

U0833006

中国财经出版传媒集团
中国财政经济出版社

图书在版编目（CIP）数据

新《事业单位财务规则》解读与实务 / 赵治纲，何平编著. --北京：中国财政经济出版社，2022.4
ISBN 978-7-5223-1264-4

Ⅰ.①新… Ⅱ.①赵… ②何… Ⅲ.①行政事业单位-财务制度-研究-中国 Ⅳ.①F812.2

中国版本图书馆CIP数据核字（2022）第046501号

责任编辑：温彦君　　　　责任校对：徐艳丽
封面设计：智点创意　　　　责任印制：党　辉

新《事业单位财务规则》解读与实务
XIN SHIYEDANWEI CAIWU GUIZE JIEDU YU SHIWU

中国财政经济出版社 出版
URL：http：//www.cfeph.cn
E-mail：cfeph@cfeph.cn
（版权所有　翻印必究）
社址：北京市海淀区阜成路甲28号　邮政编码：100142
营销中心电话：010-88191522
天猫网店：中国财政经济出版社旗舰店
网址：https：//zgczjjcbs.tmall.com
北京富生印刷厂印刷　各地新华书店经销
成品尺寸：185mm×260mm　16开　15.5印张　337 000字
2022年4月第1版　2022年4月北京第1次印刷
定价：68.00元
ISBN 978-7-5223-1264-4
（图书出现印装问题，本社负责调换，电话：010-88190548）
本社质量投诉电话：010-88190744
打击盗版举报热线：010-88191661　QQ：2242791300

前言

Preface

近年来，随着事业单位各项改革工作的深入推进，尤其是财政预算管理改革、国有资产管理改革和全面绩效管理的全面推进，以及新政府会计制度的全面实施，旧的《事业单位财务规则》已经难以适应和体现这些改革的新变化和新要求，需要加以全面修订。2022 年 1 月 18 日，财政部公布《事业单位财务规则》（财政部令第 108 号，以下简称新《规则》），对原《事业单位财务规则》（财政部令第 68 号）进行了修订。新修订的《事业单位财务规则》深入贯彻了进一步深化预算管理改革精神，全面体现了与各项新法规和新制度的无缝对接，为今后进一步夯实对事业单位的预算刚性约束、财务管理规范化等工作奠定了非常坚实的制度基础。

为了便于事业单位负责人和财务人员更加全面掌握和深入理解新修订的《事业单位财务规则》，提高新《规则》在事业单位贯彻落实的进度和效果，我们编写了《新〈事业单位财务规则〉解读与实务》一书。本书的核心内容包括：《事业单位财务规则》修订的总体背景，即事业单位改革、预算管理改革、政府会计制度改革和行政事业性国有资产管理等方面的新规定和新要求；《事业单位财务规则》的新旧对比和逐条解读；事业单位的预算管理和绩效管理；事业单位的收支管理和成本管理；事业单位的资产管理；事业单位的负债管理；事业单位的财务报告和决算报告等。

本书力求做到和体现对新《规则》进行解读的精准性、对困扰事业单位实施预算绩效管理和成本管理等重点问题应用上的操作性。本书不仅可以为我国事业单位负责人和财务人员从事财务管理和实务操作提供指引，还可作为事业单位就财务新规则开展培训与学习的指导教材。本书的出版得到了中国财经出版传媒集团中国财政经济出版社的大力支持，在本书即将出版之际，深表感谢。虽然我们尽力做到解读深入、内容全面、结构严谨、案例翔实，但限于作者的水平，书中难免会存在一些不足之处，恳请学术界同仁和实务工作者不吝指正，以便今后进一步修改和完善。

赵治纲　何平

2022 年 3 月于新知大厦财科院

目录
Contents

第一章 《事业单位财务规则》修订的总体背景

原《事业单位财务规则》（以下简称《规则》）自2012年4月1日施行以来，在规范事业单位财务行为、提高财务管理水平、促进事业单位发展等方面发挥了重要作用。但是，随着事业单位改革工作深入推进、财政改革新政策新举措陆续出台、新的政府会计准则制度逐步施行等，有必要对部分规定加以修订，以与近年来出台的各项改革措施相衔接。

《规则》修订积极贯彻党中央关于加强财会监督有关部署，反映了财政法律法规的新规定和财政有关改革发展新成果，衔接了政府综合财务报告制度改革和政府会计准则制度新要求。新《规则》的实施，将对完善事业单位财务制度，规范事业单位财务行为，保障事业单位健康发展起到积极作用。

一、全面推进事业单位改革的现实需要

事业单位是经济社会发展中提供公益服务的主要载体，是我国社会主义现代化建设的重要力量。改革开放特别是党的十六大以来，各地区、各有关部门积极探索事业单位改革，不断创新事业单位体制机制，稳步推进教育、科技、文化、卫生等行业体制改革，积累了有益经验，取得了明显成效，为进一步推进改革奠定了基础。事业单位提供公益服务总量不断扩大，服务水平逐步提高，在促进经济社会发展、改善人民群众生活方面发挥了重要作用。

当前，我国事业单位的管理差异较大，基本由各自职能主管部门决定。目前，中央专门针对事业单位改革的文件较少，最新可见的文件是2012年4月16日发布的《中共中央国务院关于分类推进事业单位改革的指导意见》，相关改革推进较为迟缓。党的十九大报告明确提出，深化事业单位改革，强化公益属性，推进政事分开、事企分开、管办分离。面对当前我国事业单位发展面临的新形势和新要求，我国社会事业发展相对滞后，一些事业单位功能定位不清，政事不分、事企不分，机制不活；公益服务供给总量不足，供给方式单一，资源配置不合理，质量和效率不高；支持公益服务的政策措施还不够完善，监督管理薄弱。这些问题影响了公益事业的健康发展，迫切需要通过分类推进事业单位改革加以解决。分类推进事业单位改革是党中央、国务院从经济社会发展全局出发作出的重要部署，也是财政改革与制度创新的重要内容。为此，需要加强事业单位改革后的财务管理，

规范财务行为。

按照分类推进事业单位改革的要求，根据改革后各类单位的职能性质及其行政和财务隶属关系，经主管部门审核并报同级财政部门批准，做好相关财务经费指标的划转、移交和接收，以及相应的财务处理等工作，并按改革后的单位性质实行分类管理。改革过程中要加强对事业单位的财务控制和监督，确保财政资金管理规范和安全、有效。

对改革后仍保留在事业单位序列的事业单位，各级财政部门要切实履行财政管理职能，在继续深化部门预算管理制度改革、国库集中收付制度改革、政府采购制度改革和“收支两条线”改革的基础上，进一步健全事业单位财务管理制度，强化预算约束，规范收支管理，加强财务监督检查。同时，逐步建立和完善预算管理与资产管理相结合，权属清晰、配置科学、使用合理、处置规范、监督公正的事业单位资产管理模式。各事业单位及其主管部门要进一步加强单位内部管理，建立和完善事业单位绩效考评制度，降低事业运行成本。要加强对事业单位经济活动的财务控制和监督，强化负债管理，防范财务风险。

对改革后转为企业的单位，应当按照有关规定进行资产清查、财务审计、资产评估，核实债权债务，界定和核实资产，并由同级财政部门依法核定国家资本金。从事生产经营活动事业单位转制过程中的税收优惠政策、财务和资产管理具体办法，按照《关于分类推进事业单位改革中从事生产经营活动事业单位转制为企业的若干规定》执行。分类推进事业单位改革中国有资产管理的具体办法，按照《关于分类推进事业单位改革中加强国有资产管理的意见》执行。

二、全面贯彻事业单位预算管理改革的总要求

预算体现国家的战略和政策，反映政府的活动范围和方向，是推进国家治理体系和治理能力现代化的重要支撑，是宏观调控的重要手段。预算制度是财税制度的核心，也是事业单位财务管理的前提和基础。新预算法将“讲求绩效”作为各级预算遵循的基本原则，党的十九大明确提出“全面实施绩效管理”，预算绩效管理上升为国家战略。当前和今后一个时期，我国发展环境面临深刻复杂变化，财政处于紧平衡状态，收支矛盾较为突出，在各级政府过紧日子的背景下，艰苦奋斗、勤俭节约将成为长期坚持的基本方针，深化预算绩效管理改革的重要性和紧迫性尤其明显。

2018 年 12 月，第十三届全国人大常委会表决通过《关于修改〈中华人民共和国预算法〉的决定》（以下简称《预算法》）。2020 年 8 月，李克强总理签署第 729 号国务院令，公布修订后的《中华人民共和国预算法实施条例》，自 2020 年 10 月 1 日起施行。为落实《预算法》及其实施条例有关规定，2021 年 3 月国务院出台《关于进一步深化预算管理制度改革的意见》（国发〔2021〕5 号），进一步完善预算管理制度。2020 年 2 月财政部发布全国统一的《预算管理一体化规范（试行）》（财办〔2020〕13 号），推进预算管理一体化建设。将制度规范与信息系统建设紧密结合，通过将规则嵌入系统强化制度执行力，

为完善标准科学、规范透明、约束有力的预算制度提供基础保障。

新《规则》与《预算法》及其实施条例修订、深化预算管理制度改革以及预算管理一体化相关的具体改革主要要求体现在以下几个方面：

（一）加快实施全面预算绩效管理

全面实施预算绩效管理是党中央、国务院作出的重大战略部署，是政府治理和预算管理的深刻变革。《预算法》改革重要创新之一是加强预算绩效管理与绩效评价。2019 年政府会计制度的正式实施，统一了事业单位的会计核算要求，为推进预算绩效管理的实施创造了良好的制度环境。新《规则》关于“事业单位财务管理的主要任务”中将“实施绩效评价”提升到“全面实施绩效管理”，而绩效评价只是事业单位实施全面绩效管理的一个关键环节。与此同时，新《规则》将原规则第二十六条加强“支出绩效管理”规定从“第四章　支出管理”部分调整到“第二章　单位预算管理”部分，作为新规则第十五条规定，并拓展至“全面预算绩效管理”，响应《中共中央　国务院关于全面实施预算绩效管理的意见》（中发〔2018〕34 号）所提出“建成全方位、全过程、全覆盖的预算绩效管理体系”的要求。

（二）全面提高预算管理水平

预算管理是财务管理的重要组成部分，规范有效的预算管理要求单位负责人具有全面预算管理意识，财务人员具备较强综合素质和专业能力，加强预算管理，严格预算执行，对全面提高单位的财务管理水平起到积极的作用。

一些事业单位在实际工作中对预算管理不重视，缺乏全面预算管理意识，简单认为预算管理仅仅是财务部门的工作，认为预算就是编制预算单位一年的收入支出计划，编制过程与绩效评价过程相脱离。行政事业单位往往也是更重视向财政申请预算，对财政资金的使用效率、预算执行效果、预算绩效考核及评价结果不重视。因此，事业单位应该增强全员预算管理意识，彻底转变预算管理仅仅只是财务部门的工作这一片面认知，树立“先有预算管理，后有资金使用”的理念，将全面预算管理意识深深植入每一个人的心中，全面提高单位预算管理水平。2020 年 10 月 1 日施行的《中华人民共和国预算法实施条例》，细化完善了预算法相关规定，对改革和完善我国预算管理体制起到了积极的作用，同时也对行政事业单位预算管理提出了更高要求。

事业单位在实际工作中如果预算管理实施顺利，预算编制规范科学，预算目标制定全面科学，预算指标做到细化量化，积极分析、跟踪财政资金统筹使用进度和目标完成情况，就能有效预防预算随意支出，大大提高财政资金使用效益，优化财政资金支出结构，把财政资金合理分配到行政事业单位的各个项目中去，促进各项事业的健康、高效发展，保证合理、高效地分配有限的资源。

（三）全面完善收支管理制度

事业单位的财务管理制度是一个完整的制度体系，其重点在于单位建立和完善相应的收入和支出管理制度，即事业单位的全部收入和支出都应当纳入预算进行管理。《国务院关于进一步深化预算管理制度改革的意见》（国发〔2021〕5号）则进一步强调“强化部门和单位收入统筹管理。各部门和单位要依法依规将取得的各类收入纳入部门或单位预算，未纳入预算的收入不得安排支出”。为此，新《规则》更是明确要求：“各项收入全部纳入单位预算，统一核算，统一管理”，在此基础上增加“未纳入预算的收入不得安排支出”的规定。值得强调的是，事业单位财政补助收入和财政专户管理资金收入超收部分，应当经过财政部门批准才能安排支出。对于支出管理，新《规则》要求：“将各项支出全部纳入单位预算，建立健全支出管理制度”，在此基础上增加“实行项目库管理”的新规定。项目全生命周期管理主要包括前期谋划、项目储备、预算编制、项目实施、项目终止五个阶段。事业单位应当树立“先谋事后排钱”理念，坚持“先有项目再安排预算”原则，提前研究谋划、常态化储备预算项目，申请预算必须从项目库中挑选已入库储备的预算项目。

（四）如实反映依法举借债务情况

近年来，政府债务问题得到了中央和地方的高度重视，特别是地方政府通过所属事业单位违规举借债务的情况得到了严肃清理和全面遏制。《预算法》更是明确了地方政府发行债券融资是其唯一合法融资渠道，明确要求地方政府和事业单位建立规范的举债融资机制。

新《规则》进一步规范和强化了对于事业单位债务管理和依法举借债务的要求。比如，事业单位应当建立健全财务风险预警和控制机制，规范和加强借入款项管理，如实反映依法举借债务情况，严格执行审批程序，不得违反规定融资或者提供担保。并新增了“如实反映依法举借债务情况”的规定，强调事业单位举债应当“公开、透明”，这是防范事业单位财务风险的基本前提。

三、全面落实事业单位执行政府会计制度的新规定

建立权责发生制政府综合财务报告制度是党的十八届三中全会提出的一项重大改革任务，也是《预算法》的明文规定。2014年国务院批转财政部《权责发生制政府综合财务报告制度改革方案》，明确了改革的总体目标、主要任务、具体内容及配套措施，确定了改革的时间表和路线图，标志着此项改革正式启动。

我国传统的政府财政报告制度实行以收付实现制政府会计核算为基础的决算报告制度，主要反映政府年度预算执行情况的结果，对准确反映预算收支情况、加强预算管理和监督发挥了重要作用。但随着经济社会发展，仅实行决算报告制度，无法科学、全面、准确反映政府资产负债和成本费用，不利于强化政府资产管理、降低行政成本、提升运行效率、有效防范财政风险，难以满足建立现代财政制度、促进财政长期可持续发展和推进国家治理现代化的要求。通过建立以权责发生制政府会计核算为基础，以编制和报告政府资

产负债表、收入费用表等报表为核心的权责发生制政府综合财务报告制度，全面、准确反映各级政府整体财务状况、运行情况和财政中长期可持续性，对提升政府财政财务管理水平，提高政府财政透明度，改进政府绩效管理，落实政府过紧日子要求，服务推进国家治理体系和治理能力现代化具有重要意义。

为了建立规范合理的中央和地方政府债务管理及风险预警机制，党的十八届三中全会《中共中央关于全面深化改革若干重大问题的决定》提出“建立权责发生制的政府综合财务报告制度”。2014 年 12 月国务院转发财政部《权责发生制政府综合财务报告制度改革方案》（国发〔2014〕63 号）并进行具体部署，2019 年 12 月财政部修订并发布《政府财务报告编制办法（试行）》（财库〔2019〕56 号）、《政府部门财务报告编制操作指南（试行）》（财库〔2019〕57 号）、《政府综合财务报告编制操作指南（试行）》（财库〔2019〕58 号）等具体操作办法。《权责发生制政府综合财务报告制度改革方案》明确提出“权责发生制政府综合财务报告制度改革是基于政府会计规则的重大改革”。

我国政府会计改革的核心要求是“双报告·双基础·双功能”。《政府会计准则——基本准则》（财政部令第 78 号）第三条规定“政府会计由预算会计和财务会计构成。预算会计实行收付实现制，……财务会计实行权责发生制”；第五条规定“政府会计主体应当编制决算报告和财务报告”。与之相适应，新《规则》第十章由原“财务报告和财务分析”调整为“财务报告和决算报告”，并对新《规则》第十章内容进行结构性调整。因此，第十章是本次《事业单位财务规则》修订篇幅最大的一章，新《规则》与原《规则》相关规定基本上不再具有可比性。新《规则》第五十五条第一款规定应当提供“双报告”，第二款规定财务会计与预算会计“平行记账”；第五十六条、第五十八条规定编制“双报告”的“双基础”以及“双报告”应当实现的“双功能”（双重信息需求）；第五十七条、第五十九条规定财务报告与决算报告构成，都包括财务/决算报表和财务/决算分析两部分，并分别规定财务报表与决算报表的具体构成，以及财务分析与决算分析的具体内容。

此外，《权责发生制政府综合财务报告制度改革方案》（国发〔2014〕63 号）明确提出“条件成熟时，推行政府成本会计”，推行政府成本会计是我国政府会计改革的重要内容之一。2019 年 12 月财政部发布《事业单位成本核算基本指引》（财会〔2019〕25 号）提供基本遵循依据，2021 年 11 月财政部又发布《事业单位成本核算具体指引——公立医院》（财会〔2021〕26 号），后续还将发布高等学校、科研事业单位等具体指引。成本核算已成为事业单位财务管理的重要工作，新《规则》第二十五条与原《规则》第二十四条规定对应，规定“实行成本核算”。

按照《财政部关于贯彻实施政府会计准则制度的通知》（财会［2018］21 号）要求，自 2019 年 1 月 1 日起，新政府会计制度在各级各类事业单位全面施行。事业单位全面实施政府会计制度，编制政府财务报告，有利于发现事业单位资产管理、负债管理和收支管理中存在的问题，对加强相关管理发挥直接牵引作用。特别是通过编制事业单位的财务报告，可以更加清晰完整地反映事业单位的财务状况和运行情况等信息，有助于实现从流量管理向存量管理和流量管理有机结合转变，从预算管理向财务管理和预算管理有机融合转变，将会对提高我国事业单位的管理水平产生深远影响。

四、全面体现行政事业性国有资产管理改革的新变化

近年来，党中央、国务院高度重视国有资产管理，党的十九大强调“加强国有资产监督管理”。2017 年 11 月 20 日中央全面深化改革领导小组第一次会议审议通过《关于建立国务院向全国人大常委会报告国有资产管理情况的制度的意见》，要求建立政府向本级人大常委会报告国有资产管理情况的制度。2021 年 2 月 1 日，李克强总理签署第 738 号国务院令，公布《行政事业性国有资产管理条例》（以下简称《条例》），自 2021 年 4 月 1 日起施行。

该《条例》重新构建我国行政事业性国有资产管理制度体系，提升其法律效力，是我国行政事业性国有资产管理的第一部行政法规，将保障行政单位履行职能和事业单位提供基本公共服务的行政事业性国有资产纳入法治轨道，加强管理和监督，促进国有资产管理的法治化、规范化、科学化，对于构建安全规范、节约高效、公开透明、权责一致的国有资产管理机制，提高国有资产治理水平和治理能力，必将起到积极作用。

该《条例》的及时出台贯彻了当前我国“放管服”改革的总体要求，建立信息管理系统、资产共享共用机制。比如，探索跨部门资产调剂，有效盘活存量资产。推进公物仓建设，促进低效运转、长期闲置资产的循环利用。近年来，事业单位的资产核算与管理越来越受重视。新《规则》第三十七条与原《规则》第三十六条对应，在资产分类构成中新增“公共基础设施、政府储备物资、文物文化资产、保障性住房”四类经管资产具体类别，并在第四十五条规定“国务院财政部门会同有关部门制定具体办法”以加强管理。此外，新《规则》第三十八条与原《规则》第三十七条对应，进一步充实事业单位资产管理制度，新增“明确资产使用人和管理人的岗位职责”“设置国有资产台账”“汇总编制行政事业性国有资产管理情况报告”“定期盘点资产”“及时办理资产权属登记”等要求。原《规则》第四十一条只强调对“固定资产”进行定期或者不定期的清查盘点，而新《规则》第三十八条规定要求定期盘点“全部”资产。在事业单位资产配置方面，新《规则》明确提出：事业单位资产基本功能“保障履行职能和事业发展的需要”，资产配置应当综合考虑“资产存量、资产配置标准、绩效目标和财政承受能力”等因素，并明确规定资产配置方式包括调剂、购置、建设、租用等，强调“优先通过调剂方式配置资产”。同时，还完善了事业单位国有资产共享共用的相关要求，提高资产使用效益的重要途径是资源整合与共享共用。

第二章　《事业单位财务规则》的新旧对比

《事业单位财务规则》 2012 版	《事业单位财务规则》 2022 版	变化内容	解读
第一章　总则	**第一章　总则**		
第一条　为了进一步规范事业单位的财务行为，加强事业单位财务管理和监督，提高资金使用效益，保障事业单位健康发展，制定本规则。	**第一条**　为了进一步规范事业单位的财务行为，加强事业单位财务管理和监督，提高资金使用效益，保障事业单位健康发展，制定本规则。		
第二条　本规则适用于各级各类事业单位（以下简称事业单位）的财务活动。	**第二条**　本规则适用于各级各类事业单位（以下简称事业单位）的财务活动。		
第三条　事业单位财务管理的基本原则是：执行国家有关法律、法规和财务规章制度；坚持勤俭办事业的方针；正确处理事业发展需要和资金供给的关系，社会效益和经济效益的关系，国家、单位和个人三者利益的关系。	**第三条**　事业单位财务管理的基本原则是：执行国家有关法律、法规和财务规章制度；坚持勤俭办一切事业的方针；正确处理事业发展需要和资金供给的关系，社会效益和经济效益的关系，国家、单位和个人三者利益的关系。	原条款“勤俭办事业”修改为“勤俭办一切事业”。	强调“勤俭”原则的重要性和统领地位。

续表

《事业单位财务规则》2012 版	《事业单位财务规则》2022 版	变化内容	解读
第四条 事业单位财务管理的主要任务是：合理编制单位预算，严格预算执行，完整、准确编制单位决算，真实反映单位财务状况；依法组织收入，努力节约支出；建立健全财务制度，加强经济核算，实施绩效评价，提高资金使用效益；加强资产管理，合理配置和有效利用资产，防止资产流失；加强对单位经济活动的财务控制和监督，防范财务风险。	**第四条** 事业单位财务管理的主要任务是：合理编制单位预算，严格预算执行，完整、准确编制单位决算报告和财务报告①，真实反映单位预算执行情况、财务状况和运行情况②；依法组织收入，努力节约支出；建立健全财务制度，加强经济核算，全面实施绩效管理③，提高资金使用效益；加强资产管理，合理配置和有效利用资产，防止资产流失；加强对单位经济活动的财务控制和监督，防范财务风险。	①原条款“编制单位决算”拓展为“编制单位决算报告和财务报告”。 ②原条款“反映单位财务状况”拓展为“反映单位预算执行情况、财务状况和运行情况”。 ③原条款“实施绩效评价”修改为“全面实施预算绩效管理”。	①体现财政部政府会计改革及政府综合财务报告制度的新要求。《政府会计准则——基本准则》（财政部令第78号）第五条规定，“政府会计主体应当编制决算报告和财务报告”。 ②匹配编制报告范围的拓展。 ③体现《预算法》改革加强预算绩效管理与绩效评价的新要求。《关于全面实施预算绩效管理的意见》（中发〔2018〕34号）提出“建成全方位、全过程、全覆盖的预算绩效管理体系”。
第五条 事业单位的财务活动在单位负责人的领导下，由单位财务部门统一管理。	**第五条** 事业单位的财务活动在单位负责人的领导下，由单位财务部门统一管理。		
	第六条 事业单位的各项经济业务事项按照国家统一的会计制度进行会计核算。	新增条款。	体现《中华人民共和国会计法》要求“国家实行统一的会计制度”。
第二章 单位预算管理	**第二章 单位预算管理**		
第六条 事业单位预算是指事业单位根据事业发展目标和计划编制的年度财务收支计划。 事业单位预算由收入预算和支出预算组成。	**第七条** 事业单位预算是指事业单位根据事业发展目标和计划编制的年度财务收支计划。 事业单位预算由收入预算和支出预算组成。		

续表

《事业单位财务规则》2012 版	《事业单位财务规则》2022 版	变化内容	解读
第七条 国家对事业单位实行核定收支、定额或者定项补助、超支不补、结转和结余按规定使用的预算管理办法。 定额或者定项补助根据国家有关政策和财力可能，结合事业特点、事业发展目标和计划、事业单位收支及资产状况等确定。定额或者定项补助可以为零。 非财政补助收入大于支出较多的事业单位，可以实行收入上缴办法。具体办法由财政部门会同有关主管部门制定。	**第八条** 国家对事业单位实行核定收支、定额或者定项补助、超支不补、结转和结余按规定使用的预算管理办法。 定额或者定项补助根据国家有关政策和财力可能，结合事业单位改革要求、事业特点、事业发展目标和计划、事业单位收支及资产状况等确定。定额或者定项补助可以为零。 非财政补助收入大于支出较多的事业单位，可以实行收入上缴办法。具体办法由财政部门会同有关主管部门制定。	增加“事业单位改革要求”作为确定“定额或者定项补助”的一项依据。	根据《中共中央 国务院关于分类推进事业单位改革的指导意见》（中发〔2011〕5 号）“改革和完善财政支持方式。按照国家政策和以事定费的原则，结合不同事业单位的具体特点和财力，对不同类型事业单位实行不同的财政支持办法，合理制定标准，实行动态调整，健全监管制度，充分发挥财政资金的效用”的要求，顺应当前及今后一段时期事业单位改革的需要，为改革预留空间。
第八条 事业单位参考以前年度预算执行情况，根据预算年度的收入增减因素和措施，以及以前年度结转和结余情况，测算编制收入预算；根据事业发展需要与财力可能，测算编制支出预算。 事业单位预算应当自求收支平衡，不得编制赤字预算。	**第九条** 事业单位参考以前年度预算执行情况，根据预算年度的收入增减因素和措施，以及以前年度结转和结余情况，测算编制收入预算草案；根据事业发展需要与财力可能，测算编制支出预算草案。 事业单位预算应当自求收支平衡，不得编制赤字预算。	原条款中“收入预算”和“支出预算”修改为“收入预算草案”和“支出预算草案”。	根据《中华人民共和国预算法实施条例》（国务院令第 729 号）中的最新表述作出修改。各级政府、各部门、各单位编制的未经法定程序审查和批准的预算为预算草案；各级政府、各部门、各单位编制的未经法定程序审查和批准的预算收支和结余的年度执行结果为决算草案。
第九条 事业单位根据年度事业发展目标和计划以及预算编制的规定，提出预算建议数，经主管部门审核汇总报财政部门（一级预算单位直接报财政部门，下同）。事业单位根据财政部门下达的预算控制数	**第十条** 事业单位应当根据国家宏观调控总体要求、年度事业发展目标和计划以及预算编制的规定，提出预算建议数，经主管部门审核汇总报财政部门（一级预算单	增加“国家宏观调控总体要求”作为事业单位编制预算草案的首要依据。	强调事业单位预算测算应当以顺应“国家宏观调控总体要求”为首要的基本原则。 根据《预算法》第三十二条，“各级

续表

《事业单位财务规则》 2012 版	《事业单位财务规则》 2022 版	变化内容	解读
编制预算，由主管部门审核汇总报财政部门，经法定程序审核批复后执行。	位直接报财政部门，下同）。事业单位根据财政部门下达的预算控制数编制预算草案，由主管部门审核汇总报财政部门，经法定程序审核批复后执行。		预算应当根据年度经济社会发展目标、国家宏观调控总体要求和跨年度预算平衡的需要，参考上一年预算执行情况、有关支出绩效评价结果和本年度收支预测，按照规定程序征求各方面意见后，进行编制。”
第十条 事业单位应当严格执行批准的预算。预算执行中，国家对财政补助收入和财政专户管理资金的预算一般不予调整。<u>上级下达的事业计划有较大调整，或者根据国家有关政策增加或者减少支出，对预算执行影响较大时，事业单位应当报主管部门审核后报财政部门调整预算；</u>财政补助收入和财政专户管理资金以外部分的预算需要调增或者调减的，由单位自行调整并报主管部门和财政部门备案。 收入预算调整后，相应调增或者调减支出预算。	**第十一条** 事业单位应当严格执行批准的预算。预算执行中，国家对财政补助收入和财政专户管理资金的预算一般<u>不予调剂①</u>，确需调剂的，由事业单位报主管部门审核后报财政部门调剂；<u>其他资金确需调剂的，按照国家有关规定办理②</u>。	①原条款中“不予调整”修改为“不予调剂”。 ②将“上级下达的事业计划有较大调整，或者根据国家有关政策增加或者减少支出，对预算执行影响较大时”改为“确需调剂的”。 ③对于其他类型资金需要调剂的情况，将原条款“由单位自行调整并报主管部门和财政部门备案”修改为“按照国家有关规定办理”。	①落实《预算法》对“预算调整”与“预算调剂”差异的区分。《预算法》第七十二条规定，“严格控制不同预算科目、预算级次或者项目间的预算资金的调剂，确需调剂使用的，按照国务院财政部门的规定办理”。 ②将原条款所述诸多预算调整情形删除，与《预算法》预算调整的规范性相呼应。《预算法》第十三条明确规定，“经人民代表大会批准的预算，非经法定程序，不得调整。” ③近年来，国家将一些特殊事项的预算调剂权下放给单位。《国务院办公厅关于改革完善中央财政科研经费管理的若干意见》（国办发〔2021〕32号）提出“设备费预算调剂权全部下放给项目承担单位，不再由项目管理部门审批其预算调增”。

续表

《事业单位财务规则》2012 版	《事业单位财务规则》2022 版	变化内容	解读
第十一条　事业单位决算是指事业单位根据预算执行结果编制的年度报告。	**第十二条**　事业单位决算是指事业单位预算收支和结余的年度执行结果。	事业单位决算定义由“事业单位根据预算执行结果编制的年度报告”修改为“事业单位预算收支和结余的年度执行结果”。	匹配《预算法》中对事业单位决算定义的修改。 根据《中华人民共和国预算法实施条例》（国务院令第 729 号），新《预算法》第七十四条所称决算草案，是指各级政府、各部门、各单位编制的未经法定程序审查和批准的预算收支和结余的年度执行结果。
第十二条　事业单位应当按照规定编制年度决算，由主管部门审核汇总后报财政部门审批。	**第十三条**　事业单位应当按照规定编制年度决算草案，由主管部门审核汇总后报财政部门审批。	原条款“年度决算”修改为“年度决算草案”。	落实《预算法》的有关要求。 同新《规则》第九条。
第十三条　事业单位应当加强决算审核和分析，保证决算数据的真实、准确，规范决算管理工作。	**第十四条**　事业单位应当加强决算审核和分析，保证决算数据的真实、准确，规范决算管理工作。		
	第十五条　事业单位应当全面加强预算绩效管理，提高资金使用效益。	新增条款。	体现《预算法》改革加强预算绩效管理与绩效评价的新要求。《关于全面实施预算绩效管理的意见》（中发〔2018〕34 号）提出“建成全方位、全过程、全覆盖的预算绩效管理体系”。
第三章　收入管理	**第三章　收入管理**		
第十四条　收入是指事业单位为开展业务及其他活动依法取得的非偿还性资金。	**第十六条** 收入是指事业单位为开展业务及其他活动依法取得的非偿还性资金。		

续表

《事业单位财务规则》2012 版	《事业单位财务规则》2022 版	变化内容	解读
第十五条 事业单位收入包括： （一）财政补助收入，即事业单位从同级财政部门取得的各类财政拨款。 （二）事业收入，即事业单位开展专业业务活动及其辅助活动取得的收入。其中：按照国家有关规定应当上缴国库或者财政专户的资金，不计入事业收入；从财政专户核拨给事业单位的资金和经核准不上缴国库或者财政专户的资金，计入事业收入。 （三）上级补助收入，即事业单位从主管部门和上级单位取得的非财政补助收入。 （四）附属单位上缴收入，即事业单位附属独立核算单位按照有关规定上缴的收入。 （五）经营收入，即事业单位在专业业务活动及其辅助活动之外开展非独立核算经营活动取得的收入。 （六）其他收入，即本条上述规定范围以外的各项收入，包括投资收益、利息收入、捐赠收入等。	**第十七条** 事业单位收入包括： （一）财政补助收入，即事业单位从本级财政部门取得的各类财政拨款。 （二）事业收入，即事业单位开展专业业务活动及其辅助活动取得的收入。其中：按照国家有关规定应当上缴国库或者财政专户的资金，不计入事业收入；从财政专户核拨给事业单位的资金和经核准不上缴国库或者财政专户的资金，计入事业收入。 （三）上级补助收入，即事业单位从主管部门和上级单位取得的非财政补助收入。 （四）附属单位上缴收入，即事业单位附属独立核算单位按照有关规定上缴的收入。 （五）经营收入，即事业单位在专业业务活动及其辅助活动之外开展非独立核算经营活动取得的收入。 （六）其他收入，即本条上述规定范围以外的各项收入，包括投资收益、利息收入、捐赠收入、<u>非本级财政补助收入、租金收入</u>等。	在其他收入中增加“非本级财政补助收入和租金收入”两种类型。	补充了事业单位“其他收入”的范围。

续表

《事业单位财务规则》2012 版	《事业单位财务规则》2022 版	变化内容	解读
第十六条 事业单位应当将各项收入全部纳入单位预算，统一核算，统一管理。	**第十八条** 事业单位应当将各项收入全部纳入单位预算，统一核算，统一管理，<u>未纳入预算的收入不得安排支出。</u>	增加“未纳入预算的收入不得安排支出”的新要求。	落实《预算法》改革强化“全口径综合预算”要求。《预算法》第四条“政府的全部收入和支出都应当纳入预算”。《国务院关于进一步深化预算管理制度改革的意见》（国发〔2021〕5 号）中提出“各部门和单位要依法依规将取得的各类收入纳入部门或单位预算，未纳入预算的收入不得安排支出”。
第十七条 事业单位对按照规定上缴国库或者财政专户的资金，应当按照国库集中收缴的有关规定及时足额上缴，不得隐瞒、滞留、截留、挪用和坐支。	**第十九条** 事业单位对按照规定上缴国库或者财政专户的资金，应当按照国库集中收缴的有关规定及时足额上缴，不得隐瞒、滞留、截留、<u>占用</u>、挪用、<u>拖欠</u>或坐支。	增加“占用”和“拖欠”两类禁止行为。	匹配《预算法》第九十三条“各级政府及有关部门、单位有下列行为之一的，责令改正，对负有直接责任的主管人员和其他直接责任人员依法给予降级、撤职、开除的处分……（三）截留、占用、挪用或者拖欠应当上缴国库的预算收入的”。
第四章　支出管理	**第四章　支出管理**		
第十八条 支出是指事业单位开展业务及其他活动发生的资金耗费和损失。	**第二十条** 支出是指事业单位开展业务及其他活动发生的资金耗费和损失。		
第十九条 事业单位支出包括： （一）事业支出，即事业单位开展专业业务活动及其辅助活动发生的基本支出和项	**第二十一条** 事业单位支出包括： （一）事业支出，即事业单位开展专业业务活动及其辅助活动发生的基本支出和项	修改关于人员经费和公用经费相关表述。	匹配财政部关于印发《中央本级基本支出预算管理办法》的通知（财预〔2007〕37 号）中“基本支出定

续表

《事业单位财务规则》 2012 版	《事业单位财务规则》 2022 版	变化内容	解读
目支出。基本支出，是指事业单位为了保障其正常运转、完成日常工作任务而发生的人员支出和公用支出。项目支出是指事业单位为了完成特定工作任务和事业发展目标，在基本支出之外所发生的支出。 （二）经营支出，即事业单位在专业业务活动及其辅助活动之外开展非独立核算经营活动发生的支出。 （三）对附属单位补助支出，即事业单位用财政补助收入之外的收入对附属单位补助发生的支出。 （四）上缴上级支出，即事业单位按照财政部门和主管部门的规定上缴上级单位的支出。 （五）其他支出，即本条上述规定范围以外的各项支出，包括利息支出、捐赠支出等。	目支出。基本支出，是指事业单位为保障其单位正常运转、完成日常工作任务所发生的支出，包括人员经费和公用经费；项目支出，是指事业单位为完成其特定的工作任务和事业发展目标所发生的支出。 （二）经营支出，即事业单位在专业业务活动及其辅助活动之外开展非独立核算经营活动发生的支出。 （三）对附属单位补助支出，即事业单位用财政补助收入之外的收入对附属单位补助发生的支出。 （四）上缴上级支出，即事业单位按照财政部门和主管部门的规定上缴上级单位的支出。 （五）其他支出，即本条上述规定范围以外的各项支出，包括利息支出、捐赠支出等。		额项目包括人员经费和日常公用经费两部分”等相关表述。
第二十条 事业单位应当将各项支出全部纳入单位预算，建立健全支出管理制度。	**第二十二条** 事业单位应当将各项支出全部纳入单位预算，实行项目库管理，建立健全支出管理制度。	增加“实行项目库管理”新要求。	贯彻落实《国务院关于进一步深化预算管理制度改革的意见》（国发〔2021〕5 号）“将项目作为部门和单位预算管理的基本单元，预算支出全部以项目形式纳入预算项目库，实施项目全生命周期管理”要求。以预算项目为基本单元是我国预算管理一体化改革重要创新机制之一，本条修改体现了预算管理改革新精神。

续表

《事业单位财务规则》2012 版	《事业单位财务规则》2022 版	变化内容	解读
第二十一条 事业单位的支出应当严格执行国家有关财务规章制度规定的开支范围及开支标准；国家有关财务规章制度没有统一规定的，由事业单位规定，报主管部门和财政部门备案。事业单位的规定违反法律制度和国家政策的，主管部门和财政部门应当责令改正。	**第二十三条** 事业单位的支出应当厉行节约，严格执行国家有关财务规章制度规定的开支范围及开支标准；国家有关财务规章制度没有统一规定的，由事业单位规定，报主管部门和财政部门备案。事业单位的规定违反法律制度和国家政策的，主管部门和财政部门应当责令改正。	增加“厉行节约”要求。	再次强化“过紧日子”要求，与新《规则》第三条的“勤俭办一切事业”的修改相匹配。
第二十二条 事业单位在开展非独立核算经营活动中，应当正确归集实际发生的各项费用数；不能归集的，应当按照规定的比例合理分摊。 经营支出应当与经营收入配比。		删除原条款。	本条中关于开展非独立核算经营活动费用归集的规定，《事业单位成本核算基本指引》（财会〔2019〕25 号）中有所体现，新《规则》第二十五条也有涉及，故删除。
第二十三条 事业单位从财政部门和主管部门取得的有指定项目和用途的专项资金，应当专款专用、单独核算，并按照规定向财政部门或者主管部门报送专项资金使用情况；项目完成后，应当报送专项资金支出决算和使用效果的书面报告，接受财政部门或者主管部门的检查、验收。	**第二十四条** 事业单位从财政部门和主管部门取得的有指定项目和用途的专项资金，应当专款专用、单独核算，并按照规定报送专项资金使用情况的报告，接受财政部门或者主管部门的检查、验收。	删减了原条款中“项目完成后，应当报送专项资金支出决算和使用效果的书面报告”的表述。	对专项资金使用情况的报送要求做了整合和简化表述。
第二十四条 事业单位应当加强经济核算，可以根据开展业务活动及其他活动的实际需要，实行内部成本核算办法。	**第二十五条** 事业单位应当加强经济核算，可以根据开展业务活动及其他活动的实际需要，实行成本核算。成本核算的具体办法按照国务院财政部门相关规定执行。	将原条款“实行内部成本核算办法”修改为“实行成本核算，成本核算的具体办法按照国务院财政部门相关规定执行”。	本条修改响应了我国政府会计改革的新要求。明确了事业单位成本核算的要求，事业单位成本核算应当遵循财政部《事业单位成本核算基本指引》（财会〔2019〕25 号）。

续表

《事业单位财务规则》 2012 版	《事业单位财务规则》 2022 版	变化内容	解读
第二十五条 事业单位应当严格执行国库集中支付制度和政府采购制度等有关规定。	**第二十六条** 事业单位应当严格执行国库集中支付制度和政府采购制度等有关规定。		
第二十六条 事业单位应当加强支出的绩效管理，提高资金使用的有效性。		删除原条款。	本条中关于加强支出绩效管理的规定，在新《规则》第十五条中有所体现，故删除。
第二十七条 事业单位应当依法加强各类票据管理，确保票据来源合法、内容真实、使用正确，不得使用虚假票据。	**第二十七条** 事业单位应当依法加强各类票据管理，确保票据来源合法、内容真实、使用正确，不得使用虚假票据。		
第五章 结转和结余管理	**第五章 结转和结余管理**		
第二十八条 结转和结余是指事业单位年度收入与支出相抵后的余额。 结转资金是指当年预算已执行但未完成，或者因故未执行，下一年度需要按照原用途继续使用的资金。结余资金是指当年预算工作目标已完成，或者因故终止，当年剩余的资金。 经营收支结转和结余应当单独反映。	**第二十八条** 结转和结余是指事业单位年度收入与支出相抵后的余额。 结转资金是指当年预算已执行但未完成，或者因故未执行，下一年度需要按照原用途继续使用的资金。结余资金是指当年预算工作目标已完成，或者因故终止，当年剩余的资金。 经营收支结转和结余应当单独反映。		
第二十九条 财政拨款结转和结余的管理，应当按照同级财政部门的规定执行。	**第二十九条** 财政拨款结转和结余的管理，应当按照国家有关规定执行。	将原条款“按照同级财政部门的规定执行”修改为“按照国家有关规定执行”。	拓展了制定财政拨款结转和结余管理规则的权限，响应《预算法》改革中的相关内容。 《预算法》第四十二条“各部门、各

续表

《事业单位财务规则》 2012 版	《事业单位财务规则》 2022 版	变化内容	解读
			单位上一年预算的结转、结余资金按照国务院财政部门的规定办理”，授权国务院财政部门制定结转和结余资金管理的规定。《中华人民共和国预算法实施条例》第五条“部门预算编制、执行的具体办法，由本级政府财政部门依法作出规定”又进一步授权本级政府财政部门制定部门预算管理，包括财政拨款结转和结余资金管理的具体办法。因此，规定财政拨款结转和结余的管理，应当按照“国家有关规定”执行，既包括国务院财政部门的规定，也包括（地方）本级政府财政部门的规定。
第三十条 非财政拨款结转按照规定结转下一年度继续使用。非财政拨款结余可以按照国家有关规定提取职工福利基金，剩余部分作为事业基金用于弥补以后年度单位收支差额；国家另有规定的，从其规定。	**第三十条** 非财政拨款结转按照规定结转下一年度继续使用。非财政拨款结余可以按照国家有关规定提取职工福利基金，剩余部分用于弥补以后年度单位收支差额；国家另有规定的，从其规定。	删除了“作为事业基金”。	《政府会计制度——行政事业单位会计科目和报表》取消“事业基金”科目，而使用“非财政拨款结余”科目，本条修改响应了政府会计改革的新要求。
第三十一条 事业单位应当加强事业基金的管理，遵循收支平衡的原则①，统筹安排、合理使用，支出不得超出基金规模。	**第三十一条** 事业单位应当加强非财政拨款结余②的管理，盘活存量③，统筹安排、合理使用，支出不得超出非财政拨款结余规模。	①删减“收支平衡”原则。 ②将原条款“事业基金”修改为“非财政拨款结余”。 ③增加“盘活存量”要求。	响应政府会计改革的新要求。同新《规则》第三十条。

续表

《事业单位财务规则》2012 版	《事业单位财务规则》2022 版	变化内容	解读
第六章　专用基金管理	**第六章　专用基金管理**		
第三十二条　专用基金是指事业单位按照规定提取或者设置的有专门用途的资金。 专用基金管理应当遵循先提后用、收支平衡、专款专用的原则，支出不得超出基金规模。	**第三十二条**　专用基金是指事业单位按照规定提取或者设置的有专门用途的资金。 专用基金管理应当遵循先提后用、专款专用的原则，支出不得超出基金规模。	删减了原条款“收支平衡”原则。	与新《规则》第三十四条相呼应。
第三十三条　专用基金包括： （一）修购基金，即按照事业收入和经营收入的一定比例提取，并按照规定在相应的购置和修缮科目中列支（各列 50%），以及按照其他规定转入，用于事业单位固定资产维修和购置的资金。事业收入和经营收入较少的事业单位可以不提取修购基金，实行固定资产折旧的事业单位不提取修购基金。 （二）职工福利基金，即按照非财政拨款结余的一定比例提取以及按照其他规定提取转入，用于单位职工的集体福利设施、集体福利待遇等的资金。 （三）其他基金，即按照其他有关规定提取或者设置的专用资金。	**第三十三条**　专用基金包括职工福利基金和其他专用基金。 职工福利基金是指按照非财政拨款结余的一定比例提取以及按照其他规定提取转入，用于单位职工的集体福利设施、集体福利待遇等的资金。 其他专用基金是指除职工福利基金外，按照有关规定提取或者设置的专用资金。	删减了“修购基金”的分类和定义。	响应我国政府会计改革对于全面计提固定资产折旧的新要求。根据《政府会计准则》要求，事业单位开始按月计提固定资产折旧，并在新旧会计制度衔接时补提以前年度固定资产折旧，不需要也不应当继续提取修购基金。

续表

《事业单位财务规则》2012 版	《事业单位财务规则》2022 版	变化内容	解读
	第三十四条 事业单位应当将专用基金纳入预算管理，结合实际需要按照规定提取，保持合理规模，提高使用效益。专用基金余额较多的，应当降低提取比例或者暂停提取；确需调整用途的，由主管部门会同本级财政部门确定。	新增条款。	体现预算绩效管理改革新精神与新要求，《国务院关于进一步深化预算管理制度改革的意见》（国发〔2021〕5 号）要求“加强绩效评价结果应用，将绩效评价结果与完善政策、调整预算安排有机衔接，对低效无效资金一律削减或取消，对沉淀资金一律按规定收回并统筹安排。”
第三十四条 各项基金的提取比例和管理办法，国家有统一规定的，按照统一规定执行；没有统一规定的，由主管部门会同同级财政部门确定。	**第三十五条** 各项基金的提取比例和管理办法，国家有统一规定的，按照统一规定执行；没有统一规定的，由主管部门会同本级财政部门确定。		
第七章 资产管理	**第七章 资产管理**	资产管理变动最多。近年来，党中央、全国人大常委会、国务院高度重视国有资产管理，党的十九大强调“加强国有资产监督管理”。2017 年 11 月中央全面深化改革领导小组第一次会议审议通过《关于建立国务院向全国人大常委会报告国有资产管理情况的制度的意见》，要求建立政府向本级人大常委会报告国有资产管理情况制度。2021 年 2 月李克强总理签署国务院令第 738 号公布《行政事业性国有资产管理条例》。该章充分吸收以上改革成果，重新构建我国事业单位国有资产管理制度体系，以提升《事业单位财务规则》的法律效力。	
第三十五条 资产是指事业单位占有或者使用的能以货币计量的经济资源，包括各种财产、债权和其他权利。	**第三十六条** 资产是指事业单位依法直接支配的各类经济资源。	将资产的定义修改为“事业单位依法直接支配的各类经济资源”。主要变化有三点：一是从“占有或者使用”修改为“直接支配”；二是资产的定义不再强调	根据《民法典》第 256 条，“国家举办的事业单位对其直接支配的不动产和动产，享有占有、使用以及依照法律和国务院的有关规定收益、处分的

续表

《事业单位财务规则》2012 版	《事业单位财务规则》2022 版	变化内容	解读
		“能够以货币计量”的属性；三是不再给出具体的资产类型。这些变化体现出对资产定义的拓展。	权利”。因此，“直接支配”权利包含并大于“占有、使用”的权利。此处变化更能体现事业单位资产的含义。
第三十六条 事业单位的资产包括流动资产、固定资产、在建工程、无形资产和对外投资等。	**第三十七条** 事业单位的资产包括流动资产、固定资产、在建工程、无形资产、对外投资、公共基础设施、政府储备物资、文物文化资产、保障性住房等。	增加“公共基础设施、政府储备物资、文物文化资产、保障性住房”四种资产类型。	匹配《政府会计准则——基本准则》（财政部令第 78 号）对政府会计资产的定义：政府会计主体的资产按照流动性，分为流动资产和非流动资产。非流动资产是指流动资产以外的资产，包括固定资产、在建工程、无形资产、长期投资、公共基础设施、政府储备资产、文物文化资产、保障性住房和自然资源资产等。
第三十七条 事业单位应当建立健全单位资产管理制度，加强和规范资产配置、使用和处置管理，维护资产安全完整，保障事业健康发展。	**第三十八条** 事业单位应当建立健全单位资产管理制度，明确资产使用人和管理人的岗位责任，按照国家规定设置国有资产台账，加强和规范资产配置、使用和处置管理，维护资产安全完整，提高资产使用效率。涉及资产评估的，按照国家有关规定执行。 事业单位应当汇总编制本单位行政事业性国有资产管理情况报告。 事业单位应当定期或者不定期对资产进行盘点、对账。出现资产盘盈盘亏的，应当		

续表

《事业单位财务规则》2012 版	《事业单位财务规则》2022 版	变化内容	解读
	按照财务、会计和资产管理制度有关规定处理，做到账实相符和账账相符。 事业单位对需要办理权属登记的资产应当依法及时办理。	增加了明确岗位责任、设置国有资产台账、汇总编制行政事业性国有资产管理情况报告、定期盘点资产、权属登记等资产管理制度。	进一步充实了事业单位资产管理制度，贯彻落实了《行政事业性国有资产管理条例》（国务院令 第 738 号）第十五条、第三十条、第三十六条、第四十条、第四十五条中对事业单位资产管理提出的新要求。
第三十八条 事业单位应当按照科学规范、从严控制、保障事业发展需要的原则合理配置资产。	**第三十九条** 事业单位应当根据依法履行职能和事业发展的需要，结合资产存量、资产配置标准、绩效目标和财政承受能力配置资产。优先通过调剂方式配置资产。不能调剂的，可以采用购置、建设、租用等方式。	本条基本重写，申明了资产配置的依据和标准，明确了资产配置的方式，强调“优先通过调剂方式配置资产”。	进一步完善事业单位资产配置管理规定，贯彻落实了《国务院关于进一步深化预算管理制度改革的意见》（国发〔2021〕5 号文）提出的“盘活各类存量资源”要求，以及《行政事业性国有资产管理条例》（国务院令 第 738 号）第十一条“各部门及其所属单位应当优先通过调剂方式配置资产。不能调剂的，可以采用购置、建设、租用等方式”的要求。
第三十九条 流动资产是指可以在一年以内变现或者耗用的资产，包括现金、各种存款、零余额账户用款额度①、应收及预付款项、存货等。 前款所称存货是指事业单位在开展业务活动及其他活动中为耗用而储存的资产，包括材料、燃料、包装物和低值易耗品等。 事业单位应当建立健全现金及各种存款的	**第四十条** 流动资产是指可以在一年以内变现或者耗用的资产，包括现金、各种存款、应收及预付款项、存货等。 前款所称存货是指事业单位在开展业务活动及其他活动中为耗用或出售而储存的资产，包括材料、燃料、包装物和低值易耗品以及未达到固定资产标准的用具、装具、动植物②等。	①流动资产类型删除“零余额账户用款额度”。 ②存货类型增加“未达到固定资产标准的用具、装具、动植物”等。 ③删除原条款关于“流动资产管理”的规定。 ④增加“货币性资产损失核销”的相关要求。	①匹配《政府会计准则——基本准则》（财政部令第 78 号）中对流动资产的定义。 ②匹配《政府会计准则第 1 号——存货》中对存货的定义。 ③原条款中的相关要求在新《规则》第三十八条中已有体现，故删除。 ④补充“货币性资产损失核销”的

续表

《事业单位财务规则》 2012 版	《事业单位财务规则》 2022 版	变化内容	解读
内部管理制度，对存货进行定期或者不定期的清查盘点，保证账实相符。对存货盘盈、盘亏应当及时处理③。	事业单位货币性资产损失核销，应当经主管部门审核同意后报本级财政部门审批④。		程序要求。根据《事业单位国有资产管理暂行办法（2019 年修正）》第二十六条："……货币性资产损失的核销，……经主管部门审核后报同级财政部门审批"。
第四十条 固定资产是指使用期限超过一年，单位价值在 1000 元以上（其中：专用设备单位价值在 1500 元以上），并在使用过程中基本保持原有物质形态的资产。单位价值虽未达到规定标准，但是耐用时间在一年以上的大批同类物资，作为固定资产管理。 固定资产一般分为六类：房屋及构筑物；专用设备；通用设备；文物和陈列品；图书、档案；家具、用具、装具及动植物。 行业事业单位的固定资产明细目录由国务院主管部门制定，报国务院财政部门备案。	**第四十一条** 固定资产是指使用期限超过一年，单位价值在 1000 元以上，并在使用过程中基本保持原有物质形态的资产。单位价值虽未达到规定标准，但是耐用时间在一年以上的大批同类物资，作为固定资产管理。 行业事业单位的固定资产明细目录由国务院主管部门制定，报国务院财政部门备案。	删减了专用设备标准和固定资产分类的有关表述。	匹配《政府会计准则第 3 号——固定资产》第二条："固定资产是指政府会计主体为满足自身开展业务活动或其他活动需要而控制的，使用年限超过一年（不含一年）、单位价值在规定标准以上，并在使用过程中基本保持原有物质形态的资产，一般包括房屋及构筑物、专用设备、通用设备等。单位价值虽未达到规定标准，但是使用年限超过一年（不含一年）的大批同类物资，如图书、家具、用具、装具等，应当确认为固定资产。"
第四十一条 事业单位应当对固定资产进行定期或者不定期的清查盘点。年度终了前应当进行一次全面清查盘点，保证账实相符。		删除条款。	关于固定资产清查盘点的的规定，在新《规则》第三十八条中已有体现，故删除。

续表

《事业单位财务规则》 2012 版	《事业单位财务规则》 2022 版	变化内容	解读
第四十二条 在建工程是指已经发生必要支出，但尚未达到交付使用状态的建设工程。 在建工程达到交付使用状态时，应当按照规定办理工程竣工财务决算和资产交付使用。	**第四十二条** 在建工程是指已经发生必要支出，但尚未达到交付使用状态的建设工程。 在建工程达到交付使用状态时，应当按照规定办理工程竣工财务决算和资产交付使用，期限最长不得超过一年。	增加“期限最长不得超过一年”的表述。	落实《行政事业性国有资产管理条例》（国务院令 第738号）第三十一条中的要求“各部门及其所属单位采用建设方式配置资产的，应当在建设项目竣工验收合格后及时办理资产交付手续，并在规定期限内办理竣工财务决算，期限最长不得超过一年。”
第四十三条 无形资产是指不具有实物形态而能为使用者提供某种权利的资产，包括专利权、商标权、著作权、土地使用权、非专利技术、商誉①以及其他财产权利。 事业单位转让无形资产，应当按照有关规定进行资产评估②，取得的收入按照国家有关规定处理。事业单位取得无形资产发生的支出，应当计入事业支出③。	**第四十三条** 无形资产是指不具有实物形态而能为使用者提供某种权利的资产，包括专利权、商标权、著作权、土地使用权、非专利技术以及其他财产权利。 事业单位转让无形资产取得的收入、取得无形资产发生的支出，应当按照国家有关规定处理③。	①无形资产资产类型删减“商誉”。 ②删除转让无形资产“应按照有关规定进行资产评估”的要求。 ③“取得无形资产发生的支出计入事业支出”的表述，修改为“按照国家有关规定处理”。	①匹配《政府会计准则第4号——无形资产》第二条“无形资产是指政府会计主体控制的没有实物形态的可辨认非货币性资产，如专利权、商标权、著作权、土地使用权、非专利技术等。” ②转让无形资产“应按照有关规定进行资产评估”的要求，在新《规则》第三十八条中已有体现，故删除。 ③这里的有关规定，例如《财政部关于进一步加大授权力度 促进科技成果转化的通知》（财资〔2019〕57号）。
第四十四条 对外投资是指事业单位依法利用货币资金、实物、无形资产等方式向其他单位的投资。 事业单位应当严格控制对外投资。在保证单位正常运转和事业发展的前提下，按照	**第四十四条** 对外投资是指事业单位依法利用货币资金、实物、无形资产等方式向其他单位的投资。 事业单位应当严格控制对外投资。利用国有资产对外投资应当有利于事业发展和实	①将对外投资的原则和程序做了重新表述。 ②删除对外投资“按照国家有关规定进行资产评估”的要求。 ③增加“明确对外投资形成的股权及其	①强调了“国有资产保值增值”的原则及“可行性研究和集体决策”的程序。根据《行政事业性国有资产管理条例》（国务院令 第738号）第十七条“事业单位利用国有资产

续表

《事业单位财务规则》2012 版	《事业单位财务规则》2022 版	变化内容	解读
国家有关规定可以对外投资的，应当履行相关审批程序①。事业单位不得使用财政拨款及其结余进行对外投资，不得从事股票、期货、基金、企业债券等投资，国家另有规定的除外。 事业单位以非货币性资产对外投资的，应当按照国家有关规定进行资产评估②，合理确定资产价值。	现国有资产保值增值，符合国家有关规定，经可行性研究和集体决策，按照规定的权限和程序进行①。事业单位不得使用财政拨款及其结余进行对外投资，不得从事股票、期货、基金、企业债券等投资，国家另有规定的除外。 事业单位应当明确对外投资形成的股权及其相关权益管理责任，按照国家有关规定将对外投资形成的股权纳入经营性国有资产集中统一监管体系③。	相关权益管理责任”及将其纳入监管体系的表述。	对外投资应当有利于事业发展和实现国有资产保值增值，符合国家有关规定，经可行性研究和集体决策，按照规定权限和程序进行。” ②相应要求在新《规则》第三十八条中已有体现，故删除。 ③强调“事业单位对外投资形成的股权纳入经营性国有资产集中统一监管体系”，落实《行政事业性国有资产管理条例》（国务院令 第 738 号）第十七条　事业单位应当明确对外投资形成的股权及其相关权益管理责任，按照规定将对外投资形成的股权纳入经营性国有资产集中统一监管体系。
	第四十五条　公共基础设施、政府储备物资、文物文化资产、保障性住房等资产管理的具体办法，由国务院财政部门会同有关部门制定。	新增条款。	对新《规则》第三十七条增补的四类资产做了原则性规范，为下一步改革预留空间。
第四十五条　事业单位资产处置应当遵循公开、公平、公正和竞争、择优的原则，严格履行相关审批程序。 事业单位出租、出借资产，应当按照国家有关规定经主管部门审核同意后报同级财政部门审批。	**第四十六条**　事业单位资产处置应当遵循公开、公平、公正和竞争、择优的原则，严格履行相关审批程序。 事业单位出租、出借资产应当严格履行相关审批程序。	修改了关于出租，出借资产审批程序的表述。	规范了出租，出借资产审批程序，具体规定可参考《事业单位国有资产管理暂行办法（2019 年修正）》及《中央行政事业单位国有资产处置管理办法》等文件。

续表

《事业单位财务规则》2012 版	《事业单位财务规则》2022 版	变化内容	解读
第四十六条 事业单位应当提高资产使用效率，按照国家有关规定实行资产共享、共用。	**第四十七条** 事业单位应当在<u>确保安全使用的前提下</u>，推进本单位大型设备等国有资产共享共用工作，<u>可以对提供方给予合理补偿</u>。	对资产共享共用的有关规定做了重新表述，并新增“可以对提供方给予合理补偿”的规定。	进一步完善开展国有资产共享共用工作规定，落实《行政事业性国有资产管理条例》（国务院令 第738号）第十八条 各部门及其所属单位应当在确保安全使用的前提下，推进本单位大型设备等国有资产共享共用工作，可以对提供方给予合理补偿。
第八章 负债管理	**第八章 负债管理**		
第四十七条 负债是指事业单位所承担的能以货币计量，需要以资产或者劳务偿还的债务。	**第四十八条** 负债是指事业单位所承担的能以货币计量，需要以资产或者劳务偿还的债务。		本条无变化，但第三十六条资产定义做了改变，导致本《规则》中资产与负债的定义存在配比度不高的情况。
第四十八条 事业单位的负债包括借入款项、应付款项、暂存款项、应缴款项等。应缴款项包括事业单位收取的应当上缴国库或者财政专户的资金、应缴税费，以及其他按照国家有关规定应当上缴的款项。	**第四十九条** 事业单位的负债包括借入款项、应付款项、暂存款项、应缴款项等。应缴款项包括事业单位按照国家有关规定收取的应当上缴国库或者财政专户的资金、应缴税费，以及其他应当上缴的款项。		
第四十九条 事业单位应当对不同性质的负债分类管理，及时清理并按照规定办理结算，保证各项负债在规定期限内归还。	**第五十条** 事业单位应当对不同性质的负债分类管理，及时清理并按照规定办理结算，保证各项负债在规定期限内<u>偿还</u>。		

续表

《事业单位财务规则》2012 版	《事业单位财务规则》2022 版	变化内容	解读
第五十条 事业单位应当建立健全财务风险控制机制，规范和加强借入款项管理，严格执行审批程序，不得违反规定举借债务和提供担保。	**第五十一条** 事业单位应当建立健全财务风险预警和控制机制，规范和加强借入款项管理，如实反映依法举借债务情况，严格执行审批程序，不得违反规定融资或者提供担保。	增加“财务风险预警”的表述，增加“如实反映依法举债债务情况”的要求。	在原条款基础上进一步强化了风险预警和债务管控，强调事业单位举债的“公开、透明”要求。
第九章 事业单位清算	**第九章 事业单位清算**		
第五十一条 事业单位发生划转、撤销、合并、分立时，应当进行清算。	**第五十二条** 事业单位发生划转、改制、撤销、合并、分立时，应当进行清算。	补充“改制”这类需要进行清算的情形。	顺应事业单位改革要求。
第五十二条 事业单位清算，应当在主管部门和财政部门的监督指导下，对单位的财产、债权、债务等进行全面清理，编制财产目录和债权、债务清单，提出财产作价依据和债权、债务处理办法，做好资产的移交、接收、划转和管理工作，并妥善处理各项遗留问题。	**第五十三条** 事业单位清算，应当在主管部门和财政部门的监督指导下，对单位的财产、债权、债务等进行全面清理，编制财产目录和债权、债务清单，提出财产作价依据和债权、债务处理办法，做好资产和负债的移交、接收、划转和管理工作，并妥善处理各项遗留问题。	增加做好“负债”移交等工作的表述。	
第五十三条 事业单位清算结束后，经主管部门审核并报财政部门批准，其资产分别按照下列办法处理： （一）因隶属关系改变，成建制划转的事业单位，全部资产无偿移交，并相应划转经费指标。 （二）转为企业管理的事业单位，全部资产扣除负债后，转作国家资本金。需要进	**第五十四条** 事业单位清算结束后，经主管部门审核并报财政部门批准，其资产和负债分别按照下列办法处理： （一）因隶属关系改变，成建制划转的事业单位，全部资产和负债无偿移交，并相应划转经费指标。 （二）转为企业的事业单位，全部资产扣除负债后，转作国家资本金。	在原条款基础上做了必要的增补；将原条款第二类情形“转为企业管理”修改为“转为企业”。	

续表

《事业单位财务规则》2012 版	《事业单位财务规则》2022 版	变化内容	解读
行资产评估的，按照国家有关规定执行。 （三）撤销的事业单位，全部资产由主管部门和财政部门核准处理。 （四）合并的事业单位，全部资产移交接收单位或者新组建单位，合并后多余的资产由主管部门和财政部门核准处理。 （五）分立的事业单位，资产按照有关规定移交分立后的事业单位，并相应划转经费指标。	（三）撤销的事业单位，全部资产和负债由主管部门和财政部门核准处理。 （四）合并的事业单位，全部资产和负债移交接收单位或者新组建单位，合并后多余的资产由主管部门和财政部门核准处理。 （五）分立的事业单位，全部资产和负债按照有关规定移交分立后的事业单位，并相应划转经费指标。		
第十章　财务报告和财务分析	**第十章　财务报告和决算报告**	该章增补了大量决算报告有关内容，与新《事业单位财务规则》第四条相呼应。目的是符合我国政府会计改革“双报告·双基础·双功能”的核心特色，贯彻落实政府会计准则制度体系全面实施与政府综合财务报告制度改革的新要求。	
第五十四条　财务报告是反映事业单位一定时期财务状况和事业成果的总结性书面文件。 事业单位应当定期向主管部门和财政部门以及其他有关的报表使用者提供财务报告。	**第五十五条**　事业单位应当按国家有关规定向主管部门和财政部门以及其他有关的报告使用者提供财务报告、决算报告。 事业单位财务会计和预算会计要素的确认、计量、记录、报告应当遵循政府会计准则制度的规定。	本条明确事业单位应当提供财务报告＋决算报告的“双报告”要求。 对应《政府会计准则——基本准则》（财政部令第 78 号）第五条“政府会计主体应当编制决算报告和财务报告。”	
第五十五条　事业单位报送的年度财务报告包括资产负债表、收入支出表、财政拨款收入支出表、固定资产投资决算报表等主表，有关附表以及财务情况说明书等。	**第五十六条**　财务报告主要以权责发生制为基础编制，综合反映事业单位特定日期财务状况和一定时期运行情况等信息。	本条规定事业单位财务报告的编制基础和应当实现的功能。 对应《政府会计准则——基本准则》（财政部令第 78 号）第五十六条　政府财务报告的编制主要以权责发生制为基础，以财务会计核算生成的数据为准。	

续表

<table>
<tr><th>《事业单位财务规则》
2012 版</th><th>《事业单位财务规则》
2022 版</th><th>变化内容</th><th>解读</th></tr>
<tr><td>第五十六条　财务情况说明书，主要说明事业单位收入及其支出、结转、结余及其分配、资产负债变动、对外投资、资产出租出借、资产处置、固定资产投资、绩效考评的情况，对本期或者下期财务状况发生重大影响的事项，以及需要说明的其他事项。</td><td>第五十七条　财务报告由财务报表和财务分析两部分组成。财务报表主要包括资产负债表、收入费用表等会计报表和报表附注。财务分析的内容主要包括财务状况分析、运行情况分析和财务管理情况等。</td><td colspan="2">本条规定事业单位财务报告的构成与内容要求。
对应《政府会计准则——基本准则》（财政部令第 78 号）第五十一条　财务报表是对政府会计主体财务状况、运行情况和现金流量等信息的结构性表述。财务报表包括会计报表和附注。会计报表至少应当包括资产负债表、收入费用表和现金流量表。政府会计主体应当根据相关规定编制合并财务报表。</td></tr>
<tr><td>第五十七条　财务分析的内容包括预算编制与执行、资产使用、收入支出状况等。
财务分析的指标包括预算收入和支出完成率、人员支出与公用支出分别占事业支出的比率、人均基本支出、资产负债率等。主管部门和事业单位可以根据本单位的业务特点增加财务分析指标。</td><td>第五十八条　决算报告主要以收付实现制为基础编制，综合反映事业单位年度预算收支执行结果等信息。</td><td colspan="2">本条规定事业单位决算报告的编制基础和应当实现的功能。
对应《政府会计准则——基本准则》（财政部令第 78 号）第五十六条　政府决算报告的编制主要以收付实现制为基础，以预算会计核算生成的数据为准。</td></tr>
<tr><td></td><td>第五十九条　决算报告由决算报表和决算分析两部分组成。决算报表主要包括收入支出表、财政拨款收入支出表等。决算分析的内容主要包括收支预算执行分析、资金使用效益分析和机构人员情况等。</td><td colspan="2">本条规定事业单位决算报告的构成与内容要求。
对应《政府会计准则——基本准则》（财政部令第 78 号）第四十八条　政府决算报告是综合反映政府会计主体年度预算收支执行结果的文件。政府决算报告应当包括决算报表和其他应当在决算报告中反映的相关信息和资料。</td></tr>
<tr><td>第十一章　财务监督</td><td>第十一章　财务监督</td><td></td><td></td></tr>
<tr><td>第五十八条　事业单位财务监督主要包括对预算管理、收入管理、支出管理、结转和结余管理、专用基金管理、资产管理、负债管理等的监督。</td><td>第六十条　事业单位财务监督主要包括对预算管理、收入管理、支出管理、结转和结余管理、专用基金管理、资产管理、负债管理等的监督。</td><td></td><td></td></tr>
</table>

续表

《事业单位财务规则》2012 版	《事业单位财务规则》2022 版	变化内容	解读
第五十九条 事业单位财务监督应当实行事前监督、事中监督、事后监督相结合，日常监督与专项监督相结合。	**第六十一条** 事业单位财务监督应当实行事前监督、事中监督、事后监督相结合，日常监督与专项监督相结合。		
第六十条 事业单位应当建立健全内部控制制度、经济责任制度、财务信息披露制度等监督制度，依法公开财务信息。	**第六十二条** 事业单位应当建立健全内部控制制度、经济责任制度、财务信息披露制度等监督制度，依法公开财务信息。		
第六十一条 事业单位应当依法接受主管部门和财政、审计部门的监督。	**第六十三条** 事业单位应当遵守财经纪律和财务制度，依法接受主管部门和财政、审计部门的监督。	增加“遵守财经纪律和财务制度”表述。	强化“遵守财经纪律和财务制度”要求。
	第六十四条 各级事业单位、主管部门和财政部门及其工作人员存在违反本规则规定的行为，以及其他滥用职权、玩忽职守、徇私舞弊等违法违规行为的，依法追究相应责任。	新增条款。	其目的是强调本规则的严肃性，各级事业单位、主管部门和财政部门及其工作人员都要严格遵守。
第十二章 附则	**第十二章 附则**		
第六十二条 事业单位基本建设投资的财务管理，应当执行本规则，但国家基本建设投资财务管理制度另有规定的，从其规定。	**第六十五条** 事业单位基本建设投资的财务管理，应当执行本规则，但国家基本建设投资财务管理制度另有规定的，从其规定。		
第六十三条 参照公务员法管理的事业单位财务制度的适用，由国务院财政部门另行规定。	**第六十六条** 参照公务员法管理的事业单位财务制度的适用，由国务院财政部门另行规定。		

续表

《事业单位财务规则》2012 版	《事业单位财务规则》2022 版	变化内容	解读
第六十四条 接受国家经常性资助的社会力量举办的公益服务性组织和社会团体，依照本规则执行；其他社会力量举办的公益服务性组织和社会团体，可以参照本规则执行。	**第六十七条** 接受国家经常性资助的社会力量举办的公益服务性组织和社会团体，依照本规则执行；其他社会力量举办的公益服务性组织和社会团体，可以参照本规则执行。		
第六十五条 下列事业单位或者事业单位特定项目，执行企业财务制度，不执行本规则： （一）纳入企业财务管理体系的事业单位和事业单位附属独立核算的生产经营单位； （二）事业单位经营的接受外单位要求投资回报的项目； （三）经主管部门和财政部门批准的具备条件的其他事业单位。	**第六十八条** 下列事业单位或者事业单位特定项目，执行企业财务制度，不执行本规则： （一）纳入企业财务管理体系的事业单位和事业单位附属独立核算的生产经营单位； （二）事业单位经营的接受外单位要求投资回报的项目； （三）经主管部门和财政部门批准的具备条件的其他事业单位。		
第六十六条 行业特点突出，需要制定行业事业单位财务管理制度的，由国务院财政部门会同有关主管部门根据本规则制定。部分行业根据成本核算和绩效管理的需要，可以在行业事业单位财务管理制度中引入权责发生制。	**第六十九条** 行业特点突出，需要制定行业事业单位财务管理制度的，由国务院财政部门会同有关主管部门根据本规则制定。	在原条款基础上删减“成本核算和绩效管理”的有关表述。	成本核算与绩效管理的相关规定在新《规则》第十五条、第二十五条中已有体现，故删除。

续表

《事业单位财务规则》 2012 版	《事业单位财务规则》 2022 版	变化内容	解读
第六十七条 省、自治区、直辖市人民政府财政部门可以根据本规则结合本地区实际情况制定事业单位具体财务管理办法。	**第七十条** 省、自治区、直辖市人民政府财政部门可以根据本规则结合本地区实际情况制定事业单位具体财务管理办法。		
第六十八条 本规则自 2012 年 4 月 1 日起施行。 附件：事业单位财务分析指标	**第七十一条** 本规则自 2022 年 3 月 1 日起施行。《事业单位财务规则》（财政部令第 68 号）同时废止。	删除了财务分析具体指标规定。	权责发生制政府综合财务报告制度改革主要任务之一是建立健全政府财务报告分析应用体系，这已成为我国政府综合财务报告制度改革最大挑战之一，删除原《规则》中的财务分析指标，能够为下一步改革预留空间。

第三章　事业单位预决算和绩效管理

预算管理作为事业单位财务管理的重要组成部分，是规范单位经济活动的重要手段。《事业单位财务规则》（财政部令第108号）第二章“单位预算管理”共九条，与原版相比主要变化有两点：一是根据新《预算法》的最新要求对事业单位预算概念，预算编制、执行、审批和决算等内容的规定做出修订；二是新增了预算绩效管理的内容，体现出当前预算绩效管理在预算管理中的重要性。

第一节　事业单位预算管理

一、事业单位预算的概念

（一）事业单位

根据《事业单位登记管理暂行条例》（中华人民共和国国务院令第411号），事业单位是指国家为了社会公益目的，由国家机关举办或者其他组织利用国有资产举办的，从事教育、科技、文化、卫生等活动的社会服务组织。《事业单位登记管理暂行条例实施细则》（中央编办发〔2014〕4号）进一步明确，事业单位是指国家为了社会公益目的，由国家机关举办或者其他组织利用国有资产举办的，从事教育、科研、文化、卫生、体育、新闻出版、广播电视、社会福利、救助减灾、统计调查、技术推广与实验、公用设施管理、物资仓储、监测、勘探与勘察、测绘、检验检测与鉴定、法律服务、资源管理事务、质量技术监督事务、经济监督事务、知识产权事务、公证与认证、信息与咨询、人才交流、就业服务、机关后勤服务等活动的社会服务组织。

（二）事业单位预算

根据《事业单位财务规则》（财政部令第108号）第七条，事业单位预算是指事业单位根据事业发展目标和计划编制的年度财务收支计划。事业单位预算由收入预算和支出预算组成。

本条是对事业单位预算的定义，明确事业单位预算是在完成事业发展目标和计划的前提下所编制的，以年度为时间跨度的财务收支计划，由收入预算和支出预算两部分构成。

二、国家对事业单位财政投入政策

《事业单位财务规则》（财政部令第 108 号）第八条规定，国家对事业单位实行核定收支、定额或者定项补助、超支不补、结转和结余按规定使用的预算管理办法。定额或者定项补助根据国家有关政策和财力可能，结合事业单位改革要求、事业特点、事业发展目标和计划、事业单位收支及资产状况等确定。定额或者定项补助可以为零。非财政补助收入大于支出较多的事业单位，可以实行收入上缴办法。具体办法由财政部门会同有关主管部门制定。上述规定主要包括以下四方面内容：

一是对事业单位进行核定收支。核定收支是指事业单位将全部收入和全部支出统一编列预算，报请主管部门和财政部门核定。主管部门和财政部门根据国家有关政策和财力可能，结合事业单位改革要求、事业特点、事业发展目标和计划、事业单位收支及资产状况等核定事业单位年度预算收支规模。

二是对事业单位实行定额或者定项补助。定额补助是根据事业单位收支情况，按照相应标准确定的补助数额，如对基本支出定员定额的事业单位实行财政定额补助，对高等院校实行生均定额补助等。定项补助则是根据事业单位收支情况，对事业单位的某些项目支出进行补助，如对某些事业单位的大型修缮和设备购置等的项目补助，具体补助情况因事业单位情况以及项目情况不同而有所区别。当前对事业单位的补助方式既有定额补助又有定项补助，定额或者定项补助根据国家有关政策和财力可能，结合事业单位改革要求、事业特点、事业发展目标和计划、事业单位收支及资产状况等确定。不同事业单位的补助程度不同。对非财政补助收入可以满足单位经常性支出需要的，财政定额或者定项补助可以为零。

三是超支不补，结转和结余按规定使用。超支不补是指事业单位在其预算经法定程序核定后，日常收支应严格按预算执行，做到收支平衡。除特殊情况外，主管部门和财政部门对事业单位增加的支出不再追加预算。年底决算形成的结转和结余资金，单位应按照国家和同级财政管理的有关规定执行。

四是对非财政补助收入大于支出较多的事业单位，可以实行收入上缴办法。一般事业单位收入有限且不稳定，可全部用于本单位事业发展，不实行收入上缴办法。但有些事业单位因占有较多国家资源或国有资产等原因，会出现取得的非财政补助收入超出其正常支出较多的情况。对此类单位，主管部门和财政部门可以对其实行收入上缴的办法。收入上缴可采用定额上缴，即在核定单位预算时确定收入上缴的绝对数额；也可采用按比例上缴，即根据单位收支情况，确定收入的上缴比例。考虑到各地情况差异较大，事业单位情况不同，具体上缴办法由财政部门会同有关主管部门制定。

（一）事业单位分类

根据《中共中央　国务院关于分类推进事业单位改革的指导意见》（中发〔2011〕5号），按照社会功能，现有事业单位划分为承担行政职能、从事生产经营活动和从事公益服务三个类别，并分别指出了三类事业单位的未来发展方向。

对于承担行政职能（认定行政职能的主要依据是国家有关法律法规和中央有关政策规定）的事业单位，即承担行政决策、行政执行、行政监督等职能的事业单位，这类单位逐步将行政职能划归行政机构或转为行政机构。

对于从事生产经营活动的事业单位，即所提供的产品或服务可以由市场配置资源、不承担公益服务职责的事业单位，这类单位要逐步转为企业或撤销。

对于从事公益服务的事业单位，即面向社会提供公益服务和为机关行使职能提供支持保障的事业单位。此类单位将继续保留在事业单位序列。根据职责任务、服务对象和资源配置方式等情况，从事公益服务的事业单位细分为公益一类事业单位和公益二类事业单位。其中，公益一类事业单位是指承担义务教育、基础性科研、公共文化、公共卫生及基层的基本医疗服务等基本公益服务，不能或不宜由市场配置资源的事业单位。这类单位不得从事经营活动，其宗旨、业务范围和服务规范由国家确定。公益二类事业单位是指承担高等教育、非营利医疗等公益服务，可部分由市场配置资源的事业单位。这类单位按照国家确定的公益目标和相关标准开展活动，在确保公益目标的前提下，可依据相关法律法规提供与主业相关的服务，收益的使用按国家有关规定执行。

（二）国家对各类事业单位的财政投入政策

对于以上三种类型的事业单位，《关于分类推进事业单位改革中财政有关政策的意见》中分别规定了相应的财政投入政策。

对已认定为承担行政职能但尚未调整到位的事业单位，其履行行政职能依法收取的费用以及通过向社会提供其他服务取得的收入，全部纳入财政预算管理，收支彻底脱钩，各项经费由同级财政预算予以安排。

对已认定为从事公益服务的事业单位，按照国家有关政策和以事定费的原则，结合不同类型事业单位的具体特点和财力可能，科学合理制定经费标准并予以动态调整。对公益一类事业单位，财政根据正常业务需要提供相应经费保障；对公益二类事业单位，财政根据单位业务特点和财务收支状况等给予经费补助，并通过政府购买服务等方式予以支持。对事业单位利用国家资源、国有资产等提供特定公共服务取得的政府非税收入，要严格按照“收支两条线”规定的要求，上缴国库或财政专户。对事业单位向社会提供经营服务取得的收入，要全额纳入单位预算，统一核算、统一管理，主要用于公益事业发展。

三、预算管理组织机构

（一）工作内容及主要职责

《预算法》第二十六条规定了事业单位预算管理的工作内容，即各单位编制本单位预算、决算草案；按照国家规定上缴预算收入，安排预算支出，并接受国家有关部门的监督。

《中华人民共和国预算法实施条例》（国务院令第729号）第五十三条明确了事业单位预算管理的主要职责。一是制定本单位预算执行制度，建立健全内部控制机制；二是依法组织收入，严格支出管理，实施绩效监控，开展绩效评价，提高资金使用效益；三是对单位的各项经济业务进行会计核算；四是汇总本部门、本单位的预算执行情况，定期向本级政府财政部门报送预算执行情况报告和绩效评价报告。”

（二）机构构成

为了保证事业单位预算管理任务的顺利完成，事业单位预算管理的首要任务就是设置预算管理组织机构，见表3-1。事业单位预算管理机构一般包括决策机构、工作机构和执行机构，具体设置情况可根据各单位业务活动、内部运行机制和收支规模情况进行优化调整。

表3-1　　预算管理组织机构

机构	任务	部门	工作内容
决策机构	承担单位预算业务的决策工作	预算管理委员会	制定单位预算管理制度；审定单位年度预算目标、预算草案；协调解决预算编制和执行中的重大问题等。
工作机构	履行单位日常的预算管理职能	财务部门	对下分解下达预算决策机构的决策，对上汇报预算执行情况。
执行机构	执行预算并完成工作任务	各预算部门	执行预算并完成工作任务达到预算执行的目标。

决策机构承担单位预算业务的决策工作。一般设立预算管理委员会作为预算业务决策机构，其成员由单位主要领导班子成员、财会部门负责人以及其他相关部门负责人组成。预算管理委员会制定单位预算管理制度；审定单位年度预算目标、预算草案；协调解决预算编制和执行中的重大问题等。

工作机构履行单位日常的预算管理职能。预算业务工作机构一般设置在财务部门，其在预算业务的管理序列中处于承上启下的位置，对下分解下达预算决策机构的决策，对上汇报预算执行情况。

执行机构执行预算并完成工作任务。预算业务执行机构是单位内部各预算部门，其利用所分配到的财政资金开展业务工作，执行预算并完成工作任务达到预算执行的目标。预算业务执行机构是预算的一线执行者，应当严格按照预算最终方案执行。

四、预算编制

《事业单位财务规则》（财政部令第 108 号）第九条规定，事业单位参考以前年度预算执行情况，根据预算年度的收入增减因素和措施，以及以前年度结转和结余情况，测算编制收入预算草案；根据事业发展需要与财力可能，测算编制支出预算草案。事业单位预算应当自求收支平衡，不得编制赤字预算。

《事业单位财务规则》（财政部令第 108 号）第十条规定，事业单位应当根据国家宏观调控总体要求、年度事业发展目标和计划以及预算编制的规定，提出预算建议数。

（一）测算依据及编制方法

1. 测算依据

《事业单位财务规则》（财政部令第 108 号）增加了“事业单位应当根据国家宏观调控总体要求”作为事业单位预算测算的首要依据。强调事业单位预算测算应当以顺应“国家宏观调控总体要求”为首要的基本原则。根据《预算法》第三十二条，“各级预算应当根据年度经济社会发展目标、国家宏观调控总体要求和跨年度预算平衡的需要，参考上一年预算执行情况、有关支出绩效评价结果和本年度收支预测，按照规定程序征求各方面意见后，进行编制。”

因此，事业单位在编制预算时必须考虑以下两个因素：一是国家社会经济发展计划和事业单位发展的需要；二是以前年度预算执行情况，预算年度的收入增减因素和措施，以及以前年度结转和结余情况。

2. 编制方法

根据《预算法》第三十二条，“各单位应当按照国务院财政部门制定的政府收支分类科目、预算支出标准和要求，以及绩效目标管理等预算编制规定，根据其依法履行职能和事业发展的需要以及存量资产情况，编制本单位预算草案。”即预算编制包括以下几个步骤。

第一步，明确单位预算目标。事业单位要依据国家的中长期发展计划和本单位的职能，提出工作重点、任务，列出需要安排的重要事项，建立起单位的年度预算目标。

第二步，收集相关资料。财政拨款收入的测算要在占有大量信息的基础上进行，应全面收集与预算编制相关的信息资料，如资产数量和分布状况、单位财务状况等。

第三步，测算本单位预算需求。单位预算需求分两个部分测算。一部分是基本支出，该项支出是以定员定额方式确定，定员定额水平由财政部门确定。另一部分是项目支出，该项支出根据部门履行职能和事业发展的实际需要确定。

第四步，分析、归集单位预算需求。为确保数据和信息的真实准确，单位财务部门要对收集的有关部门预算的各类资料进行深入分析。同时，财务部门要对收集的信息、资料进行归类汇总，形成本单位完整的信息。对于基本支出需求，做好人员基础数据的整理工作，如人员数量、结构（编制内、编制外）。对于项目支出需求，要根据国民经济发展规划、本单位事业发展计划以及财政承受能力合理测算项目预算。

（二）基本支出预算

基本支出预算是单位预算的组成部分，是单位为保障其机构正常运转、完成日常工作任务而编制的年度基本支出计划，按其性质分为人员经费和公用经费。基本支出预算的编制原则如下：

一是综合预算的原则。在编制基本支出预算时，对当年财政拨款和以前年度结余资金，预算内和预算外资金，要统筹考虑、合理安排。

二是优先保障的原则。财力安排首先应当保障单位基本支出的合理需要，以保证部门的日常工作正常运转。

三是定员定额管理的原则。基本支出预算实行定员定额管理；定员和定额是测算和编制基本支出预算的重要依据。其中，定员是指机构编制主管部门根据部门的性质、职能、业务范围和工作任务所下达的人员配置标准。定额是指财政部根据中央部门机构正常运转和日常工作任务的合理需要，结合财力的可能，对基本支出的各项内容所规定的指标额度。基本支出预算定额包括人员经费预算定额和公用经费预算定额。

1. 人员经费预算定额

人员经费包括政府收支分类的支出经济分类科目中的“工资福利支出”和“对个人和家庭的补助”。具体定额内容包括基本工资、津贴补贴、奖金、绩效工资、社会保障缴费、住房公积金、离退休费、其他人员经费等。财政部门将根据编办核定的预算单位性质、人员配置标准内的实有人数以及人员经费的支出标准，核定人员经费预算。

2. 公用经费预算定额

公用经费包括政府收支分类的支出经济分类科目中的“商品和服务支出”和“其他资本性支出”中属于基本支出内容的支出。具体定额项目包括办公及印刷费、水电费、邮电费、公务用车运行维护费、取暖费、差旅费、会议费、日常维修费、专用材料费、一般购置费（包括一般办公设备购置费、一般专用设备购置费、一般交通工具购置费、一般装备购置费等）、福利费和其他公用经费等。

公用经费预算定额由财政部门会同有关部门，根据预算单位性质及所承担的职能、编制内实有人数予以分类分档设定。公用经费实施单项定额和人员综合定额相结合的预算管理。其中，可以按单项量化的支出，按单项定额标准和符合相关规定的实物配置数核定预算；不能按单项量化的支出，原则上按量化到人的综合定额标准和编制数内的实有人数核定预算。单项定额的项目包括公务用车运行维护费、办公用房租赁费、办公用房物业管理费、福利费、工会经费等。人员综合定额的支出内容包括办公费、印刷费、咨询费、手续费、水费、电费、邮电费、差旅费、因公出国（境）费、日常维修（护）费、会议费、培训费、公务接待费、购置费、专用燃料费、劳务费、委托业务费、其他商品和服务支出等。

学校、公立医院按相关规定执行。

（三）项目支出预算

项目支出预算是事业单位支出预算的重要组成部分，是单位为完成其特定的事业发展目标，在基本支出预算之外编制的年度支出计划，包括有关事业发展专项计划、专项业务费、大型修缮、大型购置、大型会议等项目支出。

项目支出预算是围绕“项目”编制的支出计划，项目支出预算具有几方面特征：一是专项性，项目支出预算的专项性体现在预算与业务的结合之中，预算围绕项目，项目围绕特定的业务目标，预算是为完成特定业务目标而编制的经费支出计划，针对不同目标应分别设立项目。二是独立性，每个项目支出预算应有其支出的明确范围，项目之间支出不能交叉，项目支出与基本支出之间也不能交叉，如果出现交叉则说明项目的目标或任务有重叠，项目边界不清，设置不尽合理。三是完整性，项目支出预算应包括完成特定业务目标所涉及的全部经费支出，应避免将为一个目标而发生的支出拆解分散到多个项目支出中去。

事业单位应充分准备项目立项申请材料，项目支出预算编制的相关基础资料，包括数据的测算、资产配置计划、政府采购计划、绩效目标设定等。对于资金数量较大的项目，具备条件的单位可参照财政部门预算管理的要求，建立单位内容项目库。

五、预算审批

（一）预算编报程序

单位预算编制可按照以下程序进行：

第一，单位财务部门根据同级财政部门下达的预算编制规定和要求，制定本单位预算编制时间安排和要求，对单位内设机构预算编制人员进行预算编制培训，准备预算编制模板，部署预算编制工作。

第二，单位各内设机构按照预算编制规则和要求，依据自身职能履行和工作计划需要，并结合上期预算执行情况编制本机构预算计划，使其与实际工作相对应。

第三，归口部门对单位各内设机构提出的三公预算、采购预算、资产预算、信息预算和工程修缮预算等支出需求，进行汇总初审并在内部平衡实际需要，同类事项统一标准，政策流程统一把关，避免多头重复申报。

第四，单位财务部门进行汇总审核和综合平衡收支预算，确定单位收支总盘子，测算、提出单位预算建议数，提交单位领导审批。

第五，单位领导班子对预算建议数进行审批，内部审批通过后由单位财务部门在上级相关部门规定的时间内报同级财政部门审核。

（二）预算审批

《事业单位财务规则》（财政部令第 108 号）第十条规定，事业单位……提出预算建议数，经主管部门审核汇总报财政部门（一级预算单位直接报财政部门）。事业单位根据财政部门下达的预算控制数编制预算草案，由主管部门审核汇总报财政部门，经法定程序审核批复后执行。

事业单位预算审批的流程是，首先，由事业单位提出预算建议数，经主管部门审核汇总报财政部门（一级预算单位直接报财政部门）。其次，事业单位根据财政部门下达的预算控制数编制预算草案。最后，由主管部门审核汇总报财政部门，经法定程序审核批复后执行。

六、预算执行

《事业单位财务规则》（财政部令第 108 号）第十一条规定，事业单位应当严格执行批准的预算。《中华人民共和国预算法实施条例》（国务院令第 729 号）第六十条也对事业单位预算执行提出了要求，在预算执行中，事业单位应当严格执行批准的预算，加强对预算支出的管理，遵守财政制度，强化预算约束，不得擅自扩大支出范围、提高开支标准；严格按照预算规定的支出用途使用资金，合理安排支出进度。

事业单位可以通过以下措施实现预算支出的严格管理，强化预算约束，合理安排支出进度。一是建立预算执行审批制度。单位应严格预算审批，设置预算归口部门，按经费支出的审批权限对不同类型费用进行归口管理。二是建立预算执行监控机制。单位应实施对预算执行过程的有效监控，随时了解预算执行的实际情况并反馈给相关部门，及时发现问题并予以纠正。严禁随意调整预算、无预算随意支出的行为。杜绝基本预算和项目预算的混用，严格按照预算批复的功能分类科目、用款计划、项目进度、有关合同和规定程序做好项目支出预算执行工作。三是建立预算执行分析机制。定期通报各部门预算执行情况，召开预算执行分析会议，研究解决预算执行中存在的问题，提出改进措施，提高预算执行的有效性。四是建立健全预算支出考核机制。

在预算执行中需要重点关注以下几个方面：一是落实好“过紧日子”的要求。树立勤俭办事节约用财理念，把“过紧日子”的财政方针落实到预算执行当中。精打细算、厉行节约，严控一般性支出，关注“三公经费”支出，多渠道筹集资金，优化支出结构。二是关注结转资金使用。预算执行中要关注结转资金的执行情况，加快结转资金的预算执行进度。资金支付过程中，优先使用上年结转资金。三是关注预算执行进度。根据《地方财政预算执行支出进度考核办法》（财预〔2018〕69 号），财政预算执行支出进度考核为月度考核，考核月份为每年 4 月至 12 月，考核的内容包括一般公共预算支出进度、政府性基金预算支出进度、盘活一般公共预算结转结余、盘活政府性基金预算结转结余、盘活部门预算结转结余等方面。四是关注预算绩效管理。预算绩效管理贯穿部门预算执行的始终，在部门预算执行时应时刻关注预算绩效情况，注意搜集相关数据，为绩效自评做准备。

七、预算调剂

《事业单位财务规则》（财政部令第 108 号）第十一条规定，预算执行中，国家对财政补助收入和财政专户管理资金的预算一般不予调剂，确需调剂的，由事业单位报主管部门审核后报财政部门调剂；其他资金确需调剂的，按照国家有关规定办理。

新《规则》对事业单位预算调剂的规定体现在以下三方面：

一是规范了“预算调整”和“预算调剂”的用法。《预算法》明确了“预算调整”与“预算调剂”的差异。“预算调整”是指经立法机构批准的本级预算，在执行中因特殊情况需要增加支出或者减少收入，使原批准的收支平衡的预算总支出超过总收入，或者使原批准的预算中举借债务的数额增加的部分变更。即凡是打破原有预算平衡，扩大预算收支逆差、增加举债数额的都作为预算调整。“预算调剂”是在现行预算调整范围以外，不需经过法定程序审批的预算变更。新版《事业单位财务规则》中，“国家对财政补助收入和财政专户管理资金的预算一般不予调剂”，此处由原版的“不予调整”修改为“不予调剂”，是对《预算法》相关内容的体现。

二是删除了对“预算调整”内容的表述。原版中“上级下达的事业计划有较大调整，或者根据国家有关政策增加或者减少支出，对预算执行影响较大时，事业单位应当报主管部门审核后报财政部门调整预算”，此句删除。《预算法》第十三条明确规定，“经人民代表大会批准的预算，非经法定程序，不得调整。”《预算法》对预算调整做出了明确的规定，使预算调整更具规范性，此处与其相呼应。

三是修改了“其他资金预算调剂”的规定。将原版中“财政补助收入和财政专户管理资金以外部分的预算需要调增或者调减的，由单位自行调整并报主管部门和财政部门备案。”修改为“其他资金确需调剂的，按照国家有关规定办理”。由“单位自行调整并报主管部门和财政部门备案”改为“按照国家有关规定办理”，其修改与近年来国家将一些特殊事项的预算调剂权下放给事业单位的背景相呼应。如《国务院办公厅关于改革完善中央财政科研经费管理的若干意见》（国办发〔2021〕32 号）提出“设备费预算调剂权全部下放给项目承担单位，不再由项目管理部门审批其预算调增”。

八、预算信息公开

《预算法》第十四条规定，经本级政府财政部门批复的部门预算、决算及报表，应当在批复后 20 日内由各部门向社会公开，并对部门预算、决算中机关运行经费的安排、使用情况等重要事项作出说明。《财政部关于推进部门所属单位预算公开工作的指导意见》（财预〔2021〕29 号）对预算信息公开的相关情况进行了说明。

（一）公开主体

部门所属单位预算公开的主体为负责编制单位预算的预算单位。

（二）公开范围

单位要主动向社会公开部门批复的单位预算，涉及国家秘密的除外。中央垂直管理部门所属单位的预算按照中央部门预算管理要求公开，不作为地方的部门公开预算。

（三）公开内容

预算公开的内容为部门批复的单位预算、决算及报表，涉及国家秘密的除外。单位预算应当公开基本支出和项目支出，预算支出按其功能分类应当公开到项，按其经济性质分类，基本支出应当公开到款。2021 年中央部门公开的部门预算包括单位收支总表、单位收入总表、单位支出总表、财政拨款收支总表、一般公共预算支出表、一般公共预算基本支出表、一般公共预算“三公”经费支出表、政府性基金预算支出表、国有资本经营预算支出表 9 张报表。单位在公开预算时，要对本单位职责及机构设置情况、预算收支增减变化、机关运行经费安排、“三公”经费、政府采购等重点事项作出说明，结合工作进展情况逐步公开国有资产占用、预算绩效管理等情况。

（四）公开时间

预算公开的时间为部门批复后 20 日内。鼓励适当提前公开时间，同一部门所属同一级次的单位可以在同一天集中公开。

（五）公开方式

预算在本单位门户网站公开并保持长期公开状态，其中，当年预算公开在网站醒目位置。没有门户网站的单位，可以在本级政府或部门门户网站等平台公开，或通过政府公报、新闻发布会、报刊、广播、电视等方式公开。

第二节　事业单位决算管理

一、事业单位决算的概念

根据《事业单位财务规则》（财政部令第 108 号）第十二条，事业单位决算是指事业单位预算收支和结余的年度执行结果。

根据《事业单位财务规则》（财政部令第 108 号）第十三条，事业单位应当按照规定编制年度决算草案，由主管部门审核汇总后报财政部门审批。结合《中华人民共和国预算法实施条例》（国务院令第729号）第八十四条，决算草案的审核流程如下：首先，各单位按照主管部门的布置，认真编制本单位决算草案，在规定期限内上报。然后，各部门在审核汇总所属各单位决算草案基础上，连同本部门自身的决算收入和支出数据，汇编成本部门决算草案并附详细说明，经部门负责人签章后，在规定期限内报本级政府财政部门审核。

二、决算编制

《预算法》第七十五条、《中华人民共和国预算法实施条例》（国务院令第729号）第八十三条和《部门决算管理办法》（财库〔2021〕36号）第十一条、第十二条对于事业单位决算编制做出了具体规定。

（一）决算编制时间

每一预算年度终了。

（二）决算编制程序

全面清理核实收入、支出等情况，并在办理年终结账的基础上编制决算。具体程序是：

第一步，清理收支账目、往来款项，核对年度预算收支和各项缴拨款项，做到账实相符、账证相符、账表相符、表表相符。

第二步，按照规定的时间结账，不得提前或者延迟。

第三步，根据预算会计核算生成的数据、财政部门对预算的批复文件等编制决算，如实反映年度内全部收支，不得以估计数据替代，不得弄虚作假。

（三）决算编制要求

事业单位应按照本级政府财政部门的工作部署，必须按照法律、行政法规的要求编制决算草案，做到收支真实、数额准确、内容完整、报送及时。

决算草案应当与预算相对应，按预算数、调整预算数、决算数分别列出，决算应当列示结转、结余资金，一般公共预算支出应当按其功能分类编列到项，按其经济性质分类编列到款。

三、决算审核和分析

《事业单位财务规则》（财政部令第108号）第十四条规定，事业单位应当加强决算审核和分析，保证决算数据的真实、准确，规范决算管理工作。

（一）决算审核

决算审核内容包括以下三个方面：

一是审核决算编制范围是否完整，是否有漏报和重复编报情况。

二是审核决算报表是否合规、准确、完整。

三是审核报表说明和决算分析是否符合决算编制规定。

（二）决算分析

决算分析包括两方面内容：一是单位整理决算数据和预算绩效分析，汇编分析资料，撰写分析报告；二是单位应加强对决算分析结果的反馈和运用，及时解决决算反映出的问题，发挥决算对预算编制、执行以及财务管理的促进作用。

四、决算批复

《部门决算管理办法》（财库〔2021〕36 号）第十九条至第二十二条明确了决算批复的时间、内容和批复处理的规定。

（一）批复时间

各级政府财政部门应当在本级人民代表大会常务委员会批准本级政府决算后 20 日内，向本级各部门批复决算。各部门应当在接到本级政府财政部门批复的本部门决算后 15 日内，向所属单位批复决算。

（二）批复内容

决算批复内容应当与预算批复相衔接，主要包括收入、支出、结转和结余，以及其他相关决算数据。各部门根据管理需要，在决算批复文件中提出决算审核中发现的主要问题及改进财政财务管理的意见。

（三）批复处理

各部门、各单位应当根据决算批复文件、审核审计意见等，办理预算执行调整事项，并按照政府会计准则制度规定进行会计处理。各级人民代表大会常务委员会批准本级决算后，按照相关制度规定，部门决算数据确需变动的，调整下一年度决算报表年初数。

五、决算信息公开

《部门决算管理办法》（财库〔2021〕36 号）第二十三条至第二十七条制定了决算信息公开的相关规定。

（一）信息公开主体

各部门、各单位是决算公开的主体。除涉及国家秘密的内容外，各部门、各单位应当按照有关规定，向社会公开经批复的决算。

（二）信息公开时间

各部门应当自本级政府财政部门批复决算后20日内向社会公开决算。各单位应当自部门批复本单位决算后20日内向社会公开决算。

（三）信息公开渠道

各部门、各单位应当以本部门、本单位门户网站为主要平台公开决算，并保持长期公开状态。未设置门户网站的，通过本级政府门户网站、上级部门门户网站公开决算，或通过政府公报、报刊、广播、电视等公开决算。

（四）信息公开管理

各部门应当制定有关工作规范和工作方案，明确单位决算公开的时间、内容、方式、程序等，指导单位妥善处理涉密信息。各部门应当根据本级政府财政部门要求，报告本部门的决算公开情况。

六、决算数据资料管理

《部门决算管理办法》（财库〔2021〕36号）第二十九条至第三十一条对决算数据资料管理做出了规定。

首先，明确了部门决算数据资料的内容。部门决算数据资料包括以各种介质存放的决算报表、报表说明、决算分析等。其次，对涉密资料的保管提出了要求。部门决算数据资料涉及国家秘密的，各级政府财政部门、各部门、各单位应当依法严格执行保密规定，既确保国家秘密安全，又便利信息资源合理利用。最后，对决算数据资料的使用做出了规定。一是要求各部门、各单位应当充分利用信息技术，推动部门决算数据共享工作，提高决算数据的应用质效。二是各部门、各单位应当按照《会计档案管理办法》有关规定，采取必要措施，对部门决算数据资料进行管理和维护。

七、管理职责及罚则

《部门决算管理办法》（财库〔2021〕36号）第三十三条对单位决算管理职责做出了规定。一是明确决算责任主体。各部门、各单位是本部门、本单位的决算管理主体，对决算的规范性、真实性、准确性、完整性负责。二是明确决算管理职责。各部门根据本级政府财政部门的部署，组织、指导本部门所属各单位决算布置、审核、汇总报送、批复、公开、分析应用以及数据资料管理等工作。各单位按照主管部门的布置，做好本单位决算管理工作。

《部门决算管理办法》（财库〔2021〕36 号）第三十四条对违反部门决算管理的行为做出了规定。未依法依规编制、报送、批复、公开决算，以及故意漏报、瞒报以及编报虚假决算信息的行为，按照《中华人民共和国预算法》《中华人民共和国会计法》《财政违法行为处罚处分条例》等国家有关规定予以处理。

第三节 事业单位预算绩效管理

《事业单位财务规则》（财政部令第 108 号）第十五条规定，事业单位应当全面加强预算绩效管理，提高资金使用效益。新版中增加了一条预算绩效管理的内容，反映出预算绩效管理在事业单位预算管理中的重要性。

加强预算绩效管理是当前建立现代财政制度，建立全面规范透明、标准科学、约束有力的预算制度的关键点和突破口，能够推动财政资金聚力增效，提高公共服务供给质量，增强政府公信力和执行力。

一、预算绩效管理的概念和作用

（一）预算绩效管理的概念

事业单位的预算绩效，一般指投入一定量的资金，通过使用资金达到预期的效益与结果，它包括三个方面：效率、效果、效益。事业单位的预算绩效管理是以绩效目标为导向、以项目成本为衡量、以绩效评估为核心的一种预算管理体制。事业单位在开展预算绩效管理时，应以财务部门为主，其他部门为辅，多部门协调配合，实现预算绩效管理的全覆盖。

预算绩效管理具有以下几个特点：一是目标导向。预算绩效管理以单位的整体战略目标为出发点，进而为促进事业单位目标的实现服务；二是强调全过程管理。事前完善预算编制，事中进行预算控制，事后进行预算评价，进而对单位运营的整个过程进行有效的控制和管理；三是评价指标量化。通过分解单位的绩效目标，然后对目标的完成情况进行客观评价和衡量，进而确定财政资金使用为单位带来的经济效益的高低。

（二）预算绩效管理的作用

全面预算管理中的一个重要组成部分就是预算绩效管理。预算绩效管理是利用绩效的理念对项目进行预算编制、监督管理的一种方式。财政部门根据实现设定的绩效目标，通过运用科学的评价方式，进而科学评估项目实际的完成效果。事业单位通过运用预算绩效管理，能够提升财务管理水平、优化资源配置、提高财政资金利用效率。

1. 促进事业单位实现可持续发展。强化预算绩效管理有利于帮助事业单位提高资金的利用效率，增强其服务职能，能够促进单位内部预算管理制度更为完善。同时，通过实行预算绩效管理，能够使最少的资金发挥最大效能。通过事前评估、事中的监督控制以及事后的评价，能够提高资金的使用效率，促进财政资金实现最优化的配置，进而帮助事业单位节约财政资金，最终促进事业单位实现更好发展。

2. 促进事业单位决策更为科学。为了促进预算方案编制的科学和合理，需要事业单位能够对预算政策进行充分把握。项目预算的编制和单位经营相关的重大决策一般是通过第三方机构进行评审，因此在制定项目决策的过程中，应该充分吸纳各方意见，经过慎重考虑后再进行预算的编制，进而防止决策的盲目性。通过事前评估、事中管理控制以及事后评价，最终评价的结果更为科学合理，能够为管理者制定决策提供有效的数据支撑。因此，通过预算绩效管理，能够促进事业单位的决策制定过程更为科学合理。

3. 促进事业单位提高绩效管理水平。事业单位开展预算绩效管理的一个核心目标就是要提高单位的绩效管理水平。事业单位要想提高绩效管理水平，首先，需要了解自身目前的绩效水平如何，了解自身的情况才能着手进行改善和进步。其次，工作落实到实处后，绩效评估可以为以后的工作开展提供信息支持。绩效管理有利于评估目前事业单位的发展水平，为以后所明确的目标而努力，同时也能够有效避免资源的浪费。总的来说，做好绩效管理有利于事业单位的工作人员形成较好的绩效管理意识，从而提高其工作效率和水平。

二、预算绩效管理的基本内容

（一）预算绩效管理的重点

在预算的各环节中，事业单位预算绩效管理的重点内容如下：

1. 预算编制环节

在预算编制环节，预算绩效管理要突出绩效导向。各单位要对新出台重大政策、项目，结合预算评审、项目审批等开展事前绩效评估，评估结果作为申请预算的必备要件，从源头上提高预算编制的科学性和精准性。财政部门要严格绩效目标审核，未按要求设定绩效目标或审核未通过的，不得安排预算。

2. 预算执行环节

在预算执行环节，预算绩效管理的重点是加强绩效监控。事业单位应完善用款计划管理，按照“谁支出、谁负责”的原则，对绩效目标实现程度和预算执行进度实行“双监控”，发现问题要分析原因并及时纠正。

3. 决算环节

在决算环节，预算绩效管理的主要工作是全面开展绩效评价。事业单位应如实反映绩效目标实现结果，对绩效目标未达成或目标制定明显不合理的，要作出说明并提出改进措施。

（二）绩效评价

全面实施预算绩效管理，提高财政资源配置效率和使用效益，其中最重要的内容就是建立科学、合理的支出绩效评价管理体系。

1. 绩效评价概念

根据《中华人民共和国预算法实施条例》（国务院令第 729 号）第二十条，绩效评价是指根据设定的绩效目标，依据规范的程序，对预算资金的投入、使用过程、产出与效果进行系统和客观的评价。《项目支出绩效评价管理办法》（财预〔2020〕10 号）第二条对项目支出绩效评价给出了定义，项目支出绩效评价是指财政部门、预算部门和单位，依据设定的绩效目标，对项目支出的经济性、效率性、效益性和公平性进行客观、公正的测量、分析和评判。

事业单位绩效评价分为单位自评和部门评价两个类别。单位自评是指预算部门组织部门本级和所属单位对预算批复的项目绩效目标完成情况进行自我评价。部门评价是指预算部门根据相关要求，运用科学、合理的绩效评价指标、评价标准和方法，对本部门的项目组织开展的绩效评价。

2. 绩效评价原则

根据《项目支出绩效评价管理办法》（财预〔2020〕10 号）第五条，绩效评价应当遵循以下基本原则：

（1）科学公正。绩效评价应当运用科学合理的方法，按照规范的程序，对项目绩效进行客观、公正的反映。

（2）统筹兼顾。单位自评和部门评价应职责明确，各有侧重，相互衔接。单位自评应由项目单位自主实施，即“谁支出、谁自评”。部门评价应在单位自评的基础上开展，必要时可委托第三方机构实施。

（3）激励约束。绩效评价结果应与预算安排、政策调整、改进管理实质性挂钩，体现奖优罚劣和激励相容导向，有效要安排、低效要压减、无效要问责。

（4）公开透明。绩效评价结果应依法依规公开，并自觉接受社会监督。

3. 绩效评价依据

根据《项目支出绩效评价管理办法》（财预〔2020〕10 号）第六条，绩效评价的主要依据包括以下内容：

（1）国家相关法律、法规和规章制度；

（2）党中央、国务院重大决策部署，经济社会发展目标，地方各级党委和政府重点任务要求；

（3）部门职责相关规定；

（4）相关行业政策、行业标准及专业技术规范；

（5）预算管理制度及办法，项目及资金管理办法、财务和会计资料；

（6）项目设立的政策依据和目标，预算执行情况，年度决算报告、项目决算或验收报告等相关材料；

（7）本级人大审查结果报告、审计报告及决定，财政监督稽核报告等；

（8）其他相关资料。

4. 绩效评价期限

根据《项目支出绩效评价管理办法》（财预〔2020〕10 号）第七条，绩效评价期限包括年度、中期及项目实施期结束后；对于实施期 5 年及以上的项目，应适时开展中期和实施期后绩效评价。

（三）法律责任

根据《项目支出绩效评价管理办法》（财预〔2020〕10 号）第二十九条和第三十条，对使用财政资金严重低效无效并造成重大损失的责任人，要按照相关规定追责问责。对绩效评价过程中发现的资金使用单位和个人的财政违法行为，依照《中华人民共和国预算法》《财政违法行为处罚处分条例》等有关规定追究责任；发现违纪违法问题线索的，应当及时移送纪检监察机关。

各级财政部门、预算部门和单位及其工作人员在绩效评价管理工作中存在违反本办法的行为，以及其他滥用职权、玩忽职守、徇私舞弊等违法违纪行为的，依照《中华人民共和国预算法》《中华人民共和国公务员法》《中华人民共和国监察法》《财政违法行为处罚处分条例》等国家有关规定追究相应责任；涉嫌犯罪的，依法移送司法机关处理。

三、单位自评管理

（一）单位绩效评价的对象和内容

根据《项目支出绩效评价管理办法》（财预〔2020〕10 号）第八条和第十一条，单位自评的对象包括纳入政府预算管理的所有项目支出。单位自评的内容主要包括两方面：一是项目总体绩效目标、各项绩效指标完成情况以及预算执行情况；二是对未完成绩效目标或偏离绩效目标较大的项目要分析并说明原因，研究提出改进措施。

（二）绩效评价指标体系

绩效评价指标体系包括绩效评价指标、指标评价标准和指标评分方法。

1. 绩效评价指标

根据《项目支出绩效评价管理办法》（财预〔2020〕10 号）第十三条，单位自评指标是指预算批复时确定的绩效指标，包括项目的产出数量、质量、时效、成本，以及经济效益、社会效益、生态效益、可持续影响、服务对象满意度等，参见表 3－2。

表 3－2　　项目支出绩效评价指标

	一级指标	二级指标	三级指标	目标值	完成值	得分
绩效指标	产出指标	数量指标	指标 1：			
			指标 2：			
			……			
		质量指标	指标 1：			
			指标 2：			
			……			
		时效指标	指标 1：			
			指标 2：			
			……			
		成本指标	指标 1：			
			指标 2：			
			……			
	效益指标	经济效益指标	指标 1：			
			指标 2：			
			……			
		社会效益指标	指标 1：			
			指标 2：			
			……			
		生态效益指标	指标 1：			
			指标 2：			
			……			
		可持续影响指标	指标 1：			
			指标 2：			
			……			
	满意度指标	服务对象满意度指标	指标 1：			
			指标 2：			
			……			

单位自评指标的权重由各单位根据项目实际情况确定。原则上，预算执行率和一级指标权重统一设置为：预算执行率 10%、产出指标 50%、效益指标 30%、服务对象满意度指标 10%。如有特殊情况，一级指标权重可做适当调整。二、三级指标应当根据指标重要程度、项目实施阶段等因素综合确定，准确反映项目的产出和效益。

2. 指标评价标准

根据《项目支出绩效评价管理办法》（财预〔2020〕10 号）第十五条，绩效评价标准通常包括计划标准、行业标准、历史标准等，用于对绩效指标完成情况进行比较。

（1）计划标准。指以预先制定的目标、计划、预算、定额等作为评价标准。

（2）行业标准。指参照国家公布的行业指标数据制定的评价标准。

（3）历史标准。指参照历史数据制定的评价标准，为体现绩效改进的原则，在可实现的条件下应当确定相对较高的评价标准。

（4）财政部门和预算部门确认或认可的其他标准。

3. 指标评分方法

根据《项目支出绩效评价管理办法》（财预〔2020〕10 号）第十六条和第十八条，单位自评采用定量与定性评价相结合的比较法，总分由各项指标得分汇总形成。

定量指标得分按照以下方法评定：与年初指标值相比，完成指标值的，记该指标所赋全部分值；对完成值高于指标值较多的，要分析原因，如果是由于年初指标值设定明显偏低造成的，要按照偏离度适度调减分值；未完成指标值的，按照完成值与指标值的比例记分，参见表 3 - 3。

表 3 - 3　定量指标得分方法

完成情况	分值
完成指标值	全部分值
未完成指标值	$\frac{完成值}{指标值}$ × 全部分值

定性指标得分按照以下方法评定：根据指标完成情况分为达成年度指标、部分达成年度指标并具有一定效果、未达成年度指标且效果较差三档，分别按照该指标对应分值区间 100% - 80%（含）、80% - 60%（含）、60% - 0% 合理确定分值，参见表 3 - 4。

表 3 - 4　定性指标得分方法

完成情况	分值
达成年度指标	100% - 80%（含）
部分达成年度指标并具有一定效果	80% - 60%（含）
未达成年度指标且效果较差	60% - 0%

绩效评价结果采取评分和评级相结合的方式，具体分值和等级可根据不同评价内容设定。总分一般设置为 100 分，等级一般划分为四档：90（含） - 100 分为优、80（含） - 90 分为良、60（含） - 80 分为中、60 分以下为差。

某事业单位“2020 年会议室改造”项目财政支出绩效评价

（1）项目概况。

本次绩效评价对象为某事业单位“2020 年会议室改造”项目，项目预算资金为 100 万元。评价范围为本项目 2020 年所涉及的相关工程项目。评价时段为 2020 年 1 月 1 日至 2020 年 12 月 31 日。

（2）绩效目标细化。

“2020 年会议室改造”项目的绩效目标是按时合格地完成会议室改造项目，给工作人员提供一个更加有效便捷的工作环境。基于此绩效目标，其细化指标如表 3 - 5 所示。

表 3－5 绩效目标细化表

一级目标	二级目标	三级目标	目标值	目标值来源依据及说明
产出目标	数量目标	工程完工率	完成2019年开工的会议室改造项目	招标需求、合同约定
		工程开工率	2020年会议室改造项目开工	招标需求、合同约定
	质量目标	一次验收合格率	2019年开工的工程一次性验收合格100%	招标需求、合同约定
		文明施工情况	工程实施过程中不存在不文明施工或居民投诉情况	招标需求、合同约定
		安全事故发生率	施工过程中安全事故发生率为0	招标需求、合同约定
	时效目标	工程完工及时率	2019年开工的工程及时完工	招标需求、合同约定
		工程开工及时率	2020年计划开工的工程及时开工	招标需求、合同约定
		工程验收及时率	工程验收及时率100%	招标需求、合同约定
		工程审价及时率	工程审价及时率100%	招标需求、合同约定
		质保期维修及时率	2020年两个质保期内的工程维修保养及时率100%	招标需求、合同约定
效益目标	经济效益	采用政府采购方式购买音响设备	采用政府采购方式购买音响设备	招标需求、合同约定
	生态效益	采用高效节能光源	会议室全部采用高效节能光源	招标需求、合同约定
满意度指标	满意度指标	职工满意度	职工对会议室改造的整体满意度≥85%	满意度内容

（3）绩效评价依据。

本项目绩效评价依据主要有：

①《中共中央 国务院关于全面实施预算绩效管理的意见》（中发〔2019〕34号）；

②《财政部关于贯彻落实〈中共中央 国务院关于全面实施预算绩效管理的意见〉的通知》（财预〔2019〕167号）；

③《行政事业性国有资产管理条例》（中华人民共和国国务院令第738号）。

（4）绩效评价结果。

①项目产出情况。

项目产出指标从产出数量、产出质量、产出实效三个方面进行考核，项目产出类指标共50分，实际得分46.2分。指标得分情况如表3－6所示。

表 3－6 项目产出指标得分情况

一级指标	二级指标	三级指标	权重	得分
A 项目产出			50	46.2
	A1 产出数量		20	20
		A11 工程完工率	12	12
		A12 工程开工率	8	8

续表

一级指标	二级指标	三级指标	权重	得分
	A2 产出质量		14	14
		A21 一次验收合格率	8	8
		A22 文明施工情况	3	3
		A23 安全事故发生率	3	3
	A3 产出时效		16	12.2
		A31 工程完工及时率	7	4
		A32 工程开工及时率	6	6
		A33 工程验收及时率	1	1
		A34 工程审价及时率	1	0.2
		A35 质保期维修及时率	1	1

A11 工程完工率：该项权重分为 12 分，实际得分 12 分。

评价小组通过查阅招投标文件、开竣工报告等资料，截至 2020 年年底，2019 年开工的“会议室改造项目”已于 2020 年 3 月 15 日竣工。根据评分标准，本指标得 12 分。

A12 工程开工率：该项权重分为 8 分，实际得分 8 分。

评价小组通过查阅招投标文件、开工报告等资料，截至 2020 年年底，“2020 年会议室改造项目”已开工。根据评分标准，本指标得 8 分。

A21 一次验收合格率：该项权重分为 8 分，实际得分 8 分。

评价小组通过查阅“2019 年会议室改造项目”的工程竣工验收单，该工程实际于 2020 年 4 月 2 日通过验收，一次验收合格。根据评分标准，本指标得 8 分。

A22 文明施工情况：该项权重分为 3 分，实际得分 3 分。

评价小组通过查阅资料和现场调研，施工单位文明施工，不存在有责投诉。根据评分标准，本指标得 3 分。

A23 安全事故发生率：该项权重分为 3 分，实际得分 3 分。

评价小组通过查阅资料和现场调研，施工过程中未发生安全事故。根据评分标准，本指标得 3 分。

A31 工程完工及时率：该项权重分为 7 分，实际得分 4 分。

评价小组通过查阅资料和现场调研，2019 年开工的“会议室改造项目”计划于 2019 年 10 月 25 日完工，实际于 2020 年 3 月 15 日完工。根据评分标准，本指标得 4 分。

A32 工程开工及时率：该项权重分为 6 分，实际得分 6 分。

评价小组通过查阅资料和现场调研，2020 年开工的“会议室改造项目”根据合同约定在 2020 年及时开工。根据评分标准，本指标得 6 分。

A33 工程验收及时率：该项权重分为 1 分，实际得分 1 分。

评价小组通过查阅工程竣工验收单，“2019 年会议室改造项目”实际于 2020 年 3 月 15 日完工，于 2020 年 4 月 2 日通过验收，验收工作开展及时。根据评分标准，本指标得 1 分。

A34 工程审价及时率：该项权重分为 1 分，实际得分 0.2 分。

评价小组通过查阅工程竣工验收单，“2019 年会议室改造项目”实际于 2020 年 4 月 2 日通过验收，于 2020 年 11 月 14 日完成工程审价。审价工作不及时。根据评分标准，本指标得 0.2 分。

A35 质保期维修及时率：该项权重分为 1 分，实际得分 1 分。

评价小组通过查阅资料和现场调研，2020 年两个质保期内的工程维修保养工作及时。根据评分标准，本指标得 1 分。

②项目效益情况。

项目效益指标从经济效益指标和生态效益指标两个方面进行考核，项目效益类指标共 30 分，实际得分 30 分。指标得分情况如表 3－7 所示。

表 3－7　　项目效益指标得分情况

一级指标	二级指标	三级指标	权重	得分
B 项目效益			30	30
	B1 经济效益		20	20
		B11 采用政府采购方式购买音响设备	20	20
	B2 生态效益		10	10
		B21 采用高效节能光源	10	10

B11 采用政府采购方式购买音响设备：该项权重分为 20 分，实际得分 20 分。

评价小组通过查阅资料和现场调研，2020 年完工的“会议室改造项目”按照招标需求与合同约定，采用政府采购方式购买音响设备。根据评分标准，本指标得 20 分。

B21 采用高效节能光源：该项权重分为 10 分，实际得分 10 分。

评价小组通过查阅资料和现场调研，2020 年完工的“会议室改造项目”采用了高效节能光源，根据评分标准，本指标得 10 分。

③项目满意度情况。

项目满意度指标从职工满意度指标方面进行考核，项目满意度类指标共 10 分，实际得分 10 分。指标得分情况如表 3－8 所示。

表 3－8　　项目满意度指标得分情况

一级指标	二级指标	三级指标	权重	得分
C 项目满意度			10	10
	C1 满意度指标		10	10
		C11 职工满意度	10	10

C11 职工满意度：该项权重分为 10 分，实际得分 10 分。

评价小组通过现场满意度调查，共计发放问卷 200 份，有效问卷 200 份，整体满意度为 87.9%。根据评分标准，本指标得 10 分。

因此，该项目绩效目标评价的合计得分为86.2分，如果再加上预算执行率的10分，该项目的总得分为96.2分，为“优”等级。

（三）绩效评价的组织管理

根据《项目支出绩效评价管理办法》（财预〔2020〕10号）第二十条，各部门负责制定本部门绩效评价办法，组织部门本级和所属单位开展自评工作，汇总自评结果，加强自评结果审核和应用。各单位应按照要求做好本单位自评工作，填报项目支出绩效自评表，完成项目支出绩效评价报告（见本章附录3-1、附录3-2）。

（四）绩效评价结果应用

根据《项目支出绩效评价管理办法》（财预〔2020〕10号）第二十五条和第二十六条，单位自评结果主要通过项目支出绩效自评表的形式反映，自评表要做到内容完整、权重合理、数据真实、结果客观。

各部门应当按照要求随同部门决算向本级财政部门报送绩效自评结果。绩效评价工作和结果应依法自觉接受审计监督。各部门和单位要对自评结果进行整理、分析，将自评结果作为本部门、本单位完善政策和改进管理的重要依据。对预算执行率偏低、自评结果较差的项目，要单独说明原因，提出整改措施。

四、部门评价管理

（一）部门绩效评价的对象和内容

根据《项目支出绩效评价管理办法》（财预〔2020〕10号）第九条和第十二条，部门评价对象应根据工作需要，优先选择部门履职的重大改革发展项目，随机选择一般性项目。原则上应以5年为周期，实现部门评价重点项目全覆盖。

部门评价的内容主要包括：

（1）决策情况；

（2）资金管理和使用情况；

（3）相关管理制度办法的健全性及执行情况；

（4）实现的产出情况；

（5）取得的效益情况；

（6）其他相关内容。

（二）绩效评价指标体系

1. 绩效评价指标

根据《项目支出绩效评价管理办法》（财预〔2020〕10号）第十四条，部门绩效评价指标（见本章附录3－3）的确定应当符合以下要求：

（1）与评价对象密切相关，全面反映项目决策、项目和资金管理、产出和效益；

（2）优先选取最具代表性、最能直接反映产出和效益的核心指标，精简实用；

（3）指标内涵应当明确、具体、可衡量，数据及佐证资料应当可采集、可获得；

（4）同类项目绩效评价指标和标准应具有一致性，便于评价结果相互比较。

部门评价指标的权重根据各项指标在评价体系中的重要程度确定，应当突出结果导向，原则上产出、效益指标权重不低于60%。同一评价对象处于不同实施阶段时，指标权重应体现差异性，其中，实施期间的评价更加注重决策、过程和产出，实施期结束后的评价更加注重产出和效益。

2. 绩效评价标准

根据《项目支出绩效评价管理办法》（财预〔2020〕10号）第十五条，绩效评价标准通常包括计划标准、行业标准、历史标准等，用于对绩效指标完成情况进行比较。

（1）计划标准。指以预先制定的目标、计划、预算、定额等作为评价标准。

（2）行业标准。指参照国家公布的行业指标数据制定的评价标准。

（3）历史标准。指参照历史数据制定的评价标准，为体现绩效改进的原则，在可实现的条件下应当确定相对较高的评价标准。

（4）财政部门和预算部门确认或认可的其他标准。

3. 绩效评价方法

根据《项目支出绩效评价管理办法》（财预〔2020〕10号）第十七条和第十八条，部门评价的方法主要包括成本效益分析法、比较法、因素分析法、最低成本法、公众评判法、标杆管理法等。根据评价对象的具体情况，可采用一种或多种方法。

（1）成本效益分析法。是指将投入与产出、效益进行关联性分析的方法。

（2）比较法。是指将实施情况与绩效目标、历史情况、不同部门和地区同类支出情况进行比较的方法。

（3）因素分析法。是指综合分析影响绩效目标实现、实施效果的内外部因素的方法。

（4）最低成本法。是指在绩效目标确定的前提下，成本最小者为优的方法。

（5）公众评判法。是指通过专家评估、公众问卷及抽样调查等方式进行评判的方法。

（6）标杆管理法。是指以国内外同行业中较高的绩效水平为标杆进行评判的方法。

（7）其他评价方法。

绩效评价结果采取评分和评级相结合的方式，具体分值和等级可根据不同评价内容设定。总分一般设置为100分，等级一般划分为四档：90（含）－100分为优、80（含）－90分为良、60（含）－80分为中、60分以下为差。

（三）绩效评价的组织管理与实施

根据《项目支出绩效评价管理办法》（财预〔2020〕10号）第二十条、第二十二条、第二十三条和第二十四条，各部门负责制定本部门绩效评价办法，组织实施部门评价工作，加强评价结果反馈和应用。

部门评价工作主要包括以下环节：

（1）确定绩效评价对象和范围；

（2）下达绩效评价通知；

（3）研究制订绩效评价工作方案；

（4）收集绩效评价相关数据资料，并进行现场调研、座谈；

（5）核实有关情况，分析形成初步结论；

（6）与被评价部门（单位）交换意见；

（7）综合分析并形成最终结论；

（8）提交绩效评价报告；

（9）建立绩效评价档案。

部门评价根据需要可委托第三方机构或相关领域专家（以下简称“第三方”，主要是指与资金使用单位没有直接利益关系的单位和个人）参与，并加强对第三方的指导，对第三方工作质量进行监督管理，推动提高评价的客观性和公正性。部门委托第三方开展绩效评价的，要体现委托人与项目实施主体相分离的原则，一般由主管财务的机构委托，确保绩效评价的独立、客观、公正。

（四）绩效评价结果应用及公开

根据《项目支出绩效评价管理办法》（财预〔2020〕10 号）第二十五条、第二十七条和第二十八条，部门评价结果主要以绩效评价报告的形式体现，绩效评价报告应当依据充分、分析透彻、逻辑清晰、客观公正。绩效评价工作和结果应依法自觉接受审计监督。

预算部门应在绩效评价工作完成后，及时将评价结果反馈被评价单位，并明确整改时限；被评价单位应当按要求向财政部门或主管部门报送整改落实情况。

各部门应按要求将部门评价结果报送本级财政部门，评价结果作为本部门安排预算、完善政策和改进管理的重要依据。原则上，对评价等级为优、良的，根据情况予以支持；对评价等级为中、差的，要完善政策、改进管理，根据情况核减预算。对不进行整改或整改不到位的，根据情况相应调减预算或整改到位后再予安排。

预算部门应当按照要求将绩效评价结果分别编入本部门决算，报送本级人民代表大会常务委员会，并依法予以公开。

附录 3－1

项目支出绩效自评表

（　　年度）

<table>
<tr><td>项目名称</td><td colspan="7"></td></tr>
<tr><td>主管部门</td><td colspan="3"></td><td>实施单位</td><td colspan="3"></td></tr>
<tr><td rowspan="5">项目资金
（万元）</td><td></td><td>年初预算数</td><td>全年预算数</td><td>全年执行数</td><td>分值</td><td>执行率</td><td>得分</td></tr>
<tr><td>年度资金总额</td><td></td><td></td><td></td><td>10</td><td></td><td></td></tr>
<tr><td>其中：当年财政拨款</td><td></td><td></td><td></td><td>—</td><td></td><td>—</td></tr>
<tr><td>上年结转资金</td><td></td><td></td><td></td><td>—</td><td></td><td>—</td></tr>
<tr><td>其他资金</td><td></td><td></td><td></td><td>—</td><td></td><td>—</td></tr>
<tr><td rowspan="2">年度总体目标</td><td colspan="3">预期目标</td><td colspan="4">实际完成情况</td></tr>
<tr><td colspan="3"></td><td colspan="4"></td></tr>
</table>

<table>
<tr><td rowspan="34">绩效指标</td><td>一级指标</td><td>二级指标</td><td>三级指标</td><td>年度指标值</td><td>实际完成值</td><td>分值</td><td>得分</td><td>偏差原因分析及改进措施</td></tr>
<tr><td rowspan="12">产出指标</td><td rowspan="3">数量指标</td><td>指标 1：</td><td></td><td></td><td></td><td></td><td></td></tr>
<tr><td>指标 2：</td><td></td><td></td><td></td><td></td><td></td></tr>
<tr><td>……</td><td></td><td></td><td></td><td></td><td></td></tr>
<tr><td rowspan="3">质量指标</td><td>指标 1：</td><td></td><td></td><td></td><td></td><td></td></tr>
<tr><td>指标 2：</td><td></td><td></td><td></td><td></td><td></td></tr>
<tr><td>……</td><td></td><td></td><td></td><td></td><td></td></tr>
<tr><td rowspan="3">时效指标</td><td>指标 1：</td><td></td><td></td><td></td><td></td><td></td></tr>
<tr><td>指标 2：</td><td></td><td></td><td></td><td></td><td></td></tr>
<tr><td>……</td><td></td><td></td><td></td><td></td><td></td></tr>
<tr><td rowspan="3">成本指标</td><td>指标 1：</td><td></td><td></td><td></td><td></td><td></td></tr>
<tr><td>指标 2：</td><td></td><td></td><td></td><td></td><td></td></tr>
<tr><td>……</td><td></td><td></td><td></td><td></td><td></td></tr>
<tr><td rowspan="12">效益指标</td><td rowspan="3">经济效益指标</td><td>指标 1：</td><td></td><td></td><td></td><td></td><td></td></tr>
<tr><td>指标 2：</td><td></td><td></td><td></td><td></td><td></td></tr>
<tr><td>……</td><td></td><td></td><td></td><td></td><td></td></tr>
<tr><td rowspan="3">社会效益指标</td><td>指标 1：</td><td></td><td></td><td></td><td></td><td></td></tr>
<tr><td>指标 2：</td><td></td><td></td><td></td><td></td><td></td></tr>
<tr><td>……</td><td></td><td></td><td></td><td></td><td></td></tr>
<tr><td rowspan="3">生态效益指标</td><td>指标 1：</td><td></td><td></td><td></td><td></td><td></td></tr>
<tr><td>指标 2：</td><td></td><td></td><td></td><td></td><td></td></tr>
<tr><td>……</td><td></td><td></td><td></td><td></td><td></td></tr>
<tr><td rowspan="3">可持续影响指标</td><td>指标 1：</td><td></td><td></td><td></td><td></td><td></td></tr>
<tr><td>指标 2：</td><td></td><td></td><td></td><td></td><td></td></tr>
<tr><td>……</td><td></td><td></td><td></td><td></td><td></td></tr>
<tr><td rowspan="3">满意度指标</td><td rowspan="3">服务对象满意度指标</td><td>指标 1：</td><td></td><td></td><td></td><td></td><td></td></tr>
<tr><td>指标 2：</td><td></td><td></td><td></td><td></td><td></td></tr>
<tr><td>……</td><td></td><td></td><td></td><td></td><td></td></tr>
<tr><td colspan="6">总分</td><td>100</td><td></td><td></td></tr>
</table>

附录 3－2

项目支出绩效评价报告

（参考提纲）

一、基本情况

（一）项目概况。包括项目背景、主要内容及实施情况、资金投入和使用情况等。

（二）项目绩效目标。包括总体目标和阶段性目标。

二、绩效评价工作开展情况

（一）绩效评价目的、对象和范围。

（二）绩效评价原则、评价指标体系（附表说明）、评价方法、评价标准等。

（三）绩效评价工作过程。

三、综合评价情况及评价结论（附相关评分表）

四、绩效评价指标分析

（一）项目决策情况。

（二）项目过程情况。

（三）项目产出情况。

（四）项目效益情况。

五、主要经验及做法、存在的问题及原因分析

六、有关建议

七、其他需要说明的问题

附录 3－3

项目支出绩效评价指标体系（参考）

一级指标	二级指标	三级指标	指标解释	指标说明
决策	项目立项	立项依据充分性	项目立项是否符合法律法规、相关政策、发展规划以及部门职责，用以反映和考核项目立项依据情况。	评价要点： ①项目立项是否符合国家法律法规、国民经济发展规划和相关政策； ②项目立项是否符合行业发展规划和政策要求； ③项目立项是否与部门职责范围相符，属于部门履职所需； ④项目是否属于公共财政支持范围，是否符合中央、地方事权支出责任划分原则； ⑤项目是否与相关部门同类项目或部门内部相关项目重复。
		立项程序规范性	项目申请、设立过程是否符合相关要求，用以反映和考核项目立项的规范情况。	评价要点： ①项目是否按照规定的程序申请设立； ②审批文件、材料是否符合相关要求； ③事前是否已经过必要的可行性研究、专家论证、风险评估、绩效评估、集体决策。

续表

一级指标	二级指标	三级指标	指标解释	指标说明
决策	绩效目标	绩效目标合理性	项目所设定的绩效目标是否依据充分，是否符合客观实际，用以反映和考核项目绩效目标与项目实施的相符情况。	评价要点： （如未设定预算绩效目标，也可考核其他工作任务目标） ①项目是否有绩效目标； ②项目绩效目标与实际工作内容是否具有相关性； ③项目预期产出效益和效果是否符合正常的业绩水平； ④是否与预算确定的项目投资额或资金量相匹配。
		绩效指标明确性	依据绩效目标设定的绩效指标是否清晰、细化、可衡量等，用以反映和考核项目绩效目标的明细化情况。	评价要点： ①是否将项目绩效目标细化分解为具体的绩效指标； ②是否通过清晰、可衡量的指标值予以体现； ③是否与项目目标任务数或计划数相对应。
	资金投入	预算编制科学性	项目预算编制是否经过科学论证、有明确标准，资金额度与年度目标是否相适应，用以反映和考核项目预算编制的科学性、合理性情况。	评价要点： ①预算编制是否经过科学论证； ②预算内容与项目内容是否匹配； ③预算额度测算依据是否充分，是否按照标准编制； ④预算确定的项目投资额或资金量是否与工作任务相匹配。
		资金分配合理性	项目预算资金分配是否有测算依据，与补助单位或地方实际是否相适应，用以反映和考核项目预算资金分配的科学性、合理性情况。	评价要点： ①预算资金分配依据是否充分； ②资金分配额度是否合理，与项目单位或地方实际是否相适应。
过程	资金管理	资金到位率	实际到位资金与预算资金的比率，用以反映和考核资金落实情况对项目实施的总体保障程度。	资金到位率＝（实际到位资金/预算资金）×100%。 实际到位资金：一定时期（本年度或项目期）内落实到具体项目的资金。 预算资金：一定时期（本年度或项目期）内预算安排到具体项目的资金。
		预算执行率	项目预算资金是否按照计划执行，用以反映或考核项目预算执行情况。	预算执行率＝（实际支出资金/实际到位资金）×100%。 实际支出资金：一定时期（本年度或项目期）内项目实际拨付的资金。

续表

一级指标	二级指标	三级指标	指标解释	指标说明
过程	资金管理	资金使用合规性	项目资金使用是否符合相关的财务管理制度规定，用以反映和考核项目资金的规范运行情况。	评价要点： ①是否符合国家财经法规和财务管理制度以及有关专项资金管理办法的规定； ②资金的拨付是否有完整的审批程序和手续； ③是否符合项目预算批复或合同规定的用途； ④是否存在截留、挤占、挪用、虚列支出等情况。
	组织实施	管理制度健全性	项目实施单位的财务和业务管理制度是否健全，用以反映和考核财务和业务管理制度对项目顺利实施的保障情况。	评价要点： ①是否已制定或具有相应的财务和业务管理制度； ②财务和业务管理制度是否合法、合规、完整。
		制度执行有效性	项目实施是否符合相关管理规定，用以反映和考核相关管理制度的有效执行情况。	评价要点： ①是否遵守相关法律法规和相关管理规定； ②项目调整及支出调整手续是否完备； ③项目合同书、验收报告、技术鉴定等资料是否齐全并及时归档； ④项目实施的人员条件、场地设备、信息支撑等是否落实到位。
产出	产出数量	实际完成率	项目实施的实际产出数与计划产出数的比率，用以反映和考核项目产出数量目标的实现程度。	实际完成率 =（实际产出数/计划产出数）×100%。 实际产出数：一定时期（本年度或项目期）内项目实际产出的产品或提供的服务数量。 计划产出数：项目绩效目标确定的在一定时期（本年度或项目期）内计划产出的产品或提供的服务数量。
	产出质量	质量达标率	项目完成的质量达标产出数与实际产出数的比率，用以反映和考核项目产出质量目标的实现程度。	质量达标率 =（质量达标产出数/实际产出数）×100%。 质量达标产出数：一定时期（本年度或项目期）内实际达到既定质量标准的产品或服务数量。既定质量标准是指项目实施单位设立绩效目标时依据计划标准、行业标准、历史标准或其他标准而设定的绩效指标值。
	产出时效	完成及时性	项目实际完成时间与计划完成时间的比较，用以反映和考核项目产出时效目标的实现程度。	实际完成时间：项目实施单位完成该项目实际所耗用的时间。 计划完成时间：按照项目实施计划或相关规定完成该项目所需的时间。

续表

一级指标	二级指标	三级指标	指标解释	指标说明
产出	产出成本	成本节约率	完成项目计划工作目标的实际节约成本与计划成本的比率，用以反映和考核项目的成本节约程度。	成本节约率 =［（计划成本 - 实际成本）/计划成本］×100%。 实际成本：项目实施单位如期、保质、保量完成既定工作目标实际所耗费的支出。 计划成本：项目实施单位为完成工作目标计划安排的支出，一般以项目预算为参考。
效益	项目效益	实施效益	项目实施所产生的效益。	项目实施所产生的社会效益、经济效益、生态效益、可持续影响等。可根据项目实际情况有选择地设置和细化。
		满意度	社会公众或服务对象对项目实施效果的满意程度。	社会公众或服务对象是指因该项目实施而受到影响的部门（单位）、群体或个人。一般采取社会调查的方式。

第四章 事业单位收入和支出管理

第一节 事业单位收入管理

收入是事业单位履行职能、完成事业发展目标和计划的财力保障。收入管理这一节包括收入的概念、收入的分类及收入管理要求等。

一、事业单位收入的概念

根据《事业单位财务规则》（财政部令第108号）第十六条，收入是指事业单位为开展业务及其他活动依法取得的非偿还性资金。

二、事业单位收入的分类

《事业单位财务规则》（财政部令第108号）第十七条明确了事业单位收入的范围，事业单位收入包括财政补助收入、事业收入、上级补助收入、附属单位上缴收入、经营收入和其他收入。

（一）财政补助收入

财政补助收入即事业单位从本级财政部门取得的各类财政拨款。包括两层含义：第一，"从本级财政部门取得"是指事业单位直接或者按照部门预算隶属关系从同级财政部门取得的财政拨款。对于一级预算单位，一般是直接从同级财政部门取得；对于二级及以下预算单位，一般是按照部门预算隶属关系，通过一级预算单位从同级财政部门取得。第二，"各类财政拨款"是指事业单位从同级财政部门取得的所有财政拨款。用"各类"来强调全面性和完整性，既包括各类事业经费，比如教育事业费、科学事业费、文化事业费等，也包括未纳入财政补助收入范围的基本建设投资、社会保障、住房改革经费等。

（二）事业收入

事业收入即事业单位开展专业业务活动及其辅助活动取得的收入。其中，按照国家有关规定应当上缴国库或者财政专户的资金，不计入事业收入；从财政专户核拨给事业单位的资金和经核准不上缴国库或者财政专户的资金，计入事业收入。

“专业业务活动”是指事业单位根据本单位专业特点所从事或开展的主要业务活动，如科研院所的科研活动、学校的教学活动和医院的医疗保健活动等。“辅助活动”是指与专业业务活动相关、直接为专业业务活动服务的活动，如事业单位的行政管理活动、后勤服务活动及其他有关活动等。事业单位开展上述活动所需的资金，除了财政补助收入外，一般可以按照规定向服务对象收取一定的费用，用于补偿一部分人力、物力和财力的耗费，通过开展上述活动所取得的收入均作为事业收入。

“按照国家有关规定应当上缴国库或者财政专户的资金，不计入事业收入；从财政专户核拨给事业单位的资金和经核准不上缴国库或者财政专户的资金，计入事业收入。”主要是对事业单位的事业收入中按照政府非税收入管理的部分进行的规定。这其中包括三层含义：一是经核准不上缴国库或者财政专户的资金，计入事业收入；二是按照国家有关规定应当上缴国库的资金，不计入事业收入；三是按照国家有关规定应当上缴财政专户的资金，在取得时作为应缴款项不计入事业收入，上缴后，从财政专户核拨给事业单位的资金计入事业收入。如教育收费（包括目前在财政专户管理的高中以上学费、住宿费，高校委托培养费，党校收费，教育考试考务费，函大、电大、夜大及短训班培训费等）。

（三）上级补助收入

上级补助收入即事业单位从主管部门和上级单位取得的非财政补助收入，是事业单位的上级单位、主管部门用财政补助收入之外的收入拨给所属单位的经费，如用自身组织的收入和集中下级单位的收入拨给事业单位的资金。

（四）附属单位上缴收入

附属单位上缴收入即事业单位附属独立核算单位按照有关规定上缴的收入。这里要重点关注两个名词，一是“附属独立核算单位”，是指具有独立法人资格、独立财务会计组织体系，能够独立完整地进行会计核算的单位，包括所属的事业单位和附属的企业。如科研机构兴办的具有独立法人资格的学校和企业等，均属于事业单位的附属单位。二是要区分“上缴收入”与附属单位返还款和事业单位对附属单位的投资收益。主管单位与附属单位在行政上是领导与被领导关系，而在财务上则是分级核算关系，即附属单位是主管单位的内部独立核算单位。对附属单位缴款单独设置“上缴收入”，反映的是附属单位按规定标准或比例向事业单位缴纳的资金，体现的是双方的经济利益。因此，对于附属单位归还事业单位为其垫付的各种费用，应当冲减相应支出，不能作为上缴收入。对于事业单位从附属企业获取的属于对外投资收益性质的收入，应当作为投资收益。

（五）经营收入

经营收入即事业单位在专业业务活动及其辅助活动之外开展非独立核算经营活动取得

的收入。事业单位开展的“专业业务活动及其辅助活动”取得的收入计入事业收入；事业单位附属“独立核算”单位上缴的收入计入附属单位上缴收入，从其取得的收益计入其他收入。事业单位有些规模较小的经营活动，不便或无法进行独立核算的，其所取得的收入计入经营收入。如事业单位将闲置的固定资产出租、出借取得的收入，单位食堂等不是独立法人的部门所取得的收入，都属于经营收入。

（六）其他收入

其他收入即上述收入以外的各项收入，包括投资收益、利息收入、捐赠收入、非本级财政补助收入、租金收入等。

其中，投资收益是指事业单位取得的按照规定纳入部门预算管理的属于投资收益性质的现金流入，包括股权投资收益、出售或收回债券投资所取得的收益和债券投资利息收入。非本级财政补助收入是指从非本级政府财政部门取得的财政拨款，包括本级横向转拨财政款和非本级财政拨款。

三、事业单位收入管理要求

《事业单位财务规则》（财政部令第108号）第十八条规定，事业单位应当将各项收入全部纳入单位预算，统一核算，统一管理，未纳入预算的收入不得安排支出。

《事业单位财务规则》（财政部令第108号）第十九条规定，事业单位对按照规定上缴国库或者财政专户的资金，应当按照国库集中收缴的有关规定及时足额上缴，不得隐瞒、滞留、截留、占用、挪用、拖欠或坐支。

以上两条内容主要体现在以下三个方面：

第一，新版增加了“未纳入预算的收入不得安排支出”，这是落实《预算法》改革强化“全口径综合预算”的要求。《预算法》第四条规定“政府的全部收入和支出都应当纳入预算”。《国务院关于进一步深化预算管理制度改革的意见》（国发〔2021〕5号）中提出“各部门和单位要依法依规将取得的各类收入纳入部门或单位预算，未纳入预算的收入不得安排支出”。表明事业单位的各项收入都要统一核算、统一管理，务求全面、真实、准确。

第二，事业单位的各项收入应当统一核算、统一管理。单位的各项收入由财会部门核算并进行归口管理，严禁设立账外账。业务部门应当在涉及收入的合同协议签订后及时将合同等有关材料提交财会部门作为账务处理依据，确保各项收入应收尽收，及时入账。财会部门应当定期检查收入金额是否与合同约定相符；对应收未收项目应当查明情况，明确责任主体，落实催收责任。

第三，事业单位应当按规定上缴资金。按照规定事业单位使用的资金只能是经核准不用上缴的资金以及上缴财政专户后再由财政专户核拨的资金。对于事业单位应上缴国库或财政专户的资金必须及时足额上缴，不得隐瞒、滞留、截留、占用、挪用、拖欠或坐支，事业单位必须严格执行财政管理的有关规定。

第二节　事业单位支出管理

事业单位支出管理明确了支出的概念、分类及管理要求等。

一、事业单位支出的概念

根据《事业单位财务规则》（财政部令第108号）第二十条，支出是指事业单位开展业务及其他活动发生的资金耗费和损失。

此处“支出”包括事业单位发生的所有支出，既包括事业单位开展业务活动的支出，也包括事业单位其他活动的支出。表明事业单位发生的全部支出都要纳入支出管理范畴。

二、事业单位支出的分类

根据《事业单位财务规则》（财政部令第108号）第二十一条，事业单位支出包括：事业支出、经营支出、对附属单位补助支出、上缴上级支出和其他支出五项。支出有按功能、按支出性质等多种分类方式，此处是按照支出性质进行的分类。

（一）事业支出

根据《事业单位财务规则》（财政部令第108号）第二十一条，事业支出即事业单位开展专业业务活动及其辅助活动发生的基本支出和项目支出。基本支出，是指事业单位为保障其单位正常运转、完成日常工作任务所发生的支出，包括人员经费和公用经费；项目支出，是指事业单位为完成其特定的工作任务和事业发展目标所发生的支出。

事业支出的概念首先交代了事业支出的范围，即支出的范围是事业单位开展“专业业务活动及其辅助活动”发生的支出。此处“专业业务活动及其辅助活动”与事业单位开展的“其他活动”相区分。比如医院的医疗支出，科研院所的科研支出等。其次，事业支出包括“基本支出和项目支出”。对事业支出以支出类型是保运转还是执行特定任务为标准进行了区分。基本支出是指事业单位为保障其单位正常运转、完成日常工作任务所发生的支出，包括人员经费和公用经费；项目支出是指事业单位为完成其特定的工作任务和事业发展目标所发生的支出。

此处需要明确的是，事业支出与事业收入并不是互相匹配的关系。事业支出不是全部由事业收入负担，作为事业单位的主体支出，事业单位依法组织的各项收入，包括财政补助收入、事业收入、上级补助收入、附属单位上缴收入和其他收入，都要用于安排事业支出。事业收入只是安排事业支出的一个来源。事业单位没有事业收入或者事业收入很少，也并不影响其事业支出，这类单位的事业支出主要靠财政补助收入保障。

（二）经营支出

经营支出即事业单位在专业业务活动及其辅助活动之外开展非独立核算经营活动发生的支出。首先，要注意事业单位经营支出的核算范围为“专业业务活动及其辅助活动之外”的活动，与“事业支出”的核算范围进行区分。严格划分经营支出与事业支出的界限，不能把经营支出列入事业支出。经营支出的内容包括支付经营部门的职工薪酬、开展经营活动购买的固定资产支出等。对于直接用于经营活动消耗的材料、工资等费用，应按实际发生数直接计入经营支出，对于在事业支出中统一开支而又难以划清的费用，应当按照规定的比例合理分摊。其次，开展“非独立核算”经营活动，将对事业单位开展独立核算的经营活动排除在外，对独立核算的经营活动应当按照企业财务制度单独进行核算，不在经营支出中反映。最后，经营支出与经营收入要配比。事业单位非独立核算的经营活动所发生的全部支出，都应纳入经营支出核算反映。

（三）对附属单位补助支出

对附属单位补助支出即事业单位用财政补助收入之外的收入对附属单位补助发生的支出。此处要注意，对附属单位补助发生的支出，是用财政补助收入之外的收入。

（四）上缴上级支出

上缴上级支出即事业单位按照财政部门和主管部门的规定上缴上级单位的支出。

（五）其他支出

其他支出即上述支出以外的各项支出，包括利息支出、捐赠支出等。根据事业单位的实际支出内容以及核算的实际情况看，事业单位的支出多种多样，此处无法通过举例来全面概括。为正确反映这方面的支出，满足事业单位支出管理的实际需要，用“其他支出”作为列支除事业支出、经营支出、对附属单位补助支出、上缴上级支出以外的各项支出。

三、事业单位支出管理要求

（一）支出全部纳入预算，实行项目库管理，建立健全支出管理制度。

根据《事业单位财务规则》（财政部令第 108 号）第二十二条，事业单位应当将各项支出全部纳入单位预算，实行项目库管理，建立健全支出管理制度。

本条明确了事业单位支出必须有预算且实行项目库管理，同时，为规范支出行为，单位必须要建立健全支出管理制度。具体内容如下：

第一，事业单位所有支出必须全部纳入预算。即事业单位的所有支出必须事先列入预算，没有预算的支出不能列支。

第二，实行项目库管理。此处对支出管理增加了“实行项目库管理”的新要求，是贯彻落实《国务院关于进一步深化预算管理制度改革的意见》（国发〔2021〕5 号）“将项目作为部门和单位预算管理的基本单元，预算支出全部以项目形式纳入预算项目库，实施项目全生命周期管理，未纳入预算项目库的项目一律不得安排预算。”的精神。项目库是对项目进行规范化、精细化、程序化管理的业务数据库系统。项目库一般实行分级管理，其中单位项目库是预算单位根据履行职能和事业发展规划的需要，通过细化年度项目需求，提前论证拟实施项目，合理排序后纳入单位项目库而进行的项目储备工作。

第三，建立健全支出管理制度。为杜绝支出的随意性，事业单位在管理各项支出时，必须通过一系列管理制度进行规范。事业单位支出管理制度应当依据国家有关规定并结合本单位实际情况制定。

（二）厉行节约，严格执行规定的开支范围及开支标准。

根据《事业单位财务规则》（财政部令第 108 号）第二十三条，事业单位的支出应当厉行节约，严格执行国家有关财务规章制度规定的开支范围及开支标准；国家有关财务规章制度没有统一规定的，由事业单位规定，报主管部门和财政部门备案。事业单位的规定违反法律制度和国家政策的，主管部门和财政部门应当责令改正。

事业单位的支出应当厉行节约，严格执行国家有关财务规章制度规定的开支范围及开支标准。基本支出按人员经费和日常公用经费分别核算管理。人员经费严格按照国家相关政策安排；日常公用经费应与部门占有的资产情况相衔接，未按相关规定报批或超过配置标准购置的实物资产，一律不安排日常维护经费。基本支出中按照规定属于政府采购的支出，应严格按照国家有关政府采购的规定执行。

（三）项目资金专款专用、单独核算。

根据《事业单位财务规则》（财政部令第 108 号）第二十四条，事业单位从财政部门和主管部门取得的有指定项目和用途的专项资金，应当专款专用、单独核算，并按照规定报送专项资金使用情况的报告，接受财政部门或者主管部门的检查、验收。

项目支出是单位为完成特定工作任务或事业发展目标，在基本支出以外的年度支出活动，包括基本建设、有关事业发展专项计划、大型购置等项目支出。项目支出具有专项性和独立性，项目资金应当专款专用，单独核算，每个项目支出应有其明确的支出范围，项目之间支出不能交叉，项目支出与基本支出之间也不能交叉。

（四）严格执行国库集中支付制度

根据《事业单位财务规则》（财政部令第 108 号）第二十六条，事业单位应当严格执行国库集中支付制度和政府采购制度等有关规定。

本条指出事业单位支出应当严格执行国库集中支付制度和政府采购制度。

（五）严格遵守政府采购制度

涉及政府采购的支出，事业单位应严格遵守政府采购需求管理制度。采购需求是指采购人为实现项目目标，拟采购的标的及其需要满足的技术、商务要求。采购需求管理是指采购人组织确定采购需求和编制采购实施计划，并实施相关风险控制管理的活动。

1. 明确采购需求管理的原则和责任

事业单位在进行政府采购需求管理时应当遵循科学合理、厉行节约、规范高效、权责清晰的原则。事业单位作为采购人对采购需求管理负有主体责任，对采购需求和采购实施计划的合法性、合规性、合理性负责。主管预算单位负责指导本部门采购需求管理工作。

2. 做好采购需求管理

第一，事业单位的采购需求要符合规定。采购需求应当符合法律法规、政府采购政策和国家有关规定，符合国家强制性标准，遵循预算、资产和财务等相关管理制度规定，符合采购项目特点和实际需要。采购需求应当依据部门预算（工程项目概预算）确定。

第二，采购需求应明确的内容。采购需求应当明确实现项目目标的所有技术、商务要求，功能和质量指标的设置要充分考虑可能影响供应商报价和项目实施风险的因素。

第三，确定采购需求前要开展需求调查。采购人可以在确定采购需求前，通过咨询、论证、问卷调查等方式开展需求调查，了解相关产业发展、市场供给、同类采购项目历史成交信息，可能涉及的运行维护、升级更新、备品备件、耗材等后续采购，以及其他相关情况。面向市场主体开展需求调查时，选择的调查对象一般不少于 3 个，并应当具有代表性。对于下列采购项目，应当开展需求调查：1000 万元以上的货物、服务采购项目，3000 万元以上的工程采购项目；涉及公共利益、社会关注度较高的采购项目，包括政府向社会公众提供的公共服务项目等；技术复杂、专业性较强的项目，包括需定制开发的信息化建设项目、采购进口产品的项目等；主管预算单位或者采购人认为需要开展需求调查的其他采购项目。

3. 做好采购实施计划管理

在采购实施计划管理中要做好以下几点：

（1）明确采购实施计划主要包括合同订立和合同管理两方面内容。

第一，合同订立安排包括采购项目预（概）算、最高限价，开展采购活动的时间安排，采购组织形式和委托代理安排，采购包划分与合同分包，供应商资格条件，采购方式、竞争范围和评审规则等。第二，合同管理安排包括合同类型、定价方式、合同文本的主要条款、履约验收方案、风险管控措施等。

（2）政府采购要落实政策功能。

采购人应当通过确定供应商资格条件、设定评审规则等措施，落实支持创新、绿色发展、中小企业发展等政府采购政策功能。采购人要根据采购项目实施的要求，充分考虑采购活动所需时间和可能影响采购活动进行的因素，合理安排采购活动实施时间。

（3）对纳入集采的项目必须按规定执行。

采购人采购纳入政府集中采购目录的项目，必须委托集中采购机构采购。政府集中采购目录以外的项目可以自行采购，也可以自主选择委托集中采购机构或者集中采购机构以外的采购代理机构采购。

（4）明确采购包要求。

采购人要按照有利于采购项目实施的原则，明确采购包或者合同分包要求。采购项目划分采购包的，要分别确定每个采购包的采购方式、竞争范围、评审规则和合同类型、合同文本、定价方式等相关合同订立、管理安排。

（5）采购方式、评审方法和定价方式的选择应当符合法定适用情形和采购需求特点。

达到公开招标数额标准，因特殊情况需要采用公开招标以外的采购方式的，应当依法获得批准。除法律法规规定可以在有限范围内竞争或者只能从唯一供应商处采购的情形外，一般采用公开方式邀请供应商参与政府采购活动。不同采购需求下运用的采购方式不同，见表4－1。

表4－1　不同采购需求下的采购方式

采购需求	采购内容	采购方式	授予合同的主要考虑因素	定价方式
客观、明确且规格、标准统一	通用设备、物业管理	招标或者询价	价格	固定总价或者固定单价
客观、明确且技术较复杂或者专业性较强	大型装备、咨询服务	招标、谈判（磋商）	综合性评审 选择性价比最优	固定总价或者固定单价
不能完全确定客观指标，需由供应商提供设计方案、解决方案或者组织方案	首购订购、设计服务、政府和社会资本合作	谈判（磋商）	单方案报价、多方案报价以及性价比要求	固定总价或者固定单价、成本补偿、绩效激励等单一或者组合定价

（6）采用综合性评审方法的，评审因素应当按照采购需求和与实现项目目标相关的其他因素确定。

采购需求客观、明确的采购项目，采购需求中客观但不可量化的指标应当作为实质性要求，不得作为评分项；参与评分的指标应当是采购需求中的量化指标，评分项应当按照量化指标的等次，设置对应的不同分值。不能完全确定客观指标，需由供应商提供设计方案、解决方案或者组织方案的采购项目，可以结合需求调查的情况，尽可能明确不同技术路线、组织形式及相关指标的重要性和优先级，设定客观、量化的评审因素、分值和权重。价格因素应当按照相关规定确定分值和权重。

采购项目涉及后续采购的，如大型装备等，要考虑兼容性要求。可以要求供应商报出后续供应的价格，以及后续采购的可替代性、相关产品和估价，作为评审时考虑的因素。

需由供应商提供设计方案、解决方案或者组织方案，且供应商经验和能力对履约有直接影响的，如订购、设计等采购项目，可以在评审因素中适当考虑供应商的履约能力要求，并合理设置分值和权重。需由供应商提供设计方案、解决方案或者组织方案，采购人认为有必要考虑全生命周期成本的，可以明确使用年限，要求供应商报出安装调试费用、使用期间能源管理、废弃处置等全生命周期成本，作为评审时考虑的因素。

（7）明确采购中的知识产权权属情况。

采购合同类型按照民法典规定的典型合同类别，结合采购标的的实际情况确定。采购项目涉及采购标的的知识产权归属、处理的，如订立、设计、定制开发的信息化建设项目等，应当约定知识产权的归属和处理方式。

（8）做好履约验收。

履约验收方案要明确履约验收的主体、时间、方式、程序、内容和验收标准等事项。验收内容要包括每一项技术和商务要求的履约情况，验收标准要包括所有客观、量化指标。

4. 做好采购风险控制

第一，采购人可以自行组织确定采购需求和编制采购实施计划，也可以委托采购代理机构或者其他第三方机构开展。

第二，采购人应当建立审查工作机制。在采购活动开始前，针对采购需求管理中的重点风险事项，对采购需求和采购实施计划进行审查，审查分为一般性审查和重点审查。对于审查不通过的，应当修改采购需求和采购实施计划的内容并重新进行审查。

一般性审查主要审查是否按照政府采购需求管理办法规定的程序和内容确定采购需求、编制采购实施计划。审查内容包括：采购需求是否符合预算、资产、财务等管理制度规定；对采购方式、评审规则、合同类型、定价方式的选择是否说明适用理由；属于按规定需要报相关监管部门批准、核准的事项，是否作出相关安排；采购实施计划是否完整。

重点审查是在一般性审查的基础上，进行以下审查，见表4－2。

表4－2　重点审查内容

审查项目	审查内容
非歧视性审查	是否指向特定供应商或者特定产品
	资格条件设置是否合理
	要求供应商提供超过两个同类业务合同的，是否具有合理性
	技术要求是否指向特定的专利、商标、品牌、技术路线等
	评审因素设置是否具有倾向性
	将有关履约能力作为评审因素是否适当
竞争性审查	是否确保充分竞争
	应当以公开方式邀请供应商的，是否依法采用公开竞争方式
	采用单一来源采购方式的，是否符合法定情形
	评审方法、评审因素、价格权重等评审规则是否适当
采购政策审查	进口产品的采购是否必要
	是否落实支持创新政策要求
	是否落实绿色发展政策要求
	是否落实中小企业发展政策要求
	是否落实其他政府采购政策要求

续表

审查项目	审查内容
履约风险审查	合同文本是否按规定由法律顾问审定
	合同文本运用是否适当
	是否围绕采购需求和合同履行设置权利义务
	是否明确知识产权等方面的要求
	履约验收方案是否完整、标准是否明确
	风险处置措施和替代方案是否可行

审查工作机制成员应当包括本部门、本单位的采购、财务、业务、监督等内部机构。采购人可以根据本单位实际情况，建立相关专家和第三方机构参与审查的工作机制。参与确定采购需求和编制采购实施计划的专家和第三方机构不得参与审查。

一般性审查和重点审查的具体采购项目范围，由采购人根据实际情况确定。主管预算单位可以根据本部门实际情况，确定由主管预算单位统一组织重点审查的项目类别或者金额范围。对于事先开展需求调查的采购项目，应当开展重点审查。

第三，采购需求和采购实施计划的调查、确定、编制、审查等工作应当形成书面记录并存档。采购文件应当按照审核通过的采购需求和采购实施计划编制。

（六）依法加强各类票据管理

根据《事业单位财务规则》（财政部令第 108 号）第二十七条，事业单位应当依法加强各类票据管理，确保票据来源合法、内容真实、使用正确，不得使用虚假票据。

1. 健全票据管理制度

事业单位应当建立健全票据管理制度。财政票据、发票等各类票据的申领、启用、核销、销毁均应履行规定手续。单位应当按照规定设置票据专管员，建立票据台账，做好票据的保管和序时登记工作。单位不得违反规定转让、出借、代开、买卖财政票据、发票等票据，不得擅自扩大票据适用范围。

2. 加强财政票据管理

（1）财政票据的种类。

财政票据，是指由财政部门监（印）制、发放、管理，国家机关、事业单位、具有公共管理或者公共服务职能的社会团体及其他组织依法收取政府非税收入或者从事非营利性活动收取财物时，向公民、法人和其他组织开具的凭证。财政票据的种类包括非税收入类票据、结算类票据和其他财政票据三大类。其中，非税收入类票据又分为：非税收入通用票据，指依法收取政府非税收入时开具的通用凭证；非税收入专用票据，指依法收取特定的政府非税收入时开具的专用凭证。如行政事业性收费票据、政府性基金票据、国有资源（资产）收入票据、罚没票据等；非税收入一般缴款书，指收缴政府非税收入时开具的通用凭证。结算类票据，即资金往来结算票据，指单位在发生暂收、代收和单位内部资金往来结算时开具的凭证。其他财政票据，包括公益事业捐赠票据，指公益性事业单位依法接受公益性捐赠时开具的凭证；医疗收费票据，指非营利医疗卫生机构从事医疗服务取得医疗收入时开具的凭证；社会团体会费票据，指依法成立的社会团体向会员收取会费时开具的凭证；其他应当由财政部门管理的票据。

（2）财政票据的领用。

财政票据实行凭证领用、分次限量、核旧领新制度。领用财政票据，一般按照财务隶属关系向同级财政部门申请。财政票据一次领用的数量一般不超过本单位 6 个月的使用量。

（3）财政票据的使用。

单位应当指定专人负责管理财政票据，建立票据使用登记制度，设置票据管理台账，按照规定向财政部门报送票据使用情况。单位开具电子票据，应当确保电子票据及其元数据自形成起完整无缺、来源可靠，未被非法更改，传输过程中发生的形式变化不得影响财政电子票据内容的真实、完整。财政票据应当按照规定填写，因填写错误等原因而作废的纸质票据，应当加盖作废戳记或者注明“作废”字样，并完整保存各联次，不得擅自销毁。

（4）财政票据保管。

一是财政票据使用单位不得转让、出借、代开、买卖、擅自销毁、涂改财政票据；不得串用财政票据，不得将财政票据与其他票据互相替代。单位应当设置财政票据专用仓库或者专柜，指定专人负责保管，确保财政票据安全。

二是使用单位和付款单位应当准确、完整、有效接收和读取财政电子票据，并按照会计信息化和会计档案等有关管理要求归档入账。

三是纸质票据使用完毕，使用单位应当按照要求填写相关资料，按顺序清理纸质票据存根、装订成册、妥善保管。纸质票据存根的保存期限一般为 5 年。保存期满需要销毁的，报经原核发票据的财政部门查验后销毁。保存期未满、但有特殊情况需要提前销毁的，应当报原核发票据的财政部门批准。尚未使用但应予作废销毁的财政票据，使用单位应当登记造册，报原核发票据的财政部门核准、销毁。

四是财政票据名称变更的，应当在财政票据使用单位发生合并、分立、撤销、职权变更，或者收费项目被依法取消自变动之日起 15 日内，向原核发票据的财政部门办理《财政票据领用证》的变更或者注销手续；对已使用财政票据的存根和尚未使用的财政票据应当分别登记造册，报财政部门核准、销毁。

五是财政票据或者《财政票据领用证》灭失的，单位应当查明原因，及时以书面形式报告原核发票据的财政部门，并自发现之日起 3 日内登报声明作废。

第三节　事业单位成本费用管理

根据《事业单位财务规则》（财政部令第 108 号）第二十五条，事业单位应当加强经济核算，可以根据开展业务活动及其他活动的实际需要，实行成本核算。成本核算的具体办法按照国务院财政部门相关规定执行。

本条提出了事业单位应当加强经济核算的要求，其中，成本核算是经济核算的重要手段。本次修订明确了事业单位成本核算要按照国务院财政部门相关规定执行。这里的相关规定主要指《事业单位成本核算基本指引》（财会〔2019〕25 号），以及根据行业特点如医院、高等学校、科学事业单位制定的成本核算具体指引，如《事业单位成本核算具体指引——公立医院》（财会〔2021〕26 号）。从共性角度来看，事业单位成本核算的主要内容包括以下几个部分。

一、事业单位成本管理的目标与意义

2018 年 9 月，中共中央 国务院发布《关于全面实施预算绩效管理的意见》，提出要注重结果导向、强调成本效益、硬化责任约束。强调成本效益意味着政府将更加关注事业单位资金浪费现象，整治预算资金使用中的不合理开支行为，也意味着对成本信息的需求将不断提升。2019 年 12 月发布的《事业单位成本核算基本指引》指出，事业单位需要满足不同信息使用者的需求，将运营过程中产生的费用归集、分配到不同的成本核算对象，为事业单位加强和完善成本核算指明了方向。

目前，我国事业单位开展绩效管理的作用难以充分发挥的关键原因就在于实施过程中缺乏足够的成本与绩效信息作为支撑。成本信息是事业单位绩效管理的关键，虽然《事业单位成本核算基本指引》为事业单位的成本核算工作提供了一定的政策指导，但在实际核算过程中依然存在核算过程随意、核算内容不清等问题。因此，事业单位需要通过开展成本核算将业务活动中产生的各种材料耗费、员工工资、折旧等费用转化为绩效管理所需的成本信息，提高预算绩效管理的工作效率。反之，在预算绩效管理的优化过程中，将会对事业单位的成本信息提出更高要求，进而推动事业单位成本核算体系的构建。

由此可见，事业单位的成本核算目标是满足单位负责人、主管部门等各类信息使用者的全方位需求。为了符合受托责任观、满足外部的监督需求，使社会公众全面了解事业单位的服务水平和履职能力，这就需要事业单位准确核算本单位的资源使用、占用情况和提供准确的成本信息。

事业单位进行成本核算应当满足内部管理和外部管理的特定成本信息需求。一是成本控制需求。为满足该需求，单位应当完整、准确核算特定成本核算对象的成本，揭示成本发生和形成过程，以便对影响成本的各种因素、条件施加影响或管控，将实际成本控制在预期目标内。二是公共服务或产品定价需求。为满足该需求，单位应当准确核算公共服务或产品的成本，以便为政府定价机构、有关单位制定相关价格或收费标准提供依据和参考。三是绩效管理需求。为满足该需求，单位应当设置与成本相关的绩效指标并加以准确核算，以便衡量单位整体和内部组织部门运行效率、核心业务实施效果、政策和项目资金使用效果。

二、事业单位成本与费用的概念

事业单位成本与费用是指事业单位为完成专业业务活动及其他活动而发生的资源耗费，包括业务活动成本、非业务活动成本和期间费用。

（一）成本的定义

成本是指单位特定的成本核算对象所发生的资源耗费，包括人力资源耗费，房屋及建筑物、设备、材料、产品等有形资产的耗费，知识产权等无形资产的耗费，以及其他耗费。

1. 业务活动成本

业务活动成本是指事业单位为完成业务活动而发生的资源耗费，包括直接成本和间接成本。

直接成本，即在实施业务活动过程中发生的，可以直接计入核算对象的各项费用，包括直接材料、直接人工及其他直接费用。

间接成本，即在实施业务活动过程中发生的，不能直接计入核算对象，需要按照一定原则和标准分配计入的各项费用。

2. 非业务活动成本

非业务活动成本，是指事业单位为完成非业务活动而发生的资源耗费。

（二）期间费用的定义

期间费用，是指事业单位管理部门为组织管理业务活动、非业务活动以及其他活动而发生的资源耗费。

三、事业单位成本核算的原则

事业单位开展和构建成本核算体系需要遵循以下几个方面的总体原则：

一是相关性原则。单位选择成本核算对象、归集分配成本、提供成本信息应当与满足成本信息需求相关，有助于成本信息使用者依据成本信息作出评价或决策。

二是可靠性原则。单位应当以实际发生的经济业务或事项为依据进行成本核算，保证成本信息真实可靠、内容完整。

三是适应性原则。单位进行成本核算，应当与单位行业特点、特定的成本信息需求相适应。

四是及时性原则。单位应当及时收集、传递、处理、报告成本信息，便于信息使用者及时作出评价或决策。

五是可比性原则。同一单位不同期间、相同行业不同单位，对相同或相似的成本核算对象进行成本核算所采用的方法和依据等应当保持一致，确保成本信息相互可比。

六是重要性原则。单位选择成本核算对象、进行成本核算应当区分重要程度，对于重要的成本核算对象和成本项目应当力求成本信息的精确，对于非重要的成本核算对象和成本项目可以适当简化核算。

四、事业单位成本核算的对象

成本核算对象根据事业单位职能目标、所处行业特点以及不同的成本信息需求等确定。成本核算对象具有多维度、多层次的特点。按照维度确定的成本核算对象主要包括业务活动类型、政策或项目、提供的公共服务或产品。按照层次确定的成本核算对象主要包括单位整体、内部组织部门和业务团队。

事业单位按照维度确定的成本核算对象主要包括：

（1）按业务活动类型确定的成本核算对象。

（2）按政策或项目确定的成本核算对象。

（3）按提供的公共服务或产品确定的成本核算对象。

事业单位按照层次确定的成本核算对象主要包括：

（1）以单位整体作为成本核算对象。

（2）按内部组织部门确定的成本核算对象。

（3）按业务团队确定的成本核算对象。

事业单位为满足成本控制需求，可以以业务活动类型、项目、内部组织部门等作为成本核算对象；为满足公共服务或产品定价需求，可以以公共服务或产品作为成本核算对象；为满足内部绩效评价需求，可以以项目、内部组织部门、业务团队等作为成本核算对象；为满足外部绩效评价需求，可以以政策和项目、单位整体等作为成本核算对象，参见表4－3。

表4－3　　不同需求的成本核算对象情况

需求	成本核算对象
成本控制需求	业务活动类型、项目、内部组织部门等
公共服务或产品定价需求	公共服务或产品
内部绩效评价需求	项目、内部组织部门、业务团队
外部绩效评价需求	政策和项目、单位整体

五、事业单位成本核算的方法与内容

成本核算是指单位对实现其职能目标过程中实际发生的各种耗费按照确定的成本核算对象和成本项目进行归集、分配，计算确定各成本核算对象的总成本、单位成本等，并向有关使用者提供成本信息的活动。

（一）成本核算的方法

事业单位应当根据成本信息需求，对具体的成本核算对象分别选择完全成本法或制造成本法进行成本核算。

完全成本法，是指将单位所发生的全部耗费按照成本核算对象进行归集和分配，计算出总成本和单位成本的方法。成本核算对象为单位整体、主要业务活动的，可以采用完全成本法。

制造成本法，是指只将与产品制造或业务活动有联系的费用计入成本核算对象，不将单位管理费用等向成本核算对象分配的方法。成本核算对象为公共服务或产品、项目、内部组织部门、业务团队的，可以采用制造成本法。

（二）成本核算的项目设置

单位应当根据成本信息需求设置成本项目，并对每个成本核算对象按照其成本项目进行数据归集。成本项目是指将归集到成本核算对象的成本按照一定标准划分的反映成本构成的具体项目。单位可以根据具体成本信息需求，按照成本经济用途、成本要素等设置成本项目。单位成本项目的设置，应当与政府会计准则制度中“加工物品”“业务活动费用”“单位管理费用”等科目的明细科目保持协调。单位可以根据需要在上述成本项目下设置明细项目或进行辅助核算。

（三）成本核算的范围

此处要关注不属于成本核算对象的耗费，不计入该成本核算对象的成本。如成本核算对象为业务活动类型的，与单位开展业务活动耗费无关的费用，如资产处置费用、上缴上级费用、对附属单位补助费用等，一般不计入成本。成本核算对象为单位整体的，单位负有管理维护职责但并非为满足其自身开展业务活动需要所控制资产的折旧（摊销）费用，如公共基础设施折旧（摊销）费、保障性住房折旧费等，一般不计入成本。为满足公共服务或产品定价需求开展的成本核算，应当在对相关成本进行完整核算的基础上，按规定对成本范围予以调整，如按规定调减不符合有关法律法规规定的费用、有财政资金补偿的费用等。

（四）成本归集和核算

单位应当建立健全成本费用相关原始记录，充分利用现代信息技术，加强和完善成本数据的收集、记录、传递、汇总和整理等基础工作，为成本核算提供必要的数据基础。

单位对每个成本核算对象按照其成本项目进行数据归集。可通过“业务活动费用”“单位管理费用”等会计科目，按照成本项目归集实际发生的各种费用。当成本核算对象为自制或委托外单位加工的各种物品、建设工程项目、自行研究开发项目时，应当按照政府会计准则制度等规定分别通过“加工物品”“在建工程”“研发支出”等会计科目，按照成本项目归集并结转实际发生的各种费用。

单位发生的费用按照计入成本核算对象的方式不同，分为直接费用和间接费用。直接费用是指能确定由某一成本核算对象负担的费用，应当按照所对应的成本项目类别，直接计入成本核算对象。

间接费用指不能直接计入成本核算对象的费用，应当选择合理的分配标准或方法分配计入各个成本核算对象。间接费用分配标准或方法一般遵循因果关系和受益原则，将资源耗费根据资源耗费动因分项目追溯或分配至相关的成本核算对象，如根据工作量占比、耗用资源占比、收入占比等。同一成本核算对象的间接费用分配标准或方法一旦确定，各期间应当保持一致，不得随意变动。

在间接费用分配的过程中，可以采用“分步法”“分批法”“标准成本法”与“作业成本法”等方法进行分配。随着对事业单位产出水平的关注不断加强，并且事业单位的业务流程日益复杂，间接费用占比较大，可以优先考虑采用作业成本法。例如，事业单位将发生的间接费用根据资源动因如成本追溯法、分摊法等分配到作业中心的科目中，再根据作业动因分配到不同的核算对象，如工资福利费、固定资产折旧与维修费可根据收入占比、工作量占比等分配到每一个对象。

事业单位的下列支出不得计入业务活动成本、产品成本，以及与成本对象无直接关系的成本对象的成本：

（1）为购置和建造固定资产、无形资产和其他资产的资本性支出；

（2）上缴上级的支出和对附属单位的补助支出；

（3）对外投资的支出；

（4）各种罚款、赞助和捐赠支出；

（5）国家规定不得列入业务活动成本的其他支出。

（五）成本分析报告

事业单位决算和绩效评价公开时，由于成本信息需求模糊，公开结果无法全面地为事业单位的管理提供服务，因此事业单位需要充分了解决策者与监督者的信息需求，编制详细的成本分析报告。成本分析报告提供的成本和费用数据有助于深入分析事业单位的运行效率和可能存在的风险隐患，根据事业单位的具体信息需求，可以编制不同的成本分析报表。一是成本费用的预算计划执行表。划分不同时段编制月报表、季度报表和年报表，与预算内容进行对比，有助于实时监控资源成本的落实情况，监督事业单位项目运行状况，在与预算发生较大偏差时及时找出原因，避免出现期末突击花钱及预算不足的现象。二是成本费用的明细表。将成本划分为人工、材料、费用等类目，直接观察项目运行过程中的具体资金流向，当产生不合理支出时可以进行及时调整，满足事业单位的成本控制需求。

第五章　事业单位结转结余和专用基金管理

第一节　事业单位结转和结余管理

一、结转和结余的概念

根据《事业单位财务规则》（财政部令第 108 号）第二十八条，结转和结余是指事业单位年度收入与支出相抵后的余额。结转资金是指当年预算已执行但未完成，或者因故未执行，下一年度需要按照原用途继续使用的资金。结余资金是指当年预算工作目标已完成，或者因故终止，当年剩余的资金。

从结转和结余资金的定义来看，两者的结算对象不同。结转资金是工作目标没有完成的结算结果，结余资金是在支出预算中已完成目标或者因故终止目标的结算结果。

《事业单位财务规则》（财政部令第 108 号）第二十八条第二款规定，经营收支结转和结余应当单独反映。因为事业单位的经营收支不是事业单位开展公共服务形成的收支，而是开展经营活动形成的收支，与其他收支在性质上有较大不同。因此，在管理方式上经营收支与其他收支不同，经营收入与经营支出是配比关系。继而，在结转和结余管理上，为更有利于准确反映事业单位经营收支成果，也需要将经营收支结转和结余单独反映。

为了规范和加强财政预算管理工作，减少财政拨款资金沉淀，提高财政资金的使用效益。《事业单位财务规则》（财政部令第 108 号）分别对财政拨款和非财政拨款的结转和结余管理提出了要求。

二、财政拨款结转和结余的管理

根据《事业单位财务规则》（财政部令第 108 号）第二十九条，财政拨款结转和结余的管理，应当按照国家有关规定执行。

此处“国家有关规定”既包括中央财政的相关规定，也包含地方财政的相关规定。财政拨款结转和结余形成的原因比较复杂，中央和各地方的情况各异。因此，从审慎角度出发，对财政拨款结转和结余的管理按照财政分级管理的原则，由各级财政部门作出具体规定。为此，各级财政部门都先后研究制订了一系列管理办法。

（一）中央财政结转和结余管理办法

财政部对中央财政拨款结转和结余实行单独的管理办法，在《财政部关于印发中央部门结转和结余资金管理办法的通知》（财预〔2016〕18号）文件中做出了具体规定。中央部门结转结余资金是指与中央财政有缴拨款关系的事业单位（含企业化管理的事业单位），按照财政部批复的预算，在年度预算执行结束时，未列支出的一般公共预算和政府性基金预算资金。结转资金包括基本支出结转资金和项目支出结转资金，具体内容及管理办法如下：

第一，基本支出结转资金包括人员经费结转资金和公用经费结转资金。年度预算执行结束时，尚未列支的基本支出全部作为结转资金管理，结转下年继续用于基本支出。在预算执行中因增人增编需增加基本支出的，应首先通过基本支出结转资金安排。

第二，项目支出结转资金是指项目实施周期内，年度预算执行结束时，除连续两年未用完的预算资金外，已批复的预算资金尚未列支的部分。项目支出结转下年按原用途继续使用。

第三，项目支出结余资金包括项目目标完成或项目提前终止，尚未列支的预算资金；实施周期内，因实施计划调整，不需要继续支出的预算资金；实施周期内，连续两年未用完的预算资金；实施周期结束，尚未列支的预算资金；部门机动经费在预算批复当年未动用的部分。项目支出结余资金原则上由财政部收回。

以上管理规定明确了基本支出和项目支出结转和结余资金的划分以及对结转和结余资金的处理。

一是结转结余的划分。第一，基本支出年度剩余资金作为结转管理，结转下年继续使用。因为基本支出中人员经费主要按照定员定额或基数方式测算，年度剩余资金一般较少；基本支出中的公用经费开支范围较广，使用时灵活性较强，允许结转使用有利于鼓励部门厉行节约，加强管理，节约开支，提高使用效率。第二，项目支出按照实施周期划分结转结余。按照实施部门中期支出规划管理以及项目全周期滚动管理的相关改革要求，项目需按照实施周期予以稳定资金保障，确保项目绩效目标实现。对项目结转结余，总体上按照项目实施周期是否结束来进行划分，实施周期未结束的为结转资金，实施周期结束的为结余资金。第三，连续两年未用完的项目资金作为结余。按照《预算法》的相关规定，为了避免资金长期结转造成闲置，在实施周期内，连续两年（指批复预算资金的当年和下一年度）未用完的项目支出预算资金，作为结余资金管理。第四，允许项目中部分资金提前确认为结余。为避免已不需要支出的资金较长时间闲置在单位，影响资金使用效率，对因实施计划因故调整，不需要继续支出的部分项目支出预算资金，作为结余资金管理。

二是结余资金的处理。第一，结余资金统一由财政收回。根据国务院文件精神以及2015年盘活存量资金的做法，为了提高资金使用效率，除部分符合相关条件的中央科研项目结余外，其他结余资金均收回财政。第二，可在执行中及时确认结余。预算执行中，项目提前完成、因故终止或实施计划发生调减，不需要继续支出的预算资金，应及时清理为结余资金报财政部门，以保证结余资金及时安排使用，提高效率。

（二）地方财政结转和结余管理办法

《财政部关于进一步加强地方财政结余结转资金管理的通知》（财预〔2013〕372号），从提高财政资金使用效益角度出发，对地方财政结余结转资金的管理做出了指导。要求单位要细化支出预算编制，加快预算执行进度，建立定期清理机制，压缩结余结转资金规模。

对于结余结转资金的使用，财政部发布的《关于加强地方预算执行管理 加快支出进度的通知》（财预〔2018〕65 号）中规定，对结余资金和连续两年未用完的结转资金，一律收回补充预算稳定调节基金；对不足两年的结转资金，要加快预算执行，也可按规定用于其他急需领域，不需按原用途使用的，应按规定统筹用于经济社会发展急需资金支持的领域。这表明：①结余资金和连续两年未用完的结转资金要按照预算管理的有关规定收回国库，补充预算稳定调节基金。②不足两年的结转资金在下一年度原则上不得调整用途，转入下一年度后按照原用途编制预算继续使用。符合相关规定的，也可按照规定统筹用于经济社会发展急需资金支持的领域。

地方财政部门也制定出台了本地区财政拨款结转和结余管理的相关规定。以此加强预算管理，加快项目执行进度，减少年底结余结转资金。

（三）财政拨款结转和结余的特殊管理规定

为促进形成充满活力的科技管理和运行机制、激发广大科研人员创新创造活力，加快推进科技领域“放管服”改革、完善财政科研项目资金管理，财政部下发了《关于进一步做好中央财政科研项目资金管理等政策贯彻落实工作的通知》（财科教〔2017〕6 号），对中央财政科研项目结余资金管理做出了规定。以项目是否通过一次性验收为前提条件，一是对于完成任务目标并一次性通过验收的项目，验收结论确定的结余资金全部留归项目承担单位使用，由其统筹用于本单位科研活动的直接支出。两年后（自验收结论下达后次年的 1 月 1 日起计算）结余资金未用完的，按规定原渠道收回。二是对于未一次性通过验收的项目，结余资金按规定原渠道收回。

三、非财政拨款结转和结余的管理

（一）非财政拨款结转和结余的使用

根据《事业单位财务规则》（财政部令第 108 号）第三十条，非财政拨款结转按照规定结转下一年度继续使用。非财政拨款结余可以按照国家有关规定提取职工福利基金，剩余部分用于弥补以后年度单位收支差额；国家另有规定的，从其规定。以上规定表明：

第一，非财政拨款结转可以按照规定结转到下一年度继续使用。结合新《规则》第二十八条的规定，结转资金在下一年度要按照原用途继续使用，表明非财政拨款结转资金不能转变用途和进行分配。

第二，非财政拨款结余可以按规定分配。非财政拨款结余的使用渠道为按照国家有关规定提取职工福利基金，剩余部分可用于弥补以后年度单位收支差额。

第三，国家对非财政拨款结余使用另有规定的，从其规定。

（二）非财政拨款结转和结余的管理要求

根据《事业单位财务规则》（财政部令第 108 号）第三十一条，事业单位应当加强非财政拨款结余的管理，盘活存量，统筹安排、合理使用，支出不得超出非财政拨款结余规模。

非财政拨款结余管理的目的是促进事业单位发展，因此要积极盘活存量，统筹安排使用，非财政拨款结余支出不得超出其总规模。

第二节　专用基金管理

一、专用基金的概念及种类

（一）专用基金的概念

根据《事业单位财务规则》（财政部令第 108 号）第三十二条，专用基金是指事业单位按照规定提取或者设置的有专门用途的资金。

从上述专用基金的概念可知，专用基金有三个特点：一是专用基金的提取或设置要符合有关规定；二是专用基金具有专门用途和使用范围，一般不得占用或挪用。三是专用基金的使用属于一次性消耗，没有循环周转，不能通过专用基金支出直接取得补偿。

（二）专用基金的种类

《事业单位财务规则》（财政部令第 108 号）第三十三条第一款规定，专用基金包括职工福利基金和其他专用基金。其他专用基金是指除职工福利基金外，按照有关规定提取或者设置的专用资金。

新版专用基金中删减了“修购基金”的分类和定义。根据《政府会计准则》，事业单位按月计提固定资产折旧，并在新旧会计制度衔接时补提以前年度固定资产折旧，因此，不需要也不应当继续提取修购基金。取消修购基金主要有以下几点考虑：一是事业单位开展业务活动的经费主要以财政拨款为主，提取少量的修购基金根本不能满足修购支出的需要，反而使会计核算和财务管理变得烦琐；二是修购基金与事业收入并无直接因果关系，其本质是一种资源储备，其提取和使用不符合配比原则。累计折旧强调的是业务活动中的物耗转移，其物耗一般能固化到一定的成本项目，能反映价值流转的真实情况，体现业务活动中收入与支出的配比原则，有利于单位进行成本核算。

1. 职工福利基金

《事业单位财务规则》（财政部令第 108 号）第三十三条第二款规定，职工福利基金是指按照非财政拨款结余的一定比例提取以及按照其他规定提取转入，用于单位职工的集体福利设施、集体福利待遇等的资金。

2. 其他专用基金

其他专用基金主要是结合事业单位事业发展特点所安排的基金，包括科技成果转化基金、医疗风险基金等。

（1）科技成果转化基金。科技成果转化基金是指科学事业单位从事业收入中提取，在事业支出的相关科目中列支，以及在经营收支结余中提取转入，用于科技成果转化的资金。事业收入和经营收支结余较少的单位可以不提取科技成果转化基金。

（2）医疗风险基金。医疗风险基金是指从医疗支出中计提、专门用于支付医院购买医疗风险保险发生的支出或实际发生的医疗事故赔偿的资金。

（三）专用基金提取比例

根据《事业单位财务规则》（财政部令第 108 号）第三十五条，各项基金的提取比例和管理办法，国家有统一规定的，按照统一规定执行；没有统一规定的，由主管部门会同本级财政部门确定。

1. 职工福利基金

根据《财政部关于事业单位提取专用基金比例问题的通知》（财教〔2012〕32 号）中的规定，“事业单位职工福利基金的提取比例在单位年度非财政拨款结余的 40% 以内确定。国家另有规定的，从其规定。中央级事业单位职工福利基金的提取比例，由主管部门会同财政部在单位年度非财政拨款结余的 40% 以内核定。国家另有规定的，从其规定。地方事业单位职工福利基金的提取比例，由省级财政部门参照本通知的有关规定，结合本地实际确定。”

以上规定表明：第一，职工福利基金从非财政拨款结余中提取，虽然是从非财政拨款结余中提取，但并不是全部的非财政拨款都需要参与提取，非财政拨款区分为专项资金和非专项资金，只有非财政非专项资金才会进入结余分配。第二，除另有规定外，职工福利基金的提取上限为单位年度非财政拨款结余的 40%。第三，中央级事业单位职工福利基金的提取比例由主管部门会同财政部核定，地方事业单位职工福利基金的提取比例由省级财政部门结合本地实际确定。

2. 科技成果转化基金

根据《财政部关于执行科学事业单位财务制度有关问题的通知》（财教〔2014〕10号），科技成果转化基金从事业收入和经营收支结余中提取，事业收入扣除从财政部门、财务主管部门和其他相关部门取得的有指定项目和用途的专项资金形成的事业收入后，按照不超过10%的比例提取并在事业支出的相关科目中列支；按照当年经营收支结余的10%提取。

以上表明：第一，科技成果转化基金的提取来源有两个渠道，分别是事业收入和经营收支结余。第二，从事业收入中提取时，要将事业收入扣除从财政部门、财务主管部门和其他相关部门取得的有指定项目和用途的专项资金。第三，从事业收入中提取其比例不超过10%，从经营收支结余中提取其比例为10%。

3. 医疗风险基金

根据《医院财务制度》的规定，医院累计提取的医疗风险基金比例不应超过当年医疗收入的1‰－3‰。具体比例可由各省（自治区、直辖市）财政部门会同主管部门（或举办单位）根据当地实际情况制定。对于医疗风险基金滚存较多的医院，可以适当降低提取比例或者暂停提取。

以上表明：第一，医疗风险基金的提取来源为医疗收入。第二，医疗风险基金的提取比例为不超过当年医疗收入的1‰－3‰。第三，医疗风险基金滚存较多的医院可以适当降低提取比例或者暂停提取。

二、专用基金的管理

（一）管理原则

根据《事业单位财务规则》（财政部令第108号）第三十二条，专用基金管理应当遵循先提后用、专款专用的原则，支出不得超出基金规模。

以上表明，专用基金的管理要符合两大原则：一是先提后用，即作为净资产的专用基金，必须按照规定来源和提取比例提取后方能安排使用。二是专款专用，即事业单位的专用基金要进行单独核算和管理，以确保资金按照规定用途有效、合理使用。建立以上原则其目的是保证专用基金支出不超出基金规模，即专用基金的使用严格按照规定的开支范围和开支标准支出，支出不超过基金规模。

（二）管理方法

根据《事业单位财务规则》（财政部令第108号）第三十四条，事业单位应当将专用基金纳入预算管理，结合实际需要按照规定提取，保持合理规模，提高使用效益。专用基金余额较多的，应当降低提取比例或者暂停提取；确需调整用途的，由主管部门会同本级财政部门确定。

本条是新增内容，主要对事业单位专用基金管理提出了具体要求：

第一，专用基金要纳入预算管理。通过预算管理的事前、事中和事后控制，保证专用基金的运行规范。

第二，专用基金要结合实际需要按照规定提取。本条要求事业单位专用基金的提取比例要按照相关规定，关注专用基金积累的同时避免随意性。

第三，提高专用基金的使用效益。事业单位要对各项专用基金编制收支计划，根据专用基金额度规模安排支出，量入为出。

第四，专用基金要保持合理规模，余额较多的，应当降低提取比例或者暂停提取。专用基金的总量规模要保持适当，对于滚存较多的专用基金可以结合具体规定降低提取比例或者暂停提取。比如上面提到的医疗风险基金管理中就提出“对于医疗风险基金滚存较多的医院，可以适当降低提取比例或者暂停提取”。

第五，专用基金使用中确需调整用途的，由主管部门会同本级财政部门确定。事业单位的各项专用基金都有其规定的专门用途，例如，职工福利基金只能用于单位职工的集体福利设施、集体福利待遇等。因此，在专用基金的使用中应严格划清界限，按照其设定用途专项管理和核算。如果专用基金使用中确需调整用途的，由主管部门会同本级财政部门确定。

第六章　事业单位资产管理

第一节　事业单位资产管理概述

一、事业单位资产的概念

根据《事业单位财务规则》（财政部令第 108 号）第三十六条，资产是指事业单位依法直接支配的各类经济资源。

新版将资产的定义修改为“事业单位依法直接支配的各类经济资源”。主要变化有三点：一是从“占有或者使用”修改为“直接支配”；二是资产的定义不再强调“能够以货币计量”的属性；三是不再给出具体的资产类型。这些变化体现出新版对资产定义的拓展。根据《民法典》第 256 条，“国家举办的事业单位对其直接支配的不动产和动产，享有占有、使用以及依照法律和国务院的有关规定收益、处分的权利”。因此，“直接支配”权利包含并大于“占有、使用”的权利。此处变化更能体现事业单位资产的含义。

二、事业单位资产的分类

根据《事业单位财务规则》（财政部令第 108 号）第三十七条，事业单位的资产包括流动资产、固定资产、在建工程、无形资产、对外投资、公共基础设施、政府储备物资、文物文化资产、保障性住房等。见图 6－1。

（一）流动资产

《事业单位财务规则》（财政部令第 108 号）第四十条规定，流动资产是指可以在一年以内变现或者耗用的资产，包括现金、各种存款、应收及预付款项、存货等。

1. 现金

现金是指事业单位满足日常零星开支的库存现金。

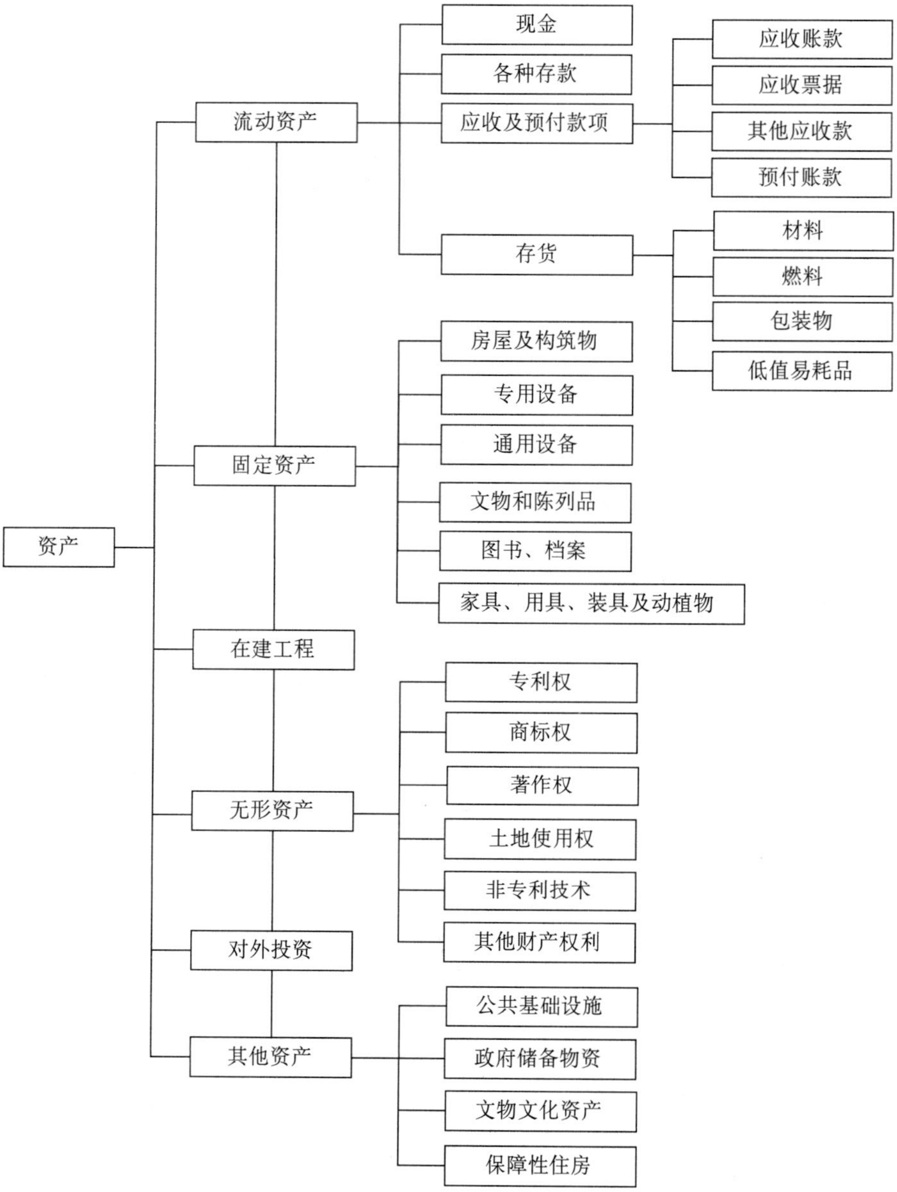

图 6－1　事业单位资产结构图

2. 各种存款

各种存款是指事业单位存入银行或者其他金融机构的各种货币资金。

3. 应收及预付款项

应收及预付款项是事业单位应收未收或预付给有关单位或个人的一种停留在结算过程中的资金，体现为事业单位对有关单位或个人的一种债权。应收款项包括应收票据、应收账款和其他应收款。

应收票据是事业单位因开展经营活动销售产品、提供有偿服务等而收到的商业汇票，包括银行承兑汇票和商业承兑汇票。

应收账款是事业单位提供服务、销售产品等，以及因出租资产、出售物资等应收取的款项。

其他应收款是事业单位除财政应返还额度、应收票据、应收账款、预付账款、应收股利、应收利息以外的其他各项应收及暂付款项，如职工预借的差旅费、已经偿还银行尚未报销的本单位公务卡欠款、拨付给内部有关部门的备用金、应向职工收取的各种垫付款项、支付的可以收回的订金或押金、应收的上级补助和附属单位上缴款项等。

预付账款是事业单位按照购货、服务合同或协议约定预付给供应单位（或个人）的款项，以及按照合同约定向承包工程的施工企业预付的备料款和工程款。

4. 存货

根据《事业单位财务规则》（财政部令第 108 号）第四十条，存货是指事业单位在开展业务活动及其他活动中为耗用或出售而储存的资产，包括材料、燃料、包装物和低值易耗品以及未达到固定资产标准的用具、装具、动植物等。

（二）固定资产

根据《事业单位财务规则》（财政部令第 108 号）第四十一条，固定资产是指使用期限超过一年，单位价值在 1000 元以上，并在使用过程中基本保持原有物质形态的资产。单位价值虽未达到规定标准，但是耐用时间在一年以上的大批同类物资，作为固定资产管理。事业单位的固定资产明细目录由国务院主管部门制定，报国务院财政部门备案。

固定资产包括房屋及构筑物，专用设备，通用设备，文物和陈列品，图书、档案，家具、用具、装具及动植物等。

（三）在建工程

根据《事业单位财务规则》（财政部令第 108 号）第四十二条，在建工程是指已经发生必要支出，但尚未达到交付使用状态的建设工程。

在建工程达到交付使用状态时，应当按照规定办理工程竣工财务决算和资产交付使用，期限最长不得超过一年。单位对已交付但未办理竣工财务决算的建设项目，应当按照国家统一的会计制度确认资产价值。

（四）无形资产

根据《事业单位财务规则》（财政部令第 108 号）第四十三条，无形资产是指不具有实物形态而能为使用者提供某种权利的资产，包括专利权、商标权、著作权、土地使用权、非专利技术以及其他财产权利。

（五）对外投资

根据《事业单位财务规则》（财政部令第 108 号）第四十四条，对外投资是指事业单位依法利用货币资金、实物、无形资产等方式向其他单位的投资。

（六）其他资产

1. 公共基础设施

公共基础设施是指事业单位为满足社会公共需求而控制的，同时具有以下特征的有形资产：一是一个有形资产系统或网络的组成部分；二是具有特定用途；三是一般不可移动。

公共基础设施主要包括市政基础设施（如城市道路、桥梁、隧道、公交场站、路灯、广场、公园绿地、室外公共健身器材，以及环卫、排水、供水、供电、供气、供热、污水处理、垃圾处理系统等）、交通基础设施（如公路、航道、港口等）、水利基础设施（如大坝、堤防、水闸、泵站、渠道等）和其他公共基础设施。

2. 政府储备物资

政府储备物资是指事业单位为满足实施国家安全与发展战略、进行抗灾救灾、应对公共突发事件等特定公共需求而控制的，同时具有下列特征的有形资产：一是在应对可能发生的特定事件或情形时动用；二是其购入、存储保管、更新（轮换）、动用等由政府及相关部门发布的专门管理制度规范。

政府储备物资包括战略及能源物资、抢险抗灾救灾物资、农产品、医药物资和其他重要商品物资，通常情况下由政府会计主体委托承储单位存储。

3. 文物文化资产

文物文化资产是指用于展览、教育或研究等目的的历史文物、艺术品以及其他具有文化或历史价值并作长期或永久保存的典藏等。此处需要注意的是，单位为满足自身开展业务活动或其他活动需要而控制的文物和陈列品，应当属于"固定资产"。

4. 保障性住房

保障性住房是指单位为满足社会公共需要而控制的，主要指地方政府住房保障主管部门持有全部或部分产权份额、纳入城镇住房保障规划和年度计划、向符合条件的保障对象提供的住房。

三、事业单位资产管理的职责和要求

（一）事业单位资产管理的职责

根据《事业单位财务规则》（财政部令第108号）第三十八条，事业单位应当建立健全单位资产管理制度，明确资产使用人和管理人的岗位责任，按照国家规定设置国有资产台账，加强和规范资产配置、使用和处置管理，维护资产安全完整，提高资产使用效率。涉及资产评估的，按照国家有关规定执行。事业单位应当汇总编制本单位行政事业性国有资产管理情况报告。事业单位应当定期或者不定期对资产进行盘点、对账。出现资产盘盈盘亏的，应当按照财务、会计和资产管理制度有关规定处理，做到账实相符和账账相符。

事业单位对需要办理权属登记的资产应当依法及时办理。

本条是对事业单位资产管理的概括性归纳，明确了事业单位对本单位占有、使用的国有资产管理的主要职责：

第一，根据事业单位国有资产管理的有关规定，制定本单位国有资产管理的具体办法并组织实施；

第二，负责本单位资产购置、验收入库、维护保管等日常管理，负责本单位资产的账卡管理、清查登记、统计报告及日常监督检查工作；

第三，办理本单位国有资产配置、处置和对外投资、出租、出借和担保等事项的报批手续；

第四，负责本单位用于对外投资、出租、出借和担保的资产的保值增值，按照规定及时、足额缴纳国有资产收益；

第五，负责本单位存量资产的有效利用，参与大型仪器、设备等资产的共享、共用和公共研究平台建设工作；

第六，接受主管部门和同级财政部门的监督、指导并向其报告有关国有资产管理工作。

（二）事业单位资产管理的要求

第一，单位应当建立健全资产管理制度，明确资产使用人和管理人的岗位责任。资产使用人、管理人应当履行岗位责任，按照规程合理使用、管理资产，充分发挥资产效能。资产需要维修、保养、调剂、更新、报废的，资产使用人、管理人应当及时提出。资产使用人、管理人发生变化的，应当及时办理资产交接手续。

第二，单位应当设置国有资产台账。事业单位应当按照国家规定设置国有资产台账，依照国家统一的会计制度进行会计核算，不得形成账外资产。单位处置资产应当及时核销相关资产台账信息，同时进行会计处理。

第三，涉及资产评估情况的要按照国家有关规定执行。资产评估的情形有如下三种：一是单位对无法进行会计确认入账的资产，可以根据需要组织专家参照资产评估方法进行估价，并作为反映资产状况的依据。二是单位购置价值较高的资产要按照国家有关规定进行资产评估。三是单位将行政事业性国有资产进行转让、拍卖、置换、对外投资等，除国家另有规定外，应当按照国家有关规定进行资产评估。

第四，事业单位应当汇总编制本单位行政事业性国有资产管理情况报告。国有资产管理情况报告主要包括资产负债总量，相关管理制度建立和实施，资产配置、使用、处置和效益，推进管理体制机制改革等情况。行政事业性国有资产管理情况按照国家有关规定向社会公开。单位应当每年编制本单位行政事业性国有资产管理情况报告，逐级报送相关部门。各部门汇总编制本部门行政事业性国有资产管理情况报告，报送本级政府财政部门。

第五，事业单位应定期或者不定期对资产进行盘点、对账。在盘点、对账中出现资产盘盈盘亏的，应当按照财务、会计和资产管理制度有关规定处理，做到账实相符和账账相符。

第二节　事业单位资产日常管理

一、资产配置

根据《事业单位财务规则》（财政部令第108号）第三十九条，事业单位应当根据依法履行职能和事业发展的需要，结合资产存量、资产配置标准、绩效目标和财政承受能力配置资产。优先通过调剂方式配置资产。不能调剂的，可以采用购置、建设、租用等方式。

本条主要对事业单位资产配置的相关内容做出了规定，具体包括资产配置条件、资产配置标准及方式、资产配置审批程序三方面内容。

（一）资产配置条件

事业单位在进行资产配置时应该当考虑五个因素，分别是所配置资产是否符合单位依法履行职能和事业发展的需要、单位资产存量状况、单位资产配置标准、单位绩效目标和财政承受能力。根据上述五个因素，事业单位实行资产配置时应当符合以下三个条件：一是现有资产无法满足事业单位履行职能的需要；二是所配置资产难以与其他单位共享、共用；三是难以通过市场购买产品或者服务的方式代替资产配置，或者采取市场购买方式的成本过高。

（二）资产配置标准及方式

资产配置重大事项应当经可行性研究和集体决策。事业单位国有资产配置应当符合规定的配置标准；没有规定配置标准的，应当从严控制，合理配置。资产配置包括调剂、购置、建设、租用、接受捐赠等方式。单位应当合理选择资产配置方式，优先通过调剂方式配置资产。不能调剂的，可以采用购置、建设、租用等方式。购置纳入政府采购范围的资产，应当按照国家有关政府采购的规定执行。

（三）资产配置审批程序

资产配置中不同资金来源渠道的审批程序不同，参见表6-1。

表6-1　　资产配置审批

资金来源渠道	审核单位	审批单位
财政性资金 （购置限额以上资产）	主管部门	同级财政部门
主管部门或者其他部门资金		同级财政部门
其他资金		主管部门

第一，事业单位向财政部门申请用财政性资金购置规定限额以上资产的（包括事业单位申请用财政性资金举办大型会议、活动需要进行的购置），除国家另有规定外，按照下列程序报批：①年度部门预算编制前，事业单位资产管理部门会同财务部门审核资产存量，提出下一年度拟购置资产的品目、数量，测算经费额度，报主管部门审核；②主管部门根据事业单位资产存量状况和有关资产配置标准，审核、汇总事业单位资产购置计划，报同级财政部门审批；③同级财政部门根据主管部门的审核意见，对资产购置计划进行审批；④经同级财政部门批准的资产购置计划，事业单位应当列入年度部门预算，并在上报年度部门预算时附送批复文件等相关材料，作为财政部门批复部门预算的依据。

第二，事业单位向主管部门或者其他部门申请项目经费的，有关部门在下达经费前，应当将所涉及的规定限额以上的资产购置事项报同级财政部门批准。

第三，事业单位用其他资金购置规定限额以上资产的，报主管部门审批。

二、资产使用

（一）资产使用中的关注事项

事业单位应当建立健全资产购置、验收、保管、使用等内部管理制度。在资产使用中应关注的内容如下：

1. 做好各种存款管理

事业单位应当严格按照国家有关支付结算办法的规定办理银行存款收支业务；加强银行账户审批，保证银行账户的设置、开立、变更和撤销合法合规；规范使用银行账户，加强对银行账户的管理监督，保障货币资金安全。在现金和各种存款的管理中，应做到如下几点：一是明确岗位职责和权限，建立管理岗位责任制，不相容岗位实行有效分离；规范印章管理，建立货币资金授权审批机制。二是规范银行账户管理。严格银行账户审批，规范使用银行账户，保证银行账户的设置、开立、变更和撤销合法合规；加强银行账户的管理监督，保障货币资金安全。三是严格核查货币资金，对库存现金和银行账户盘点和督查，确保账实相符、账账相符。

2. 做好固定资产管理工作

针对固定资产验收登记、核算入账、领用移交、维修保管、清查盘点、出租出借、对外投资、回收处置、绩效管理等重点环节，明确操作规程，确保流程清晰、管理规范、责任可查。尤其做好固定资产登记管理工作。加强固定资产卡片管理，做到有物必登、登记到人、一物一卡、不重不漏。对于权证手续不全、但长期占有使用并实际控制的固定资产，应当建立并登记固定资产卡片；对于租入固定资产，应当单独登记备查，并做好维护和管理。固定资产卡片应当符合规定格式，载明固定资产基本信息、财务信息以及使用信息，并随资产全生命周期管理动态更新。

3. 接受捐赠的资产按要求使用

事业单位接受捐赠的资产应当按照捐赠约定的用途使用。捐赠人意愿不明确或者没有约定用途的，应当统筹安排使用。

4. 明确资产的维护、保养、维修的岗位责任

因使用不当或者维护、保养、维修不及时造成资产损失的，应当依法承担责任。落实固定资产内部领用和离岗归还制度，领用人要合理使用、妥善保管，出现损坏及时报修，避免闲置浪费或是公物私用。发生岗位变动应当按规定及时办理资产移交，移交或归还后方可办理相关手续。

5. 做好定期清查

事业单位应当对实物资产进行定期清查，做到账账、账卡、账实相符，加强对本单位专利权、商标权、著作权、土地使用权、非专利技术等无形资产的管理，加强无形资产权益保护，规范无形资产日常保全管理，妥善保管相关文件资料，做好保密管理工作，确保无形资产的安全和完整，防止无形资产流失。加强无形资产定期评估和及时更新。

6. 严格控制对外投资

事业单位应当严格控制对外投资，进行对外投资时应符合以下要求：一是利用国有资产对外投资应当有利于事业发展和实现国有资产保值增值，符合国家有关规定，经可行性研究和集体决策，按照规定的权限和程序进行。二是事业单位不得使用财政拨款及其结余进行对外投资，不得从事股票、期货、基金、企业债券等投资，国家另有规定的除外。事业单位应当明确对外投资形成的股权及其相关权益管理责任，按照国家有关规定将对外投资形成的股权纳入经营性国有资产集中统一监管体系。

7. 利用国有资产对外投资、出租、出借和担保的特殊规定

事业单位国有资产的使用包括单位自用和对外投资、出租、出借和担保等方式。利用国有资产对外投资、出租、出借和担保等应当进行必要的可行性论证，并提出申请，经主管部门审核同意后，报同级财政部门审批。

事业单位应当对本单位用于对外投资、出租和出借的资产实行专项管理，并在单位财务会计报告中对相关信息进行充分披露。除特殊情况及国家另有规定外，事业单位对外投资收益以及利用国有资产出租、出借和担保等取得的收入应当纳入单位预算，统一核算，统一管理。

（二）资产共享

根据《事业单位财务规则》（财政部令第108号）第四十七条，事业单位应当在确保安全使用的前提下，推进本单位大型设备等国有资产共享共用工作，可以对提供方给予合理补偿。

新版对资产共享共用的有关规定做了重新表述，并新增“可以对提供方给予合理补偿”的规定，进一步完善开展国有资产共享共用工作规定。共享共用大型设备等国有资产，一方面在资产配置环节避免了重复购置，另一方面在资产处置环节避免了随意处置。

因此，共享共用机制的建立可以提高资源配置效率，增加社会效用。2015 年以来，国家相关部委陆续出台相关文件，要求事业单位开放和共享重大科研基础设施和大型科研仪器设施。《国务院关于国家重大科研基础设施和大型科研仪器向社会开放的意见》，提出通过坚持制度推动、信息共享、资源统筹、奖惩结合、分类管理五大原则，进一步提高资源利用率。财政部于 2015 年发布《关于进一步规范和加强行政事业单位国有资产管理的指导意见》，指出要加大对事业单位资产的调控力度，探索建立事业单位资产共享共用机制，推进事业单位资产整合。《财政部关于加强行政事业单位固定资产管理的通知》（财资〔2020〕97 号）中提出，"积极推进固定资产在单位内部调剂共享，鼓励跨部门、跨地区、跨级次的资产调剂和共享共用，提升固定资产使用效益。高校、科研等事业单位要将符合条件的科研设施与科研仪器纳入重大科研基础设施和大型科研仪器国家网络管理平台，将仪器开放共享情况作为新增资产配置的重要参考因素，推动开放共享和高效利用。"

三、资产处置

根据《事业单位财务规则》（财政部令第 108 号）第四十六条，事业单位资产处置应当遵循公开、公平、公正和竞争、择优的原则，严格履行相关审批程序。

（一）资产处置含义及方式

1. 资产处置含义

事业单位国有资产处置，是指事业单位对其占有、使用的国有资产进行产权转让或者注销产权的行为。

事业单位应当对下列资产及时予以报废、报损：一是因技术原因确需淘汰或者无法维修、无维修价值的资产；二是涉及盘亏、坏账以及非正常损失的资产；三是已超过使用年限且无法满足现有工作需要的资产；四是因自然灾害等不可抗力造成毁损、灭失的资产。

2. 资产处置方式

资产处置方式包括出售、出让、转让、对外捐赠、报废、报损以及货币性资产损失核销等。事业单位应当根据履行职能、事业发展需要和资产使用状况，经集体决策和履行审批程序，依据处置事项批复等相关文件及时处置行政事业性国有资产。国家设立的研究开发机构、高等院校对其持有的科技成果的使用和处置，依照《中华人民共和国促进科技成果转化法》《中华人民共和国专利法》和国家有关规定执行。

（二）资产处置审批

事业单位对长期积压的待处置资产，按"三重一大"事项履行集体决策程序，在规定权限内予以处置。事业单位处置国有资产，除另有规定外，应当严格履行审批手续，未经批准不得自行处置。根据处置资产的类型和货币价值，审批分为两种情况。第一，事业单位占有、使用的房屋建筑物、土地和车辆的处置，货币性资产损失的核销，以及单位价值或者批量价值在规定限额以上的资产的处置，经主管部门审核后报同级财政部门审批；第二，规定限额以下的资产的处置报主管部门审批，主管部门将审批结果定期报同级财政部门备案。

以上表明，事业单位占有、使用的房屋建筑物、土地和车辆的处置，货币性资产损失的核销，不论其货币价值多少都要经主管部门审核后报同级财政部门审批。而对于其他资产的处置则依据其货币价值的多少进行区分，单位价值或者批量价值在规定限额以上的资产的处置，经主管部门审核后报同级财政部门审批；规定限额以下的资产的处置报主管部门审批，见表6－2。

表6－2　　资产处置审批

资产类别	限额标准	主管部门	同级财政部门
房屋建筑物、土地和车辆	无	审核	审批
货币性资产损失	无	审核	审批
单位价值或者批量价值在规定限额以上的资产	有	审核	审批
规定限额以下的资产		审批	备案

（三）资产处置方式

事业单位国有资产处置应当遵循公开、公正、公平的原则。出售、出让、转让、变卖资产数量较多或者价值较高的，应当通过拍卖等市场竞价方式公开处置。以市场化方式出售、出租的，依照有关规定可以通过相应公共资源交易平台进行。事业单位发生分立、合并、改制、撤销、隶属关系改变或者部分职能、业务调整等情形，应当根据国家有关规定办理相关国有资产划转、交接手续。

（四）资产处置收入管理

财政部门或者主管部门对事业单位国有资产处置事项的批复是事业单位调整相关会计账目的凭证。除另有规定外，事业单位国有资产处置收入扣除相关税金、评估费、拍卖佣金等费用后，按照政府非税收入收缴管理有关规定及时缴入国库，实行“收支两条线”管理。

四、产权登记与产权纠纷处理

（一）产权登记含义及程序

1. 产权登记含义

事业单位国有资产产权登记（以下简称产权登记）是国家对事业单位占有、使用的国有资产进行登记，依法确认国家对国有资产的所有权和事业单位对国有资产的占有、使用权的行为。

事业单位国有资产产权登记的内容主要包括：单位名称、住所、负责人及成立时间；单位性质、主管部门；单位资产总额、国有资产总额、主要实物资产额及其使用状况、对外投资情况；其他需要登记的事项。

2. 产权登记程序

事业单位向同级财政部门或者经同级财政部门授权的主管部门（以下简称授权部门）申报、办理产权登记，由财政部门或者授权部门核发《事业单位国有资产产权登记证》（以下简称《产权登记证》）。《产权登记证》是国家对事业单位国有资产享有所有权，单位享有占有、使用权的法律凭证，由财政部统一印制。

（二）产权登记类型

事业单位办理法人年检、改制、资产处置和利用国有资产对外投资、出租、出借、担保等事项时，应当出具《产权登记证》。

事业单位应当按照以下规定进行国有资产产权登记：新设立的事业单位，办理占有产权登记；发生分立、合并、部分改制，以及隶属关系、单位名称、住所和单位负责人等产权登记内容发生变化的事业单位，办理变更产权登记；因依法撤销或者整体改制等原因被清算、注销的事业单位，办理注销产权登记，参见表6－3。

表6－3　产权登记类型

单位情况	产权登记类型
新设立	占有产权登记
分立、合并、部分改制	变更产权登记
隶属关系、单位名称、住所和单位负责人等产权登记内容发生变化	变更产权登记
清算、注销	注销产权登记

（三）产权纠纷处理

根据发生产权纠纷的对象不同，产权纠纷的处理方式有所区别。对于事业单位与其他国有单位之间发生国有资产产权纠纷的，由当事人协商解决。协商不能解决的，可以向同级或者共同上一级财政部门申请调解或者裁定，必要时报有管辖权的人民政府处理。对于事业单位与非国有单位或者个人之间发生产权纠纷的，事业单位应当提出拟处理意见，经主管部门审核并报同级财政部门批准后，与对方当事人协商解决。协商不能解决的，依照司法程序处理。

五、资产评估

事业单位应当进行国有资产评估的情形有以下七种：一是整体或者部分改制为企业；

二是以非货币性资产对外投资；三是合并、分立、清算；四是资产拍卖、转让、置换；五是整体或者部分资产租赁给非国有单位；六是确定涉讼资产价值；七是法律、行政法规规定的其他需要进行评估的事项。

在上述应当进行国有资产评估的情况下，事业单位可以不进行资产评估的情形有四种：一是经批准事业单位整体或者部分资产无偿划转；二是行政、事业单位下属的事业单位之间的合并、资产划转、置换和转让；三是国家设立的研究开发机构、高等院校将其持有的科技成果转让、许可或者作价投资给国有全资企业的；四是发生其他不影响国有资产权益的特殊产权变动行为，报经同级财政部门确认可以不进行资产评估的。

国家设立的研究开发机构、高等院校将其持有的科技成果转让、许可或者作价投资给非国有全资企业的，由单位自主决定是否进行资产评估。

事业单位国有资产评估工作应当委托具有资产评估资质的评估机构进行。事业单位应当如实向资产评估机构提供有关情况和资料，并对所提供的情况和资料的客观性、真实性和合法性负责。不得以任何形式干预资产评估机构独立执业。事业单位国有资产评估项目实行核准制和备案制。核准和备案工作按照国家有关国有资产评估项目核准和备案管理的规定执行。

六、资产信息管理与报告

事业单位应当按照国有资产管理信息化的要求，及时将资产变动信息录入管理信息系统，对本单位资产实行动态管理，并在此基础上做好国有资产统计和信息报告工作。事业单位国有资产信息报告是事业单位财务会计报告的重要组成部分。事业单位应当按照财政部门规定的事业单位财务会计报告的格式、内容及要求，对其占有、使用的国有资产状况定期做出报告。事业单位国有资产占有、使用状况，是主管部门、财政部门编制和安排事业单位预算的重要参考依据。各级财政部门、主管部门应当充分利用资产管理信息系统和资产信息报告，全面、动态地掌握事业单位国有资产占有、使用状况，建立和完善资产与预算有效结合的激励和约束机制。

第三节　事业单位资产清查

一、事业单位资产清查概述

资产清查是指事业单位根据专项工作要求或者特定经济行为需要，按照规定的政策、工作程序和方法，对事业单位进行账务清理、财产清查，依法认定各项资产损溢和资金挂账，真实反映事业单位国有资产占有使用状况的工作。

事业单位应当进行资产清查的情形有以下六种：一是根据国家专项工作要求或者本级政府及其财政部门实际工作需要，被纳入统一组织的资产清查范围的。二是进行重大改革或者改制的。三是遭受重大自然灾害等不可抗力造成资产严重损失的。四是会计信息严重失真或者国有资产出现重大流失的。五是会计政策发生重大变更，涉及资产核算方法发生重要变化的。六是财政部门、主管部门认为应当进行资产清查的其他情形。

资产清查中事业单位的主要职责包括：一是向主管部门提出资产清查立项申请。二是负责制定本单位资产清查实施方案，具体组织开展资产清查工作，并向主管部门报送资产清查结果。三是根据有关部门出具的资产核实批复文件，调整信息系统相关数据，进行账务处理，并报主管部门备案。四是办理相关资产管理手续。

二、事业单位资产清查程序及工作内容

（一）资产清查程序

事业单位组织开展资产清查工作的程序如下：首先，事业单位向主管部门提出资产清查立项申请，说明资产清查的原因，明确清查范围和基准日等内容，经主管部门同意立项；其次，在主管部门的监督指导下明确本单位资产清查工作机构，制定实施方案，根据方案组织清查，并形成资产清查报告按规定逐级上报至主管部门审核确认。最后，根据有关部门出具的资产核实批复文件，调整信息系统相关数据，进行账务处理，并报主管部门备案。

（二）资产清查工作内容

资产清查工作主要包括单位基本情况清理、账务清理、财产清查和完善制度等几方面内容。第一，单位基本情况清理是指对应当纳入资产清查工作范围的所属单位户数、机构及人员状况等基本情况进行全面清理。第二，账务清理是指对事业单位的各种银行账户、各类库存现金、有价证券、各项资金往来和会计核算科目等基本账务情况进行全面核对和清理。第三，财产清查是指对事业单位的各项资产进行全面的清理、核对和查实。行政事业单位对清查出的各种资产盘盈、损失和资金挂账应当按照资产清查要求进行分类，提出相关处理建议。第四，完善制度是指针对资产清查工作中发现的问题，进行全面总结、认真分析，提出相应整改措施和实施计划，建立健全资产管理制度。

（三）资产清查报告

资产清查报告主要包括下列内容：一是工作报告。主要反映本单位的资产清查工作基本情况和结果，包括本单位资产清查的基准日、范围、内容、结果，基准日资产及财务状况，对清查中发现的问题的整改措施和实施计划。二是清查报表。按照规定在信息系统中填报的资产清查报表及相关纸质报表。三是专项审计报告。社会中介机构对事业单位资产

清查结果出具的经注册会计师签字的专项审计报告。四是证明材料。清查出的资产盘盈、资产损失和资金挂账等的相关凭证资料和具有法律效力的证明材料。五是其他需要提供的备查材料。

三、资产盘盈

资产盘盈是指事业单位在资产清查基准日无账面记载，但单位实际占有使用的能以货币计量的经济资源，包括货币资金盘盈、存货盘盈、对外投资盘盈、固定资产盘盈、无形资产盘盈、往来款项盘盈等。

（一）货币资金盘盈

货币资金盘盈是指事业单位清查出的无账面记载或者反映的现金和各类存款等。具体按照以下方式认定：一是现金盘盈，根据现金保管人确认的现金盘点情况（包括倒推至基准日的记录）和现金保管人对于现金盘盈的说明等进行认定。二是存款盘盈，根据银行对账单和银行存款余额调节表进行认定。

（二）存货盘盈

存货盘盈是指事业单位清查出的无账面记载或者反映的材料、燃料、包装物、低值易耗品及达不到固定资产标准的用具、装具、动植物等。存货盘盈根据存货明细表和保管人对于盘盈的情况说明、价值确定依据等进行认定。

（三）对外投资盘盈

对外投资盘盈是指事业单位清查出的无账面记载或者反映的单位对外投资。对外投资盘盈，根据对外投资合同（协议）、价值确定依据、情况说明等进行认定。

（四）固定资产盘盈

固定资产盘盈是指事业单位清查出的无账面记载或者反映的固定资产。固定资产盘盈根据固定资产盘点单、盘盈情况说明、盘盈价值确定依据（同类资产的市场价格、类似资产的购买合同、发票或竣工决算资料）等进行认定。

根据盘盈的固定资产性质，固定资产盘盈有不同的处理方式：一是事业单位清理出不属于纪检、监察部门规定清退范围的账外固定资产，且长期无偿占有使用的，若产权属于其他行政事业单位的，在当事双方协商一致的基础上，可以按照国家事业单位国有资产管理的相关规定办理无偿划拨；若产权属于其他国有企业的，在当事双方协商一致的基础上，可以按照国家国有企业资产管理的相关规定办理无偿划拨；若产权属于其他单位的，应当在尊重产权单位意见的基础上，由当事双方协商解决。如行政事业单位需要收购或租赁该资产的，应当按照市场价值签订转让或租赁合同，并按照规定程序上报。二是清查出的因历史原因而无法入账的无主财产，依法确认为国有资产的，应当及时入账，纳入国有资产管理范围。三是清查出的已投入使用但尚未办理决算手续的固定资产，按照估计价值入账，待确定实际成本后再进行调整。

（五）无形资产盘盈

无形资产盘盈是指事业单位清查出的无账面记载或者反映的无形资产。无形资产盘盈根据无形资产盘点单、盘盈情况说明、盘盈价值确定依据（同类资产的市场价格、类似资产的购买合同、发票或自行开发资料）等进行认定。

（六）应收及预付款项盘盈

应收票据、应收账款和预付账款等往来款项盘盈是指事业单位清查出的无账面记载或者反映的应收票据、应收账款和预付账款等往来款项。应收票据、应收账款和预付账款等往来款项盘盈，根据清查明细表、盘盈情况说明、与对方单位的对账单或询证函等进行认定。

对于上述清查出来的盘盈资产，如果缺乏价值确定依据的，可以委托具有专业胜任能力的资产评估机构进行资产评估，以评估值作为价值确定依据，没有相关凭据也未经评估的，应当按照名义金额（即人民币 1 元）入账。

四、资产损失

资产损失是指事业单位在资产清查基准日有账面记载，但实际发生的短少、毁损、被盗或者丧失使用价值的，能以货币计量的经济资源，包括货币资金损失、坏账损失、存货损失、对外投资损失、固定资产损失、无形资产损失等。

事业单位清查出的资产损失应当逐项清理，取得合法证据后，对损失项目及金额按照规定进行认定。对已取得具有法律效力的外部证据，而无法确定损失金额的，根据社会中介机构出具的经济鉴证证明进行认定。

（一）货币资金损失

货币资金损失是指事业单位清查出的现金短缺和各类存款损失等。现金短缺，在扣除责任人赔偿后，根据现金盘点情况（包括倒推至基准日的记录）、社会中介机构出具的经济鉴证证明、短款说明及核准文件、赔偿责任认定及说明、司法涉案材料等进行认定。各类存款损失的认定比照执行。

（二）坏账损失

坏账损失是指事业单位清查出的不能收回的各项应收款项造成的损失。清查出的各项坏账，应当分析原因，对有合法证据证明确实不能收回的应收款项，按照以下方式处理：

一是因债务人被宣告破产、撤销注销工商登记或者被政府责令关闭等导致无法收回的应收款项，应当根据法院的破产公告、破产清算文件、工商部门的撤销注销证明、政府部门有关文件等进行认定。已经清算的，应当对扣除清偿部分后不能收回的款项认定为损失。二是债务人死亡或者依法被宣告失踪、死亡，其财产或者遗产不足清偿且没有继承人的应收款项，应当在取得相关法律文件后认定为损失。三是因不可抗力因素（自然灾害、意外事故）无法收回的应收款项，由单位做出专项说明，可以根据社会中介机构出具的经济鉴证证明认定损失。四是涉诉的应收款项，已生效的人民法院判决书、裁定书判定、裁定其败诉的，或者虽然胜诉但因无法执行被裁定终止执行的，认定为损失。五是逾期3年的应收款项，具有依法催收磋商记录，并且能够确认3年内没有任何业务往来的，应当根据社会中介机构出具的经济鉴证证明，在扣除应付该债务人的各种款项和有关责任人员的赔偿后的余额，认定为损失。六是逾期3年的应收款项，债务人在国外及我国香港、澳门、台湾地区的，经依法催收仍未收回，且在3年内没有任何业务往来的，在取得境外社会中介机构出具的终止收款意见书，或者取得我国驻外使（领）馆商务机构出具的债务人逃亡、破产证明后，认定为损失。七是逾期3年以上、单笔数额较小、不足以弥补清收成本的，由单位作出专项说明，根据社会中介机构出具的经济鉴证证明认定损失。

（三）存货损失

存货损失是指事业单位材料、燃料、包装物、低值易耗品及达不到固定资产标准的用具、装具、动植物等因盘亏、毁损、报废、被盗等原因造成的损失。具体按以下方式认定：一是盘亏的存货，扣除责任人赔偿后的部分，可以根据存货盘点单、社会中介机构出具的经济鉴证证明、盘亏情况说明、盘亏的价值确定依据、赔偿责任认定说明和内部核批文件等认定损失。二是毁损、报废的存货，扣除残值及保险赔偿或责任人赔偿后的部分，可以根据国家有关技术鉴定部门或具有技术鉴定资格的社会中介机构出具的技术鉴定证明（涉及保险索赔的应当有保险公司理赔情况说明）、毁损报废说明、赔偿责任认定说明和内部核批文件等认定损失。三是被盗的存货，扣除保险理赔及责任人赔偿后的部分，可以根据公安机关案件受理证明或结案证明、责任认定及赔偿情况说明（涉及保险索赔的应当有保险公司理赔情况说明）认定损失。

（四）对外投资损失

对外投资损失应当分析原因，有合法证据证明确实不能收回的，区分以下情况可以认定损失：一是因被投资单位已宣告破产、被撤销注销工商登记或者被政府责令关闭等情况造成难以收回的对外投资，可以根据法院的破产公告或者破产清算的清偿文件、工商部门的撤销注销文件、政府有关部门的行政决定等认定损失。已经清算的，扣除清算资产清偿后的差额部分，可以认定为损失。尚未清算的，被投资单位剩余资产确实不足清偿投资的差额部分，根据社会中介机构出具的经济鉴证证明，认定为损失。二是对事业单位参股投资、金额较小、不具有控制权的对外投资，被投资单位已资不抵债且连续停止经营3年以上的，根据社会中介机构出具的经济鉴证证明，对确实不能收回的部分，认定为损失。三是债券等短期投资，未进行交割或清理的，不能认定为损失。

（五）固定资产损失

固定资产损失是指事业单位房屋及构筑物，通用设备，专用设备，文物和陈列品，图书、档案，家具、用具、装具及动植物等因盘亏、毁损、报废、被盗等原因造成的损失。具体按以下方式认定：一是盘亏的固定资产，扣除责任人赔偿后的差额部分，可以根据固定资产盘点单、盘亏情况说明、盘亏的价值确定依据、社会中介机构出具的经济鉴证证明、赔偿责任认定说明和内部核批文件等认定。二是毁损、报废的固定资产，扣除残值、保险赔偿和责任人赔偿后的差额部分，可以根据国家有关技术鉴定部门或具有技术鉴定资格的社会中介机构出具的技术鉴定证明（涉及保险索赔的应当有保险公司的出险调查单和理赔计算单、保险公司理赔情况说明）、毁损报废说明、赔偿责任认定说明和内部核批文件等认定。因不可抗力因素（自然灾害、意外事故）造成固定资产毁损、报废的，应当依据相关部门出具的事故处理报告、车辆报损证明、房屋拆除证明、受灾证明等鉴定报告认定。三是被盗的固定资产，扣除保险理赔及责任人赔偿后的部分，可以根据公安机关案件受理证明或结案证明、责任认定及赔偿情况说明（涉及保险索赔的应当有保险公司的出险调查单和理赔计算单、保险公司理赔情况说明）认定。

（六）无形资产损失

无形资产损失是指无形资产因被其他新技术所代替或者已经超过了法律保护的期限、丧失了使用价值和转让价值等所造成的损失。无形资产损失可以根据有关技术部门的鉴定材料，或者已经超过了法律保护期限的证明文件等认定。

五、资产核实

事业单位完成资产清查后要向主管部门报送资产清查结果，由上级主管部门进行资产核实。

（一）资产核实程序

事业单位资产核实的一般程序如下：

首先，事业单位应当依据资产清查出的资产盘盈、资产损失等事项，搜集整理相关证明材料，提出处理意见并逐级向主管部门提出资产核实的申请报告。

其次，主管部门按照规定权限进行合规性和完整性审核（审批）同意后，报同级财政部门审批（备案）。

再次，财政部门按照规定权限进行审批（备案）。

最后，事业单位依据有关部门对资产盘盈、资产损失和资金挂账的批复，调整信息系统相关数据并进行账务处理。

（二）资产核实管理权限

中央级事业单位和地方事业单位的资产核实管理权限有所区别。

中央级事业单位资产核实的管理权限：当资产盘盈时，单位应当按照财务、会计制度的有关规定确定价值，并在资产清查工作报告中予以说明，报经主管部门批准，并报财政部备案后调整有关账目。当资产损失时，货币性资产损失核销、对外投资损失，单位应当逐级上报，经财政部批准后调整有关账目。事业单位房屋及构筑物、土地和车辆损失，单位应当逐级上报，经财政部批准后核销。其他固定资产、无形资产和存货的损失，按照现行管理制度中规定的资产处置权限进行审批。

地方事业单位资产核实管理权限，由地方各级财政部门根据实际情况自行确定。事业单位申请的资产核实事项中，既包括财政部审批权限内资产的，也包括主管部门审批权限内资产的，应当统一报送财政部。

（三）资产核实申报材料

事业单位资产核实申报事项应当提交以下材料：一是资产损溢、资金挂账核实申请文件。二是信息系统生成打印的事业单位国有资产清查报表。三是信息系统生成打印的事业单位国有资产损溢、资金挂账核实申请表。四是申报处理资产盘盈、资产损失和资金挂账的专项说明，逐笔写明发生日期、损失原因、政策依据、处理方式，并分类列示。五是根据申报核实的事项，提供相应的具有法律效力的外部证据、社会中介机构出具的经济鉴证证明、特定事项的单位内部证据等证明材料。六是其他需要提供的材料。

（四）资产核实后管理

事业单位经批准核销的不良债权、对外投资等损失，实行“账销案存”管理，相关资料、凭证应当专项登记，并继续进行清理和追索。经批准核销的实物资产损失应当分类清理，对有利用价值或残值的，应当积极处理，降低损失。

附录 6－1：

事业单位国有资产损溢、资金挂账核实申请表（一）

申报单位（盖章）：　　　　申报单号：　　　　金额单位：万元

	项目	资产盘盈			资产损失			资金挂账			说明
		账面价值	清查价值	申报价值	账面价值	清查价值	申报价值	账面价值	清查价值	申报价值	
申请核实资产	资产总额										
	流动资产										
	其中：存货										
	固定资产										
	无形资产										
	长期投资										
	其他资产										
事业单位意见	资产管理部门意见： （签章）　年　月　日			预算（财务）管理部门意见： （签章）　年　月　日				单位负责人意见： （签章）　年　月　日			
主管部门审核意见	资产管理部门意见： （盖章）　年　月　日					预算（财务）管理部门意见： （签章）　年　月　日					

附录6－2：

事业单位国有资产损溢、资金挂账核实申请表（二）

附表

申报单位：　　　　　　申报单号：　　　　　　金额单位：元

序号	损溢类型	资产编号	资产名称	科目分类	明细类别	资产来源	数量/面积		购置（投资）日期	财务入账日期	价值				证据索引编号	证据数量	备注
							账面数量	清查数量			账面价值	清查价值	评估（鉴证）价值	申报价值			
1																	
2																	
…																	

第　页

附录6－3：

××单位资产清查工作报告

（单位参考格式）

根据《行政事业单位资产清查核实管理办法》等有关规定，我单位已按时完成资产清查的主体工作，并经主审计所××会计师事务所的资产清查专项审计，现将有关资产清查的工作情况报告如下：

一、单位基本情况

包括单位性质、财务隶属关系、资产管理部门或岗位设置情况、执行财务会计制度情况、单位人员情况、预算收支情况等。

二、资产清查工作总体状况

（一）资产清查工作基准日。

（二）资产清查范围。

（三）资产清查工作组织实施情况。

1. 资产清查工作方案制定情况。

2. 资产清查工作方案实施情况。

3. 聘请中介审计情况。

（四）资产清查工作取得的成效及存在的问题。

三、资产清查工作结果

（一）单位清查出的资产盘盈、资产损失、资金挂账情况。

（二）资产盘盈、资产损失、资金挂账原因分析。

（三）资产盘盈、资产损失、资金挂账证明材料。

（四）经××会计师事务所审核后的资产盘盈、资产损失、资金挂账情况。

（五）单位申报核实资产盘盈、资产损失、资金挂账的处理预案。

四、对资产清查暴露出来的单位资产、财务管理中存在的问题、原因进行分析并提出改进措施等

（一）存在的问题。

（二）原因分析。

（三）改进措施。

五、单位资产管理情况

具体包括资产使用状况和国有资产收益情况等。

六、其他需要说明的事项

第七章 事业单位负债管理

《事业单位财务规则》（财政部令第 108 号）中对负债管理的规定共有四条，包括负债的概念和分类，以及事业单位负债管理应遵循的规定。

一、事业单位负债的概念及分类

（一）负债的概念

根据《事业单位财务规则》（财政部令第 108 号）第四十八条，负债是指事业单位所承担的能以货币计量，需要以资产或者劳务偿还的债务。

负债是事业单位过去的经济业务或者事项形成的，预期会导致经济资源流出事业单位的现时义务。现时义务，是指事业单位在现行条件下已承担的义务。未来发生的经济业务或者事项形成的义务不属于现时义务，不应当确认为负债。

（二）负债的分类

根据《事业单位财务规则》（财政部令第 108 号）第四十九条，事业单位的负债包括借入款项、预收款项、应付款项、暂存款项、应缴款项等。

1. 借入款项

借入款项是指事业单位向其他单位借入的各种款项。包括短期借款和长期借款。短期借款是指预计在一年内（含一年）偿还的负债。短期借款以外的借款为长期借款。

2. 预收款项

预收款项是指事业单位预先收取但尚未结算的款项，包括预收的政府专项合同款项、委托合同款项及其他合同款项等。

3. 应付款项

应付款项是指事业单位在运营活动中形成的应当支付而尚未支付的款项，包括应付职工薪酬、应付账款、应交税费。应付职工薪酬，是指事业单位为获得职工（含长期聘用人员）提供的服务而给予各种形式的报酬或因辞退等原因而给予职工补偿所形成的负债。职工薪酬包括工资、津贴补贴、奖金、社会保险费等。应付账款，是指事业单位因取得资产、接受劳务、开展工程建设等而形成的负债。应交税费，是指事业单位因发生应税事项导致承担纳税义务而形成的负债。

4. 暂存款项

暂存款项是指除应缴财政款以外的其他暂收性负债，包括事业单位暂时收取，随后应退还给其他方的押金或保证金、随后应转付给其他方的转拨款等款项。

5. 应缴款项

根据《事业单位财务规则》（财政部令第108号）第四十九条，应缴款项包括事业单位按照国家有关规定收取的应当上缴国库或者财政专户的资金、应缴税费，以及其他应当上缴的款项。应缴财政款是指事业单位暂时收取、按规定应当上缴国库或财政专户的款项而形成的负债。

二、事业单位负债管理要求

根据《事业单位财务规则》（财政部令第108号）第五十条和第五十一条，事业单位应当对不同性质的负债分类管理，及时清理并按照规定办理结算，保证各项负债在规定期限内偿还。事业单位应当建立健全财务风险预警和控制机制，规范和加强借入款项管理，如实反映依法举借债务情况，严格执行审批程序，不得违反规定融资或者提供担保。

事业单位举借债务是指依法依规通过金融市场融资方式取得的债务（含新借、展期或续贷，不含地方政府债券）。事业单位不得以任何方式向其他单位和个人借款或违规集资，不得以公益性资产抵（质）押举债融资，不得违规接受或提供任何形式的融资担保。事业单位对其所举借的债务和存量债务负有偿还责任，必须遵守举借债务合法合规、偿债来源能够覆盖所借债务。事业单位的负债管理应当注意以下几点：

（一）区分不同负债，实施分类管理

对于借入款项，尤其是银行和非银行金融机构的借款，事业单位要严格控制和管理，保证偿还。对于往来款中的负债，如应付款项、暂存款项等，应当及时组织清理，保证按时进行结算。对于应缴款项等，要合理调控，不得无故拖欠、截留和坐支，保证按规定及时足额上缴国库或者财政专户。

（二）及时清理负债，保证按期偿还

事业单位必须按借款协议如期偿还举借的债务，切实履行偿债责任。偿债资金一般应按原定的债务偿还方案筹集。原定还款资金渠道发生变化的，要及时报告，并采取有效措施，通过控制项目规模、压缩预算支出、处置自有资产、统筹各类资金等多种方式筹集，确保按时偿还到期债务。

如出现以下情况，需要对事业单位启动问责机制：（1）因未履行原定偿债方案或承诺造成债务逾期未偿还的。（2）因无法按期偿还债务而出现财务风险的。（3）因债务未按期偿还而造成严重社会影响的。

（三）建立健全财务风险预警和控制机制

事业单位应对所有债务进行风险评估，建立预警和控制机制。

事业单位举借债务必须经单位办公会议集体讨论通过。属申请新借债务事项，应对项目建设必要性、建设规模合理性、偿债资金来源可行性等作出充分论证。属申请债务展期或续贷事项，要对不能如期归还原因进行说明，对展期或续贷债务偿还作出安排。

（四）规范和加强借入款项管理，如实反映依法举借债务情况

建立健全事业单位债务台账，加强监控管理。实行事业单位债务统计报告制度。有债务事项的事业单位应每年向主管部门和财政部门报送上年度末债务变化情况，并按要求公开债务信息，主动接受社会监督。事业单位要主动接受财政、审计等部门的检查、监督和审计。

（五）举债严格执行审批程序，不得违反规定融资或者提供担保

1. 举债必须实行严格审批制度

事业单位从事社会事业活动，其资金来源主要依靠国家财政补助，支出主要是消耗性支出。事业单位不需要像企业一样通过举债来实现利润最大化的经营目标。因此，事业单位不应该依靠借债来发展事业。

事业单位举借债务是指在依法依规的前提下通过金融市场融资方式取得的债务。事业单位举借债务必须实行严格审批制度，履行报批手续。即按照部门预算和财务隶属关系，由事业单位提出申请，经其主管部门审核后报送财政部门审核确认。事业单位有下列情形之一的一般不得举借债务：（1）参照公务员制度管理的事业单位和全额拨款事业单位。（2）国家规定不得举借债务的事业单位，如义务教育、公立医院等。（3）没有稳定业务收入来源，或有业务收入但其净收益不能覆盖所借债务本息，或资产置换收入不足以偿付债务本息，或没有其他自筹资金偿还债务能力的。（4）债务风险评价指标超过业内规定预警值的。（5）其他不符合国家有关法律法规和政策规定的情形。

2. 不得提供担保

根据《民法典》第683条第2款，以公益为目的的非营利法人、非法人组织不得为保证人。

根据《中共中央　国务院关于分类推进事业单位改革的指导意见》（中发〔2011〕5号），现有事业单位划分为承担行政职能、从事生产经营活动和从事公益服务三个类别。对于承担行政职能的事业单位，逐步将行政职能划归行政机构，或转为行政机构。对于从事生产经营活动的事业单位，要逐步转为企业或撤销。对于从事公益服务的事业单位，将继续保留在事业单位序列。这表明未来事业单位序列中将全部是从事公益服务的事业单位。

由此可见，随着事业单位分类改革的推进，事业单位应当都是以公益为目的的非营利法人，因而事业单位举借债务必须严格执行审批程序，不得违反规定融资或者提供担保。

第八章　事业单位清算

《事业单位财务规则》（财政部令第 108 号）中对事业单位清算的规定有三条，一是明确了事业单位应当进行清算的情形；二是对事业单位清算的程序和清算过程中应遵循的要求做出了规定；三是对事业单位清算结束后的资产，负债处理办法做出了规定。

一、事业单位清算概述

（一）事业单位清算的含义

根据《事业单位财务规则》（财政部令第 108 号）第五十二条，事业单位发生划转、改制、撤销、合并、分立时，应当进行清算。

事业单位清算是指事业单位因发生划转、改制、撤销、合并、分立等原因，需要终止其事业发展活动时，按照国家有关规定对单位财产、债权、债务及有关遗留问题进行全面清查和处理的行为。

（二）事业单位发生清算的情形

事业单位需要进行清算的情形有划转、改制、撤销、合并、分立。

1. 划转

划转是事业单位因为隶属关系的改变而成建制地在部门之间、上下级之间和单位之间的划转，属于事业单位隶属关系的改变。事业单位划转后其单位性质可能发生变化，如转制为企业；还有可能其执行的财务制度发生变化，如由执行事业单位财务会计制度转为执行企业财务会计制度等。

2. 改制

改制是指事业单位改制为企业。此处“改制”这一类型是新增加的内容，目的是与事业单位分类改革相呼应。

《中共中央　国务院关于分类推进事业单位改革的指导意见》（中发〔2011〕5 号）中提出，推进从事生产经营活动的事业单位转企改制。

3. 撤销

撤销是指事业单位被宣布撤销，属于事业单位的解散或终止。

4. 合并

合并是指两个或两个以上事业单位的重组行为。

5. 分立

分立是指一个事业单位依照有关规定分拆为两个或两个以上事业单位的行为。

二、事业单位清算管理

根据《事业单位财务规则》（财政部令第108号）第五十三条，事业单位清算，应当在主管部门和财政部门的监督指导下，对单位的财产、债权、债务等进行全面清理，编制财产目录和债权、债务清单，提出财产作价依据和债权、债务处理办法，做好资产和负债的移交、接收、划转和管理工作，并妥善处理各项遗留问题。

（一）事业单位清算应当在主管部门和财政部门的监督指导下进行

事业单位清算涉及国有资产的处置、预算指标的划转、债权债务的处理等一系列问题，因此，事业单位清算工作必须始终在主管部门和财政部门的监督指导下，有组织、有计划、有步骤地开展。

（二）加强清算期间财产与债权、债务的管理

在事业单位清算期间，除保障单位人员薪酬支出和与清查工作相关的评估、处置、公告、诉讼、仲裁等必要开支外，单位的财产应当冻结，未经有关部门批准，事业单位不得擅自处置财产，防止财产的损失和流失，并全面清理单位的财产、债权和债务。

对事业单位的财产，应编制资产负债表和财产清单，提出财产作价依据。对事业单位的债权编制债权清单，清算组应当逐笔清理核实，并依法积极催收、追索。确实无法收回的，按照坏账损失核销的规定处理。对事业单位的债务，编制债务清单，通知、公告债权人，明确债务处理办法。

（三）如实反映单位财务管理状况

事业单位清算必须严格执行国家有关规定，如实反映单位财务与资产管理状况，为有关部门的决策提供依据。对清算中发现的违反财经法律法规和财务制度的行为，清算机构应当根据有关规定，提出处理意见，报经有关部门批准后进行处理。

三、事业单位清算程序

（一）成立清算机构

事业单位清算时，一般要成立清算机构。事业单位应当将会计报表、财务账册、财产

目录、债权人和债务人名册等清算资料，及时移交给清算机构。清算机构由事业单位负责人和纪检、财务、资产管理等部门的人员组成。清算机构应当在财政部门和主管部门的监督指导下开展工作。

清算机构主要负责事业单位清算期间的财务资产监督管理，制订清算方案和计划，组织清查并提出处理意见，妥善处理各项遗留问题等。清算机构的职权主要有以下几方面：（1）清理财产，编制资产负债表和财产清单，制订清算工作方案；（2）通知、公告债权人；（3）处理与清算有关的未了结业务；（4）清缴所欠税款以及清算过程中产生的税款；（5）清理债权、债务；（6）处理清偿债务后的剩余资产；（7）代表事业单位参与民事诉讼活动；（8）清算结束时编制财务清算报告；（9）其他与清算有关的职权。

（二）开展清算工作

1. 制订清算方案

清算方案包括清算实施步骤、进度安排、资产清查立项方案、资产处置及后续管理方案、涉及的社会保障和劳动人事关系处理原则、相关历史遗留问题的处理解决方案等。

2. 组织开展资产清查

资产清查可以按照以下几个步骤来完成。

（1）以会计资料为依据，对财产、债权、债务等情况进行全面清查核对。

清算机构应当按照《行政事业单位资产清查核实管理办法》（财资〔2016〕1号）等规定，以事业单位基础会计资料为依据，对其财产、债权、债务等情况进行全面清查核对。清查核对应当包含以下内容：一是银行存款是否及时与银行对账相符；二是财政预算拨款是否及时与财政部门对账相符；三是各项资产、负债是否准确完整；四是各项收支是否真实合法；五是应缴财政预算资金和应缴财政专户资金是否足额上缴，有无截留、坐支、挪用等行为；六是其他需要清查核对的内容。

（2）在账目清查基础上进行实物盘点。

清算机构在清查账目的基础上，对事业单位固定资产、存货等资产进行全面清查盘点，并合理确定其价值，对相关国有资产进行评估。外借或存放在个人名下的资产全部回收，损坏或丢失的按规定赔偿。及时收回租赁期满的资产；未到期的租赁资产，应当专册登记并与租赁协议等一并移交。

（3）清理债权、债务。

对事业单位的债权要积极催收、追索，如因特殊原因确实无法收回的，应当在清算报告中加以说明并提出处理意见。对债务要及时足额偿还。清算机构在清算中发现事业单位财产不足清偿债务的，应当提出解决方案，经主管部门审核后，报财政部门研究确定。

（4）编制清算报告。

清算过程中发生的各种费用、损失、收益等均应计入清算损益，并及时入账。清算工作结束前，编制资产负债表、财产清查明细表、债权债务清查明细表等，并编写财务清算报告。财务清算报告应当对财务清算基本情况、财产作价依据和办法、有关问题处理情况等作出书面说明，并提出清算剩余资产的处置建议。

3. 经审批后办理相关手续

财务清算报告连同清算期间的财务收支报表和各种财务账册等资料，一并报主管部门审核。主管部门报财政部门审批。事业单位根据财政部门审批结果及对有关问题的处理意见，会同有关部门和单位办理国有资产移交、接收、划转等手续，并妥善处理遗留问题后，向事业单位登记管理机关办理事业单位注销登记手续。

4. 妥善处理各项遗留问题

事业单位应当妥善处理单位的各项遗留问题并提出相关善后工作方案，如有关伤、残、离退休和富余人员的安置等，都应当予以妥善处理和解决。

四、事业单位清算结束后资产和负债的处理

根据《事业单位财务规则》（财政部令第 108 号）第五十四条，事业单位清算结束后，经主管部门审核并报财政部门批准，其资产和负债分别按照下列办法处理：

（1）因隶属关系改变，成建制划转的事业单位，全部资产和负债无偿移交，并相应划转经费指标。

（2）转为企业的事业单位，全部资产扣除负债后，转作国家资本金。

根据《关于从事生产经营活动事业单位改革中国有资产管理的若干规定》（财资〔2017〕13 号），经营类事业单位转制为企业的，要在完成资产清查后按照企业财务、会计制度对各项资产、负债重新分类建账，全部资产扣除负债后，转作国家资本，并按照程序在转制单位内部公示，经主管部门审核后，报同级财政部门依法核定。

（3）撤销的事业单位，全部资产和负债由主管部门和财政部门核准处理。

（4）合并的事业单位，全部资产和负债移交接收单位或者新组建单位，合并后多余的资产由主管部门和财政部门核准处理。

（5）分立的事业单位，全部资产和负债按照有关规定移交分立后的事业单位，并相应划转经费指标。

第九章　事业单位财务报告和决算报告

本章是《事业单位财务规则》修订篇幅最大的一章，原《事业单位财务规则》只有财务报告的内容，本次新增了决算报告的内容，其目的是呼应我国政府会计改革“双报告·双基础·双功能”的核心特色，贯彻落实政府会计准则制度体系全面实施与政府综合财务报告制度改革的新要求。本章共有五条，第一条明确了事业单位应该按照要求编制财务报告和决算报告；第二条和第三条明确了财务报告的编制基础和构成情况；第四条和第五条明确了决算报告的编制基础和构成情况。

根据《事业单位财务规则》（财政部令第 108 号）第五十五条第一款，事业单位应当按照国家有关规定向主管部门和财政部门以及其他有关的报告使用者提供财务报告和决算报告。本条要求事业单位应当按照国家有关规定同时提供财务报告和决算报告，目的是通过双报告制度更全面、清晰地反映事业单位财务状况和预算执行信息。双报告制度确立了事业单位财务会计和预算会计适度分离又相互衔接的会计体系，能够显著提升财政透明度，满足权力机关、社会公众等对事业单位财务信息全面性、准确性和及时性的需求，从而有利于进一步规范事业单位行为，满足事业单位发展的需要。

根据《事业单位财务规则》（财政部令第 108 号）第五十五条第二款，事业单位财务会计和预算会计要素的确认、计量、记录、报告应当遵循政府会计准则制度的规定。本条表明事业单位编制财务报告和决算报告的会计信息基础分别为财务会计和预算会计，财务会计和预算会计要素的确认、计量、记录、报告应当遵循政府会计准则制度的规定。财务会计要素包括资产、负债、净资产、收入和费用。预算会计要素包括预算收入、预算支出与预算结余。

第一节　财务报告

根据《事业单位财务规则》（财政部令第 108 号）第五十六条，财务报告主要以权责发生制为基础编制，综合反映事业单位特定日期财务状况和一定时期运行情况等信息。

本条主要明确了财务报告的编制基础和编制内容。财务报告以权责发生制为编制基础，能够更加精准地反映单位相关成本及财务状况。同时，将相关成本与绩效成果进行科学配比，也为单位绩效评估提供了信息支撑。财务报告的编制要反映单位某一特定日期的财务状况和某一会计期间的运行情况和现金流量等信息，其目标是向财务报告使用者提供与事业单位财务状况、运行情况（含运行成本）和现金流量等有关信息，反映事业单位公共受托责任履行情况，帮助财务报告使用者作出决策或者进行监督和管理。

根据《事业单位财务规则》（财政部令第108号）第五十七条，财务报告由财务报表和财务分析两部分组成。财务报表主要包括资产负债表、收入费用表等会计报表和报表附注。财务分析的内容主要包括财务状况分析、运行情况分析和财务管理情况等。

一、财务报表

财务报表主要由会计报表和报表附注两部分构成。

（一）会计报表

会计报表是对单位财务状况、运行情况和现金流量等信息的结构性表述，主要包括资产负债表和收入费用表，其格式见表9-1、表9-2和表9-3。

表9-1　资产负债表

编制单位：　　　　年　月　日　　　　单位：万元

项目	附注	年末数	年初数
流动资产：			
货币资金			
短期投资			
财政应返还额度			
应收票据			
应收账款净额			
预付账款			
应收股利			
应收利息			
其他应收款净额			
存货			
待摊费用			
一年内到期的非流动资产			
其他流动资产			
流动资产合计			
非流动资产：			
长期股权投资			
长期债权投资			
固定资产原值			

续表

项目	附注	年末数	年初数
减：固定资产累计折旧			
固定资产净值			
工程物资			
在建工程			
无形资产原值			
减：无形资产累计摊销			
无形资产净值			
研发支出			
公共基础设施原值			
减：公共基础设施累计折旧（摊销）			
公共基础设施净值			
政府储备物资			
文物文化资产			
保障性住房原值			
减：保障性住房累计折旧			
保障性住房净值			
PPP 项目资产			
减：PPP 项目资产累计折旧（摊销）			
PPP 项目资产净值			
长期待摊费用			
待处理财产损溢			
其他非流动资产			
非流动资产合计			
受托代理资产			
资产总计			
流动负债：			
短期借款			
应交增值税			
其他应交税费			
应缴财政款			
应付职工薪酬			
应付票据			
应付账款			
应付政府补贴款			
应付利息			

续表

项目	附注	年末数	年初数
预收账款			
其他应付款			
预提费用			
一年内到期的非流动负债			
其他流动负债			
流动负债合计			
非流动负债：			
长期借款			
长期应付款			
其他非流动负债			
非流动负债合计			
受托代理负债			
负债合计			
净资产：			
累计盈余			
专用基金			
权益法调整			
PPP 项目净资产			
净资产合计			
负债及净资产总计			

表 9－2　　　　收入费用表（1）

编制单位：　　　　年　　　　单位：万元

项目	附注	本年数	上年数
财政拨款收入			
事业收入			
上级补助收入			
附属单位上缴收入			
经营收入			
非同级财政拨款收入			
投资收益			
捐赠收入			
利息收入			
租金收入			
其他收入			

续表

项目	附注	本年数	上年数
收入合计			
业务活动费用			
单位管理费用			
经营费用			
资产处置费用			
上缴上级费用			
对附属单位补助费用			
所得税费用			
其他费用			
费用合计			
本年盈余			

表 9－3　　收入费用表（2）

编制单位：　　年　　单位：万元

项目	附注	本年数	上年数
财政拨款收入			
事业收入			
上级补助收入			
附属单位上缴收入			
经营收入			
非同级财政拨款收入			
投资收益			
捐赠收入			
利息收入			
租金收入			
其他收入			
收入合计			
工资福利费用			
商品和服务费用			
对个人和家庭的补助费用			
对企业补助费用			
固定资产折旧费用			
无形资产摊销费用			
公共基础设施折旧（摊销）费用			
保障性住房折旧费用			

续表

项目	附注	本年数	上年数
计提专用基金			
资产处置费用			
上缴上级费用			
对附属单位补助费用			
所得税费用			
其他费用			
费用合计			
本年盈余			

1. 资产负债表

资产负债表的项目按资产、负债、净资产等会计要素分类列示，能够提供单位在某一日期所掌握的经济资源及这些资源的分布、结构和来源等信息，反映事业单位的财务前景，所展示的信息包括如下三个方面：一是资产的构成及使用情况。反映单位资产中流动资产和非流动资产的构成情况，流动资产中货币资金、应收款项、短期投资等构成情况，非流动资产中固定资产和长期投资等构成情况。二是负债总额的构成及偿债能力。“负债”项目反映单位负债的构成，一般包括短期负债、应付款项、应交税费等流动负债以及长期借款和长期应付款等非流动负债。通过对负债结构与内容的具体分析，可评价事业单位负债的来源是否合规，负债水平是否合理；通过计算流动比率、资产负债率等指标，可分析财务风险大小、短期与长期偿债能力等情况。三是净资产的结构及积累状况。事业单位的净资产包括累计盈余、专用基金、权益法调整和PPP项目净资产。

2. 收入费用表

收入费用表包括两张表格，分别从单位活动类型和经济性质分类两个维度反映收入费用情况。

（二）报表附注

报表附注是对在会计报表中列示的项目所作的进一步说明，以及对未能在会计报表中列示项目的说明。附注包括下列内容：

一是会计报表的编制基础，声明事业单位会计报表以权责发生制为基础编制。

二是遵循相关制度规定的声明。事业单位应当声明编制的会计报表符合政府会计准则、相关会计制度和财务报告编制规定的要求，如实反映事业单位的财务状况、运行情况等有关信息。

三是合并范围。合并会计报表应披露其包含的主体范围，具体包括所属单位的名称、性质、实有人员数等基本信息。与上年相比，合并范围发生变化的应详细说明变动情况。

四是重要会计政策与会计估计变更情况。对本年发生的重要会计政策和会计估计变更，应说明变更的内容和原因，受其重要影响的报表项目名称和金额，以及重要会计政策和会计估计变更开始适用的时点。

五是会计报表重要项目明细信息及说明。应当按照资产负债表和收入费用表项目列示顺序，采用数字和文字描述相结合的方法披露重要项目的明细信息，便于报表信息使用者更好地理解报表信息。报表重要项目明细信息应至少包括下列报表：货币资金明细表、应收账款净额明细表、预付账款明细表、其他应收款净额明细表、长期投资及投资收益明细表、固定资产明细表、在建工程明细表、无形资产明细表、公共基础设施明细表、政府储备物资明细表、保障性住房明细表、应付账款明细表、预收账款明细表、其他应付款明细表、长期借款明细表、长期应付款明细表、事业收入明细表、经营收入明细表、非同级财政拨款收入明细表、其他收入明细表、业务活动费用明细表、单位管理费用明细表、经营费用明细表、商品和服务费用明细表。

六是需要说明的其他事项。包括：(1) 重要或有事项说明。逐笔披露事业单位或有事项的事由和金额，如担保事项、未决诉讼或未决仲裁等，若无法预计金额应说明理由。(2) 以名义金额计量的资产名称、数量等情况，以及以名义金额计量理由的说明。(3) 使用债务资金形成的固定资产、公共基础设施、保障性住房等资产的账面价值、使用情况、收益情况及与此相关的债务偿还情况。(4) 重要资产置换、无偿调入（出）、捐入（出）、报废重大毁损等情况的说明。(5) 对于事业单位管理的公共基础设施、文物文化资产、保障性住房、自然资源资产等重要资产，披露种类和实物量等相关信息。(6) PPP项目合同的总体描述、重要条款及报告期间所发生的项目合同变更情况。(7) 政府会计具体准则中要求附注披露的其他内容，以及其他未在报表中列示，但对事业单位财务状况有重大影响的事项。

二、财务分析

（一）财务分析内容

财务分析的内容主要包括财务状况分析、运行情况分析和财务管理情况等。

一是事业单位工作目标完成情况。结合事业单位职能、工作任务、相关政策要求等，说明单位年度工作目标计划及执行情况、绩效目标及完成情况。

二是事业单位财务状况分析。包括：(1) 分析事业单位的货币资金、长期投资、固定资产、在建工程、公共基础设施、政府储备物资、保障性住房等重要资产项目的结构特点和变化情况，并评估对事业单位提供公共服务能力的影响。(2) 结合短期借款、长期借款等重点负债项目的增减变化情况，分析事业单位债务规模和债务结构等。(3) 运用资产负债率、现金比率、流动比率等指标，分析单位财务状况。

三是事业单位运行情况分析。包括：(1) 分析事业单位的收入规模、结构及来源分布、重点收入项目的比重和变化趋势，以及经济形势、相关财政政策等对事业单位收入变动的影响等。(2) 分析事业单位费用规模、构成及变化情况，特别是事业单位控制运行成本的政策、投融资情况及对费用变动的影响等。（3）运用事业单位的收入费用率等指标，分析事业单位收入与费用的比例情况。

四是事业单位财务管理情况。从预算管理、内控管理、资产管理、绩效管理、人才队伍建设等方面反映单位加强财务管理的主要措施和取得的成效。

（二）财务分析方法和指标

事业单位在进行财务分析时可选择的指标如表 9－4 所示，同时可采用比率分析法、比较分析法、结构分析法、趋势分析法等方法进行财务分析。

表 9－4　　财务分析指标表

序号	指标名称	公式	指标说明
1	资产负债率	负债总额/资产总额	反映事业单位偿付全部债务本息能力的基本指标。
2	现金比率	（货币资金＋财政应返还额度）/流动负债	反映事业单位利用现金及现金等价物偿还短期债务的能力。
3	流动比率	流动资产/流动负债	反映事业单位流动资产用于偿还流动负债的能力。
4	固定资产成新率	固定资产净值/固定资产原值	反映事业单位固定资产的持续服务能力。
5	公共基础设施成新率	公共基础设施净值/公共基础设施原值	反映事业单位公共基础设施的持续服务能力。
6	保障性住房成新率	保障性住房净值/保障性住房原值	反映事业单位保障性住房的持续服务能力。
7	收入费用率	年度总费用/年度总收入	反映事业单位收入与费用的比例情况。

比率分析法是将同一期财务报表中若干重要数据进行相互比较，用以分析和评价事业单位财务状况的一种方法，它是财务分析最基本的工具。根据财务分析的目的不同，比率分析指标选取的侧重点也不同。

比较分析法是对同类财务指标在不同时期或不同情况下的数值比较，反映单位该项指标的数量关系和数量差异。在运用比较分析法时，必须保证对比双方在指标内容、计算方法、计价标准、时间、单位、统计口径等方面保持一致。

结构分析法是指对整体中各组成部分及其对比关系变动规律的分析。例如，资产结构分析可以对资产中流动资产和非流动资产的构成比例进行分析；收入结构分析可以对各项收入的构成比例进行分析等。

趋势分析法是通过对指标各期对基期的变化趋势的分析，从中发现变化规律的一种分析方法。将不同时期财务报告中的相同指标或比率进行比较，直接观察其增减变动情况及变动幅度，考察其发展趋势，预测其发展前景。如对各期收入指标进行对比，可以观察单位收入变化的趋势。

第二节 决算报告

根据《事业单位财务规则》（财政部令第108号）第五十八条，决算报告主要以收付实现制为基础编制，综合反映事业单位年度预算收支执行结果等信息。

决算报告是综合反映事业单位年度预算收支执行结果的文件。其目标是向决算报告使用者提供与预算执行情况有关的信息，综合反映事业单位预算收支的年度执行结果，有助于决算报告使用者进行监督和管理，并为编制后续年度预算提供参考和依据。

根据《事业单位财务规则》（财政部令第108号）第五十九条，决算报告由决算报表和决算分析两部分组成。决算报表主要包括收入支出表、财政拨款收入支出表等。决算分析的内容主要包括收支预算执行分析、资金使用效益分析和机构人员情况等。

一、决算报表

（一）报表

决算报表包括报表和报表说明两部分。决算报表反映部门和单位收支预算执行结果以及与预算管理相关的机构人员、存量资产等信息，主要包括收入支出表、财政拨款收入支出表等，参见表9-5。

表9-5　　2021年部门决算报表目录

编号	名称	主要内容
财决01表	收入支出决算总表	本年度的预、决算收支和年末结转结余情况。
财决01-1表	财政拨款收入支出决算总表	本年度的财政拨款预、决算收支和年末结转结余情况。
财决02表	收入支出决算表	本年度收入、支出、结转和结余及结余分配等情况。
财决03表	收入决算表	本年度依法取得的纳入部门预算管理的各项资金。
财决04表	支出决算表	本年度为保障机构正常运转、开展业务及其他活动所发生的各项支出情况。
财决05表	支出决算明细表	本年度基本支出、项目支出和经营支出的明细情况。
财决05-1表	基本支出决算明细表	本年度基本支出的明细情况。
财决05-2表	项目支出决算明细表	本年度项目支出的明细情况。
财决05-3表	经营支出决算明细表	本年度经营支出的明细情况。
财决06表	项目收入支出决算表	本年度项目资金收入、支出、结转和结余情况。
财决07表	一般公共预算财政拨款收入支出决算表	本年度从本级财政部门取得一般公共预算财政拨款的收入、支出、结转和结余等情况。

续表

编号	名称	主要内容
财决 08 表	一般公共预算财政拨款支出决算明细表	从本级财政部门取得的一般公共预算财政拨款本年度列支的基本支出和项目支出的明细情况。
财决 08－1 表	一般公共预算财政拨款基本支出决算明细表	从本级财政部门取得的一般公共预算财政拨款本年度列支的基本支出明细情况。
财决 08－2 表	一般公共预算财政拨款项目支出决算明细表	从本级财政部门取得的一般公共预算财政拨款本年度列支的项目支出明细情况。
财决 09 表	政府性基金预算财政拨款收入支出决算表	本年度从本级财政部门取得纳入预算管理的政府性基金预算财政拨款的收入、支出、结转和结余等情况。
财决 10 表	政府性基金预算财政拨款支出决算明细表	从本级财政部门取得的政府性基金预算财政拨款本年度列支的基本支出和项目支出的明细情况。
财决 10－1 表	政府性基金预算财政拨款基本支出决算明细表	从本级财政部门取得的政府性基金预算财政拨款本年度列支的基本支出明细情况。
财决 10－2 表	政府性基金预算财政拨款项目支出决算明细表	从本级财政部门取得的政府性基金预算财政拨款本年度列支的项目支出明细情况。
财决 11 表	国有资本经营预算财政拨款收入支出决算表	从本级财政部门取得国有资本经营预算财政拨款的收入、支出、结转和结余等情况。
财决 12 表	国有资本经营预算财政拨款支出决算表	从本级财政部门取得的国有资本经营预算财政拨款本年度支出明细情况。
财决附 01 表	预算支出相关信息表	与单位预算支出相关的资产、负债和预算结转结余信息等情况。
财决附 02 表	基本数字表	年末机构、人员相关情况。
财决附 03 表	机构运行信息表	“三公”经费、机关运行经费、公务用车以及政府采购支出等情况。
财决附 04 表	非税收入征缴情况表	非税收入的征缴情况。

（二）报表说明

决算报表说明包括决算信息来源说明、决算编制基本情况、基础数据核对情况、报表审核情况、决算数据其他需要说明的情况，参见表 9－6。

表 9－6　　2021 年度部门决算报表说明（基层单位编写格式）

2021 年度部门决算报表说明

（基层单位编写格式）

一、决算信息来源说明

本套决算依据本单位登记完整、核对无误的账簿记录和其他有关会计核算资料编制，账证相符、账实相符、账表相符、表表相符，真实、准确、完整地反映了本单位预算执行结果和财务状况。

续表

(一) 本套决算主表数据主要依据本单位会计账簿总账及明细账数据填列，预算数据依据本单位预、决算批复文件及预算调整文件填列。

(二) 本套决算附表数据主要依据本单位会计账簿、资产、人事台账及相关资料填列。

二、决算编制基本情况

本单位为（填列一级预算单位名称）所属同级（按封面“单位预算级次”填列）预算单位，单位性质为（按封面“单位基本性质”填列），决算编报类型为（按封面“报表类型”填列），按照政府会计制度填报决算数据（按封面“单位执行会计制度”填列）。

纳入本套决算编制范围的独立核算单位共____个，比上年增减____个，分别是（如有，可附表反映本套决算包含编制单位清单，包括单位名称和性质）。

三、基础数据核对情况

(一) 财政资金对账情况。

1. 财政拨款核对情况。

(1) 单位本年度实际收到一般公共预算财政拨款收入____万元，财政部门拨款对账单____万元，差额____万元。对差额原因进行说明。

(2) 单位本年度政府性基金预算财政拨款收入____万元，财政部门拨款对账单____万元，差额____万元。对差额原因进行说明。

(3) 单位本年度国有资本经营预算财政拨款收入____万元，财政部门拨款对账单____万元，差额____万元。对差额原因进行说明。

2. 其他需要说明的情况。

(二) 与上年指标核对情况。

1. 全口径、一般公共预算财政拨款和政府性基金预算财政拨款的结转和结余资金本年年初数与上年年末数不一致的情况说明，包括会计差错更正、收回以前年度支出、归集调入、归集调出、归集上缴和缴回资金及单位内部调剂等情况（附表1）。因新旧会计制度转换，按照法定会计政策变更追溯调整形成的差异，在“其他”栏目填列并在备注予以说明。

2. 主要指标上下年变动幅度超过20%，其中机构人员指标上下年有变动的，应具体核实并说明原因（附表2）。

3. 资产信息中房屋、车辆本年年初数与上年年末数不一致的情况说明（基础数据核对任务－结余核对05表）。

四、报表审核情况

1. 审核公式。

审核公式共提示×××条。其中：

(1) 表间公式共×××条。

A0－×××公式，提示内容××××，保留原因是××××。

……以下逐条列举。

(2) 表内公式共×××条。

A－×××公式，提示内容××××，保留原因是××××。

……以下逐条列举。

2. 审核模板。

A－×××，提示内容××××，主要情况是××××。

……以下逐模板列举。

续表

单位需按审核模板逐一进行说明。 五、决算数据其他需要说明的情况 1. “收入决算表”中其他收入的具体构成情况，说明单位从同级财政以外的同级政府部门取得的横向转拨财政款、从上级或下级政府（包括政府财政和政府部门）取得的各类财政款，纳入单位预算管理的投资收益、利息收入、捐赠收入、事业单位固定资产出租收入等情况（附表3）。 2. 年末结转结余扣除经营亏损后如为负数，按资金性质分别说明情况。 3. “项目支出决算明细表”中列支“工资福利支出”和“对个人和家庭的补助”的依据及说明。 4. “三公”经费统计数的特殊情况说明。 5. 行政单位、参照公务员法管理的事业单位机关运行经费支出情况，以及与上年数对比变动原因说明。 6. 政府采购支出情况，包括采购类型、采购规模和授予中小企业合同金额等。 7. “收入支出决算总表”中如调整预算数大于年初预算数，说明单位财政拨款预算和非财政拨款预算调整情况以及经审批或备案的文件依据。 8. 其他需要说明的问题。如中央单位驻外机构有关情况（附表5、附表6）。 附表1：年初结转和结余调整情况表 附表2：主要指标变动情况表 附表3：其他收入明细情况表 附表4：财政拨款结转和结余情况表 附表5：中央单位驻外机构情况表 附表6：中央单位驻外机构人员基本数字表 附表7：住房公积金业务收支情况表

二、决算分析

（一）决算分析指标

决算分析包括收支预算执行、机构人员、预算绩效等情况分析，以及决算管理工作开展情况，主要反映部门预决算管理及预算执行情况。事业单位决算分析指标如表9－7所示。

表9－7　事业单位决算分析指标

内容	含义	指标	公式
预算收入和支出完成率	衡量事业单位收入和支出总预算及分项预算完成的程度	预算收入完成率	年终执行数÷调整预算数×100%
		预算支出完成率	年终执行数÷调整预算数×100%
人员支出、公用支出占事业支出的比率	衡量事业单位事业支出结构	人员支出比率	人员支出÷事业支出×100%
		公用支出比率	公用支出÷事业支出×100%

续表

内容	含义	指标	公式
人均基本支出	衡量事业单位按照实际在编人数平均的基本支出水平	人均基本支出	（基本支出－离退休人员支出）÷实际在编人数
财政拨款依存度	衡量部门（单位）对财政拨款的依赖程度	财政拨款依存度	财政拨款收入÷收入总额×100%

注：①预算收入年终执行数不含上年结转和结余收入数。

②预算支出年终执行数不含上年结转和结余支出数。

（二）决算分析评价表

决算分析评价表是单位通过对决算数据进行分析汇总而形成的一系列报表。通过决算分析评价表的编制，使单位能够了解和检查预算执行、财务管理和会计核算情况，掌握支出效益和存在问题，不断改进和加强财务管理，进而发挥决算在财务管理中的作用。部门决算分析评价表包括部门决算分析表和部门决算量化评价表两部分。

1. 部门决算分析表

部门决算分析表包括收入支出预算执行分析、收入支出结余上下年度对比分析、人均指标分析、机构人员分析四个方面，参见表9－8。

表9－8　　部门决算分析表

	分析方法	分析内容
一、收入支出预算执行情况分析		
1. 收入预决算对比分析表（一）	将各项收入年初预算数与决算数对比并计算差异率	分析部门预算编制的科学合理性以及预算在年度执行中的约束力。
2. 收入预决算对比分析表（二）	将各项收入调整预算数与决算数对比并计算差异率	分析部门全年预算编制的科学合理性以及预算在年度执行中的约束力。
3. 支出预决算对比分析表（一）	将各项支出年初预算数与决算数对比并计算差异率	分析部门预算编制的科学合理性以及预算在年度执行中的约束力。
4. 支出预决算对比分析表（二）	将各项支出调整预算数与决算数对比并计算差异率	分析部门全年预算编制的科学合理性以及预算在年度执行中的约束力。
5. 收入支出结构分析表	分析单位收入构成情况	分析单位年初预算各项收入编制的科学合理性，单位经费自给能力以及收入的合理合规性。
	分析单位支出构成情况	分析单位支出保障情况及经费宽紧度，分析单位支出结构的合理性，以合理安排支出预算。
6. 基本支出财政拨款分析表	计算基本支出中财政拨款的占比情况	分析单位基本支出明细情况。

续表

	分析方法	分析内容
7. 项目资金收入支出分析表	分析项目资金来源和运用情况	分析部门年度项目经费承担情况及其合理性可行性。
二、收入支出结余上下年度对比分析		
8. 收入支出上下年度对比分析表	对单位收入、支出分项指标的上下年对比计算	分析收入支出的年度间变动情况及其主要影响因素。
9. 财政拨款收入支出上下年度对比分析表	对单位财政拨款收入、支出的上下年对比计算	分析财政拨款收入支出的年度间变动情况及其主要影响因素。
10. 年末结转和结余分析表	对单位年末结转和结余的上下年对比计算	分析单位预算编制合理性及预算执行情况，了解结余资金在各单位的分布，以合理有效地使用这些资金。
三、人均指标分析		
11. 人均预算支出分析表	对人均支出结构进行分析	分析单位人员经费及公用经费的合理性。
12. 人均财务指标分析表	对单位资产、负债信息的人均数进行上下年对比和结构分析	分析单位资产负债变动因素及其合理性。
四、机构人员分析		
13. 人员增减变动分析表	对人员情况进行上下年对比	分析人员配置的控制力度。

2. 部门决算量化评价表

部门决算量化评价表主要是对预算编制及执行情况和财务状况进行量化评分，参见表 9－9。

表 9－9　　部门决算量化评价表

评价指标						计算值	得分	指标说明	评分标准
一级指标		二级指标		三级指标					
名称	权重	名称	权重	名称	权重				
预算编制及执行情况	90	预算编制的准确完整性	30	财政拨款收入预决算差异率	5			财政拨款收入：（决算数－年初预算数）/年初预算数×100%	差异率＝0，得满分；差异率（绝对值）＞0 时，每增加 5%（含）扣减 0.5 分，减至 0 分为止。
				事业收入预决算差异率	5			事业收入：（决算数－年初预算数）/年初预算数×100%	差异率＝0，得满分；差异率（绝对值）＞0 时，每增加 5%（含）扣减 0.5 分，减至 0 分为止。
				经营收入预决算差异率	3			经营收入：（决算数－年初预算数）/年初预算数×100%	差异率＝0，得满分；差异率（绝对值）＞0 时，每增加 5%（含）扣减 0.5 分，减至 0 分为止。
				其他收入预决算差异率	5			其他收入：（决算数－年初预算数）/年初预算数×100%	差异率＝0，得满分；差异率（绝对值）＞0 时，每增加 5%（含）扣减 0.5 分，减至 0 分为止。
				年初结转和结余预决算差异率	5			年初结转和结余：（决算数－年初预算数）/年初预算数×100%	差异率＝0，得满分；差异率（绝对值）≤100%，扣减 1 分；差异率（绝对值）＞100% 时，每增加 10%（含）扣减 0.5 分，减至 0 分为止。
				人员经费预决算差异率	4			人员经费：（决算数－年初预算数）/年初预算数×100%	差异率＝0，得满分；差异率（绝对值）＞0 时，每增加 5%（含）扣减 0.5 分，减至 0 分为止。
				公用经费预决算差异率	3			公用经费：（决算数－年初预算数）/年初预算数×100%	差异率≤0，得满分；差异率＞0 时，每增加 5%（含）扣减 0.5 分，减至 0 分为止。
		预算执行的有效性		人员经费预算执行差异率	10			人员经费：（决算数－调整预算数）/全年预算数×100%	差异率＝0，得满分；差异率（绝对值）＞0 时，每增加 5%（含）扣减 0.5 分，减至 0 分为止。
				公用经费预算执行差异率	10			公用经费：（决算数－调整预算数）/全年预算数×100%	差异率＝0，得满分；差异率（绝对值）＞0 时，每增加 5%（含）扣减 0.5 分，减至 0 分为止。
				财政拨款结转和结余率	10			财政拨款结转和结余：（本年年末数/支出调整预算数总计）×100%	结转和结余率＝0，得满分；结转和结余率（绝对值）＞0 时，每增加 5%（含）扣减 0.5 分，减至 0 分为止。

续表

评价指标						计算值	得分	指标说明	评分标准
一级指标		二级指标		三级指标					
名称	权重	名称	权重	名称	权重				
预算编制及执行情况	90	预算执行的有效性	50	财政拨款结转上下年变动率	10			财政拨款结转：（本年年末数－上年年末数）/上年年末数×100%	变动率＜0，得满分；变动率≥0时，每增加5%（含）扣减0.5分，减至0分为止。
				财政拨款结余上下年变动率	5			财政拨款结余：（本年年末数－上年年末数）/上年年末数×100%	变动率≤0，得满分；变动率＞0时，每增加5%（含）扣减0.5分，减至0分为止。
				“三公”经费支出预决算差异率	5			“三公”经费：（决算数－年初预算数/年初预算数）×100%	差异率≤0，得满分；差异率＞0时，每增加5%（含）扣减1分，减至0分为止。
		预算编制及执行的规范性	10	财政拨款项目支出中在职人员及离退休经费比重	5			财政拨款项目支出：（工资福利支出＋离休费＋退休费）/项目支出合计×100%	比重＝0，得满分；比重＞0时，每增加1%（含）扣减0.5分，减至0分为止。
				基本支出中列支房屋建筑物购建、大型修缮、基础设施建设、物资储备比重	5			基本支出：（房屋建筑物构建＋大型修缮＋基础设施建设＋物资储备）/公用经费×100%	比重＝0，得满分；比重＞0时，每增加1%（含）扣减0.5分，减至0分为止。
财务状况	10	资产状况	5	货币资金变动率	5			货币资金：（期末数－期初数）/期初数×100%	变动率≤0，得满分；变动率＞0时，每增加5%（含）扣减0.5分，减至0分为止。
		负债状况	5	借款变动率	4			借款：（期末数－期初数）/期初数×100%	变动率≤0，得满分；变动率＞0时，每增加5%（含）扣减0.5分，减至0分为止。
				应缴财政款及时性	1			应缴财政款年末按规定年终清缴后应无余额	应缴财政款＝0，得满分，应缴财政款≠0，得0分。
合计	100	—	100	—	100	—		—	—

（三）决算分析报告

运用决算分析指标对决算报表数据进行分析总结后，事业单位还要按规定完成决算分析报告，决算分析报告的撰写提纲如下。

2021 年度部门决算分析报告撰写提纲

（基层单位版）

一、单位情况

（一）基本情况。

1. 主要职能。

2. 机构情况，包括当年变动情况及原因。

3. 人员情况，包括当年变动情况及原因。

（二）当年取得的主要事业成效。

概述单位工作开展情况及主要事业成效。

二、收入支出预算执行情况分析

（一）收入支出预算安排情况。

包括单位收入、支出年初预算安排情况，与上年对比情况及增减变动原因（可用柱形图或折线图）。

（二）收入支出预算执行情况。

当年收入支出预算执行基本情况，与上年度对比情况，包括增减绝对值与幅度，增减变动主要原因（可用柱形图或折线图）。

1. 收入支出与预算对比分析。

（1）预、决算差异情况，可分收入支出功能科目、分单位、分收入支出具体项目逐项对比（可列表）。

（2）差异原因分析。差异较大的应分析到具体收入支出功能科目和具体单位。

2. 收入支出结构分析。

（1）各项收入占总收入的比重，各项支出占总支出的比重（可分别制作饼状图）。

（2）收入支出与上年度对比情况及原因分析（可用柱形图或折线图）。

3. 支出按经济分类科目分析。

（1）“三公”经费支出情况：可进行上下年对比、预决算对比。分析“三公”经费实物量情况，例如公务用车购置及保有量、因公出国（境）团组数及人数和公务接待批次及人数等情况与分析。动用上年结转用于“三公”经费的情况与原因。

（2）会议费支出情况：可进行上下年对比，人均支出情况分析（可做表、柱形图、折线图）。

（3）培训费支出情况：可进行上下年对比，人均支出情况分析（可做表、柱形图、折线图）。

（4）其他对单位影响较大的支出情况。

（5）重点经济分类支出中存在的问题及改进措施。

4. 财政拨款收入、支出分析。

根据报表项目分析财政拨款收入、支出情况，支出要按照基本支出和项目支出分析具体构成及特点。

5. 非财政拨款收入分析。

根据报表项目分析非财政拨款收入情况，按照事业收入、经营收入和其他收入等分析具体构成和特点。

（三）年末结转和结余情况。

1. 根据报表项目分财政拨款结转结余和非财政拨款结转结余分析年末结转结余总体情况。按照资金来源、资金性质分析，特别是项目经费结转和结余情况。

2. 消化结转和结余的对策。

（四）与预算支出相关的其他指标分析。

对资产、负债信息进行分析，主要分析与上年度对比情况，包括增减绝对值与幅度，增减变动主要原因。

（五）绩效目标完成情况。

1. 概述项目绩效目标完成情况。

2. 概述本单位整体支出绩效目标实现情况（如有）。

（六）当年预算执行及绩效管理中存在问题、原因及改进措施。

三、本年度部门决算等财务工作开展情况

（一）本单位财务管理、绩效管理、决算组织、编报、审核情况。

（二）本单位决算及绩效信息公开工作开展情况。

（三）对部门决算管理工作的意见和建议。

1. 自行增加的审核公式和模板，请说明设置依据。

2. 对部门决算报表修订设计的意见和建议，包括表样、指标设置、软件、审核公式、模板和编审问答等，请列出并说明修改意见。

3. 对部门决算其他管理工作的建议。例如对加强部门决算数据分析利用工作、部门决算信息化建设等建议。

第十章　事业单位财务监督

一、财务监督的内容

根据《事业单位财务规则》（财政部令第 108 号）第六十条，事业单位财务监督主要包括对预算管理、收入管理、支出管理、结转和结余管理、专用基金管理、资产管理、负债管理等的监督。

（一）对预算管理的监督

对预算编制的监督内容有：事业单位在测算编制收入预算草案时是否参考以前年度预算执行情况，考虑预算年度的收入增减因素和措施，以及以前年度结转和结余情况；是否根据事业发展需要与财力可能，测算编制支出预算草案。是否根据国家宏观调控总体要求、年度事业发展目标和计划以及预算编制的规定，提出预算建议数。预算是否做到了收支平衡。

对预算执行的监督内容有：在预算执行中，事业单位是否严格执行了批准的预算。预算调剂事项是否履行了报主管部门审核后报财政部门的程序。

对决算编制的监督内容有：是否准确编制了年度决算草案，决算数据是否真实、准确，规范，是否进行了决算审核和分析。事业单位是否按规定进行了预算绩效管理。

（二）对收入管理的监督

事业单位是否将各项收入全部纳入单位预算进行统一核算和管理；是否严格执行了对未纳入预算的收入不得安排支出的规定；是否按照国家规定划清了各项收入的界限，对各项收入按照规定进行管理和核算；事业单位对应该按照规定上缴国库或者财政专户的资金，是否做到了按照国库集中收缴的有关规定及时足额上缴，做到不隐瞒、滞留、截留、占用、挪用、拖欠或坐支。

（三）对支出管理的监督

事业单位是否将各项支出全部纳入单位预算；是否对项目实行了项目库管理；支出是否做到了厉行节约，严格执行了国家有关财务规章制度规定的开支范围及开支标准；从财政部门和主管部门取得的有指定项目和用途的专项资金，是否做到了专款专用、单独核算，并按照规定报送专项资金使用情况的报告，接受财政部门或者主管部门的检查、验收；是否根据开展业务活动及其他活动的实际需要，实行了成本核算；是否严格执行了国库集中支付制度和政府采购制度等有关规定；是否依法管理各类票据，确保票据来源合法、内容真实、使用正确；有无使用虚假票据的问题。

（四）对结转和结余管理的监督

对于财政拨款结转和结余的管理，是否严格执行了国家有关规定；对于非财政拨款结余的使用，是否按照国家有关规定提取职工福利基金，剩余部分用于弥补以后年度单位收支差额；是否加强了对非财政拨款结余的管理，做到了盘活存量，统筹安排、合理使用，支出不超出非财政拨款结余规模的要求。

（五）对专用基金管理的监督

专用基金管理是否遵循了先提后用、专款专用的原则；是否做到了支出不超出基金规模；是否将专用基金纳入预算管理；是否做到了结合实际需要按照规定提取；是否保持了专用基金的合理规模；当专用基金余额较多时，是否降低了提取比例或者暂停提取；调整专用基金用途时，是否执行了由主管部门会同本级财政部门确定的程序；各项基金的提取比例和管理办法，是否做到了按照统一规定执行。

（六）对资产管理的监督

事业单位是否建立健全了单位资产管理制度；是否加强和规范了资产配置、使用和处置管理。

资产配置方面，是否根据依法履行职能和事业发展的需要，结合资产存量、资产配置标准、绩效目标和财政承受能力配置资产；是否在可以调剂时，优先通过调剂方式配置资产；是否严格控制对外投资；利用国有资产对外投资是否符合有利于事业发展和实现国有资产保值增值的国家有关规定；是否经可行性研究和集体决策，按照规定的权限和程序进行；是否有违反规定，使用财政拨款及其结余进行对外投资，或者从事股票、期货、基金、企业债券等投资的问题；是否明确了对外投资形成的股权及其相关权益管理责任，按照国家有关规定将对外投资形成的股权纳入经营性国有资产集中统一监管体系。

资产使用方面，是否明确资产使用人和管理人的岗位责任；是否按照国家规定设置国有资产台账；是否在维护资产安全完整的同时，提高了资产使用效率；是否在涉及资产评估事项时，按照国家有关规定执行；是否汇总编制本单位行政事业性国有资产管理情况报告；是否定期或者不定期对资产进行盘点、对账；对出现资产盘盈盘亏的状况，是否按照财务、会计和资产管理制度有关规定处理，做到账实相符和账账相符；是否对需要办理权属登记的资产依法及时办理；出租、出借资产是否严格履行相关审批程序。

资产处置方面，对货币性资产损失核销，是否经主管部门审核同意后报本级财政部门审批；对于转让无形资产取得的收入、取得无形资产发生的支出，是否按照国家有关规定处理；资产处置是否遵循了公开、公平、公正和竞争、择优的原则；是否严格履行了相关审批程序。

（七）对负债管理的监督

事业单位是否对不同性质的负债进行分类管理；是否对债务做到及时清理并按照规定办理结算，保证各项负债在规定期限内偿还；是否建立了健全的财务风险预警和控制机制；是否做到了规范和加强借入款项管理；是否如实反映了依法举借债务情况；是否有不执行审批程序，违反规定融资或者提供担保的问题。

二、财务监督的方式

根据《事业单位财务规则》（财政部令第108号）第六十一条，事业单位财务监督应当实行事前监督、事中监督、事后监督相结合，日常监督与专项监督相结合。

监督的关键是要及时发现问题、纠正偏差。根据财务监督的对象、范围等不同，财务监督可划分为不同形式，从实施时间来看，财务监督分为事前监督、事中监督和事后监督。从监督对象来看，财务监督分为日常监督和专项监督。

（一）事前、事中和事后监督

事前监督，是指在某项经济活动实施之前对其所进行的监督。比如，对提交的用款申请进行审核，就是发挥资金支付中的事前监督功能，以此确保财政资金准确及时安全支付，保证财政预算执行合法、合规。事前监督是一种积极的、能够起到预防作用的监督机制，对提高计划、决策的科学性、合理性和可行性，避免因计划不周、决策不当所造成的不必要的损失和浪费有积极作用。

事中监督，是指在某项经济活动实施过程中对其所进行的监督。比如，预算执行中的财务控制措施，对资产的定期盘点制度等。事中监督的主要作用是对经济活动过程进行控制，及时发现和解决各种问题，保证各项经济活动健康、顺利地开展。

事后监督，是指在某项经济活动发生以后对其结果所进行的监督。比如，单位财务报告和决算报告的编制，绩效评价等都是在发挥财务的事后监督作用。事后监督可定期进行，也可不定期进行。一般在某项经济活动完成以后或在年终时进行。事后监督的主要作用是通过对经济活动结果的监督，一方面总结推广先进经验；另一方面对发现的问题，研究提出改进措施，进一步提高财务管理水平。

事前监督与事中监督有利于及时发现问题、采取补救措施，防患于未然；事后监督便于全面、真实、准确地检查经济活动的全过程，提高财务监督的准确性。事前、前中、事后监督相辅相成，互相配合，是一个相互衔接的整体。必须把三者有机结合起来，才能发挥财务监督的合力和效用。

（二）日常和专项监督

日常监督，是指对单位经济活动所实施的每日必做的常规性的监督，是财务监督的主要形式。比如，对收支活动的监督，保证收支符合相关制度的规定。日常监督的主要作用是通过对事业单位各项经济活动进行常规性的监督检查，及时发现问题，保证单位各项活动按照财务制度的相关规定进行。

专项监督，是指在日常监督基础上，对单位的某一项经济活动或重点领域所进行的重点监督。专项监督具有针对性更强、综合施策更多、监督力度更大、监督效果更明显等特点。更具有精准发现问题、快速有效纠正的定点突破功效，能提高监督精准性、针对性和实效性。

日常监督和专项监督在财务监督中发挥着不同的功能和作用，各有侧重，各具优势，必须结合使用。

三、财务监督制度

根据《事业单位财务规则》（财政部令第108号）第六十二条，事业单位应当建立健全内部控制制度、经济责任制度、财务信息披露制度等监督制度，依法公开财务信息。

（一）内部控制制度

1. 内部控制概念

内部控制，是指单位为实现控制目标，通过制定制度、实施措施和执行程序，对经济活动的风险进行防范和管控。单位内部控制的目标主要包括：合理保证单位经济活动合法合规、资产安全和使用有效、财务信息真实完整，有效防范舞弊和预防腐败，提高公共服务的效率和效果。

2. 内部控制方法

单位应当建立经济活动风险定期评估机制，对经济活动存在的风险进行全面、系统和客观评估。单位内部控制方法一般包括：（1）不相容岗位相互分离。合理设置内部控制关键岗位，明确划分职责权限，实施相应的分离措施，形成相互制约、相互监督的工作机制。（2）内部授权审批控制。明确各岗位办理业务和事项的权限范围、审批程序和相关责任，建立重大事项集体决策和会签制度。相关工作人员应当在授权范围内行使职权、办理业务。（3）归口管理。根据本单位实际情况，按照权责对等的原则，采取成立联合工作小组并确定牵头部门或牵头人员等方式，对有关经济活动实行统一管理。（4）预算控制。强化对经济活动的预算约束，使预算管理贯穿于单位经济活动的全过程。（5）财产保护控制。建立资产日常管理制度和定期清查机制，采取资产记录、实物保管、定期盘点、账实核对等措施，确保资产安全完整。（6）会计控制。建立健全本单位财会管理制度，加强会计机构建设，提高会计人员业务水平，强化会计人员岗位责任制，规范会计基础工作，加强会计档案管理，明确会计凭证、会计账簿和财务会计报告处理程序。（7）单据控制。要求单位根据国家有关规定和单位的经济活动业务流程，在内部管理制度中明确界定各项经济活动所涉及的表单和票据，要求相关工作人员按照规定填制、审核、归档、保管单据。（8）信息内部公开。建立健全经济活动相关信息内部公开制度，根据国家有关规定和单位的实际情况，确定信息内部公开的内容、范围、方式和程序。

3. 单位层面内部控制

事业单位应做好单位层面内部控制。单独设置内部控制职能部门或者确定内部控制牵头部门，负责组织协调内部控制工作。同时，应当充分发挥财会、内部审计、纪检监察、政府采购、基建、资产管理等部门或岗位在内部控制中的作用。

4. 业务层面内部控制

根据各项业务内容做好业务层面内部控制，业务层面内部控制关注的风险点如下：

（1）预算管理情况。

包括在预算编制过程中单位内部各部门间沟通协调是否充分、预算编制与资产配置是否相结合、与具体工作是否相对应；是否按照批复的额度和开支范围执行预算，进度是否合理，是否存在无预算、超预算支出等问题；决算编报是否真实、完整、准确、及时。

（2）收支管理情况。

包括收入是否实现归口管理，是否按照规定及时向财会部门提供收入的有关凭据，是否按照规定保管和使用印章和票据等；发生支出事项时是否按照规定审核各类凭据的真实性、合法性，是否存在使用虚假票据套取资金的情形。

（3）政府采购管理情况。

包括是否按照预算和计划组织政府采购业务；是否按照规定组织政府采购活动和执行验收程序；是否按照规定保存政府采购业务相关档案。

（4）资产管理情况。

包括是否实现资产归口管理并明确使用责任；是否定期对资产进行清查盘点，对账实不符的情况及时进行处理；是否按照规定处置资产。

（5）建设项目管理情况。

包括是否按照概算投资；是否严格履行审核审批程序；是否建立有效的招投标控制机制；是否存在截留、挤占、挪用、套取建设项目资金的情形；是否按照规定保存建设项目相关档案并及时办理移交手续。

（6）合同管理情况。

包括是否实现合同归口管理；是否明确应签订合同的经济活动范围和条件；是否有效监控合同履行情况；是否建立合同纠纷协调机制。

（二）经济责任制度

事业单位经济责任制度是指事业单位按照责权利相结合的原则，将单位的经济责任加以分解，落实到单位负责人、职能部门和相关人员等的管理制度。

比如，单位主要领导的经济责任包括：对单位预算的编制和执行情况负总责，对本单位预算编制的合理性、真实性负总责；对单位财务制度建立的完整性与及时性负总责；对单位财务管理制度的执行负总责；对国有资产完整和保值增值负总责；对重大支出项目、对外投资程序确立的科学性，监督、考察制度的严密性和监督执行负总责；对单位财会工作负总责，对单位的会计工作和会计资料的真实性、完整性负全责。

分管领导的职责是协助主要领导将正确的决议贯彻执行下去并保证达到预期的效果。分管各项工作的领导既要按照规定行使权利，又必须按规定履行责任。单位分管领导的经济责任包括：对分管范围内的预算执行情况负主管责任；对分管部门提出的重大支出项目和对外投资的考察、调研、论证过程的科学性负责；对分管范围内有关财会制度的执行负主管责任。

（三）财务信息披露制度

事业单位应根据相关规定建立财务信息披露制度，依法公开财务信息。《预算法》第十四条规定，经本级政府财政部门批复的部门预算、决算及报表，应当在批复后20日内由各部门向社会公开，对部门预算、决算中机关运行经费的安排、使用情况等重要事项作出说明。《部门决算管理办法》（财库〔2021〕36号）第二十三条至第二十七条制定了决算信息公开的具体规定，要求各单位应当自部门批复本单位决算后20日内向社会公开决算。《项目支出绩效评价管理办法》（财预〔2020〕10号）第二十八条规定，各级财政部门、预算部门应当按照要求将绩效评价结果分别编入政府决算和本部门决算，报送本级人民代表大会常务委员会并依法予以公开。

四、法律责任

根据《事业单位财务规则》（财政部令第108号）第六十四条，各级事业单位、主管部门和财政部门及其工作人员存在违反本规则规定的行为，以及其他滥用职权、玩忽职守、徇私舞弊等违法违规行为的，依法追究相应责任。

本条是新增条款，强调了违反本规则会被依法追究相应责任。其目的是强调《事业单位财务规则》的严肃性，各级事业单位、主管部门和财政部门及其工作人员都要严格遵守。尽管本规则并没有明确指出违反某项规则具体应承担的相应责任，但是本规则涉及的其他制度中规定了违反规则的具体处罚条例。如《预算法》第十章“法律责任”就明确了违反预算管理规定的法律责任。第九十三条，对违反预算管理规定的六项行为，提出了责令改正，对负有直接责任的主管人员和其他直接责任人员依法给予降级、撤职、开除的处分。第九十四条，对单位违反本法规定举借债务或者为他人债务提供担保，或者挪用重点支出资金，或者在预算之外及超预算标准建设楼堂馆所的，责令改正，对负有直接责任的主管人员和其他直接责任人员给予撤职、开除的处分。第九十五条，对违规使用资金的行为，责令改正，追回骗取、使用的资金，有违法所得的没收违法所得，对单位给予警告或者通报批评；对负有直接责任的主管人员和其他直接责任人员依法给予处分。

附录：事业单位财务管理相关制度文件

1. 事业单位财务规则

《事业单位财务规则》已经2021年12月31日部务会议审议通过，现予公布，自2022年3月1日起施行。

第一章　总　　则

第一条　为了进一步规范事业单位的财务行为，加强事业单位财务管理和监督，提高资金使用效益，保障事业单位健康发展，制定本规则。

第二条　本规则适用于各级各类事业单位（以下简称事业单位）的财务活动。

第三条　事业单位财务管理的基本原则是：执行国家有关法律、法规和财务规章制度；坚持勤俭办一切事业的方针；正确处理事业发展需要和资金供给的关系，社会效益和经济效益的关系，国家、单位和个人三者利益的关系。

第四条　事业单位财务管理的主要任务是：合理编制单位预算，严格预算执行，完整、准确编制单位决算报告和财务报告，真实反映单位预算执行情况、财务状况和运行情况；依法组织收入，努力节约支出；建立健全财务制度，加强经济核算，全面实施绩效管理，提高资金使用效益；加强资产管理，合理配置和有效利用资产，防止资产流失；加强对单位经济活动的财务控制和监督，防范财务风险。

第五条　事业单位的财务活动在单位负责人的领导下，由单位财务部门统一管理。

第六条　事业单位的各项经济业务事项按照国家统一的会计制度进行会计核算。

第二章　单位预算管理

第七条　事业单位预算是指事业单位根据事业发展目标和计划编制的年度财务收支计划。

事业单位预算由收入预算和支出预算组成。

第八条　国家对事业单位实行核定收支、定额或者定项补助、超支不补、结转和结余按规定使用的预算管理办法。

定额或者定项补助根据国家有关政策和财力可能，结合事业单位改革要求、事业特点、事业发展目标和计划、事业单位收支及资产状况等确定。定额或者定项补助可以为零。

非财政补助收入大于支出较多的事业单位，可以实行收入上缴办法。具体办法由财政部门会同有关主管部门制定。

第九条 事业单位参考以前年度预算执行情况，根据预算年度的收入增减因素和措施，以及以前年度结转和结余情况，测算编制收入预算草案；根据事业发展需要与财力可能，测算编制支出预算草案。

事业单位预算应当自求收支平衡，不得编制赤字预算。

第十条 事业单位应当根据国家宏观调控总体要求、年度事业发展目标和计划以及预算编制的规定，提出预算建议数，经主管部门审核汇总报财政部门（一级预算单位直接报财政部门，下同）。事业单位根据财政部门下达的预算控制数编制预算草案，由主管部门审核汇总报财政部门，经法定程序审核批复后执行。

第十一条 事业单位应当严格执行批准的预算。预算执行中，国家对财政补助收入和财政专户管理资金的预算一般不予调剂，确需调剂的，由事业单位报主管部门审核后报财政部门调剂；其他资金确需调剂的，按照国家有关规定办理。

第十二条 事业单位决算是指事业单位预算收支和结余的年度执行结果。

第十三条 事业单位应当按照规定编制年度决算草案，由主管部门审核汇总后报财政部门审批。

第十四条 事业单位应当加强决算审核和分析，保证决算数据的真实、准确，规范决算管理工作。

第十五条 事业单位应当全面加强预算绩效管理，提高资金使用效益。

第三章 收入管理

第十六条 收入是指事业单位为开展业务及其他活动依法取得的非偿还性资金。

第十七条 事业单位收入包括：

（一）财政补助收入，即事业单位从本级财政部门取得的各类财政拨款。

（二）事业收入，即事业单位开展专业业务活动及其辅助活动取得的收入。其中：按照国家有关规定应当上缴国库或者财政专户的资金，不计入事业收入；从财政专户核拨给事业单位的资金和经核准不上缴国库或者财政专户的资金，计入事业收入。

（三）上级补助收入，即事业单位从主管部门和上级单位取得的非财政补助收入。

（四）附属单位上缴收入，即事业单位附属独立核算单位按照有关规定上缴的收入。

（五）经营收入，即事业单位在专业业务活动及其辅助活动之外开展非独立核算经营活动取得的收入。

（六）其他收入，即本条上述规定范围以外的各项收入，包括投资收益、利息收入、捐赠收入、非本级财政补助收入、租金收入等。

第十八条 事业单位应当将各项收入全部纳入单位预算，统一核算，统一管理，未纳入预算的收入不得安排支出。

第十九条 事业单位对按照规定上缴国库或者财政专户的资金，应当按照国库集中收缴的有关规定及时足额上缴，不得隐瞒、滞留、截留、占用、挪用、拖欠或坐支。

第四章 支出管理

第二十条 支出是指事业单位开展业务及其他活动发生的资金耗费和损失。

第二十一条 事业单位支出包括：

（一）事业支出，即事业单位开展专业业务活动及其辅助活动发生的基本支出和项目支出。基本支出，是指事业单位为保障其单位正常运转、完成日常工作任务所发生的支出，包括人员经费和公用经费；项目支出，是指事业单位为完成其特定的工作任务和事业发展目标所发生的支出。

（二）经营支出，即事业单位在专业业务活动及其辅助活动之外开展非独立核算经营活动发生的支出。

（三）对附属单位补助支出，即事业单位用财政补助收入之外的收入对附属单位补助发生的支出。

（四）上缴上级支出，即事业单位按照财政部门和主管部门的规定上缴上级单位的支出。

（五）其他支出，即本条上述规定范围以外的各项支出，包括利息支出、捐赠支出等。

第二十二条 事业单位应当将各项支出全部纳入单位预算，实行项目库管理，建立健全支出管理制度。

第二十三条 事业单位的支出应当厉行节约，严格执行国家有关财务规章制度规定的开支范围及开支标准；国家有关财务规章制度没有统一规定的，由事业单位规定，报主管部门和财政部门备案。事业单位的规定违反法律制度和国家政策的，主管部门和财政部门应当责令改正。

第二十四条 事业单位从财政部门和主管部门取得的有指定项目和用途的专项资金，应当专款专用、单独核算，并按照规定报送专项资金使用情况的报告，接受财政部门或者主管部门的检查、验收。

第二十五条 事业单位应当加强经济核算，可以根据开展业务活动及其他活动的实际需要，实行成本核算。成本核算的具体办法按照国务院财政部门相关规定执行。

第二十六条 事业单位应当严格执行国库集中支付制度和政府采购制度等有关规定。

第二十七条 事业单位应当依法加强各类票据管理，确保票据来源合法、内容真实、使用正确，不得使用虚假票据。

第五章 结转和结余管理

第二十八条 结转和结余是指事业单位年度收入与支出相抵后的余额。

结转资金是指当年预算已执行但未完成，或者因故未执行，下一年度需要按照原用途继续使用的资金。结余资金是指当年预算工作目标已完成，或者因故终止，当年剩余的资金。

经营收支结转和结余应当单独反映。

第二十九条 财政拨款结转和结余的管理，应当按照国家有关规定执行。

第三十条 非财政拨款结转按照规定结转下一年度继续使用。非财政拨款结余可以按照国家有关规定提取职工福利基金，剩余部分用于弥补以后年度单位收支差额；国家另有规定的，从其规定。

第三十一条 事业单位应当加强非财政拨款结余的管理，盘活存量，统筹安排、合理使用，支出不得超出非财政拨款结余规模。

第六章 专用基金管理

第三十二条 专用基金是指事业单位按照规定提取或者设置的有专门用途的资金。

专用基金管理应当遵循先提后用、专款专用的原则，支出不得超出基金规模。

第三十三条 专用基金包括职工福利基金和其他专用基金。

职工福利基金是指按照非财政拨款结余的一定比例提取以及按照其他规定提取转入，用于单位职工的集体福利设施、集体福利待遇等的资金。

其他专用基金是指除职工福利基金外，按照有关规定提取或者设置的专用资金。

第三十四条 事业单位应当将专用基金纳入预算管理，结合实际需要按照规定提取，保持合理规模，提高使用效益。专用基金余额较多的，应当降低提取比例或者暂停提取；确需调整用途的，由主管部门会同本级财政部门确定。

第三十五条 各项基金的提取比例和管理办法，国家有统一规定的，按照统一规定执行；没有统一规定的，由主管部门会同本级财政部门确定。

第七章 资产管理

第三十六条 资产是指事业单位依法直接支配的各类经济资源。

第三十七条 事业单位的资产包括流动资产、固定资产、在建工程、无形资产、对外投资、公共基础设施、政府储备物资、文物文化资产、保障性住房等。

第三十八条 事业单位应当建立健全单位资产管理制度，明确资产使用人和管理人的岗位责任，按照国家规定设置国有资产台账，加强和规范资产配置、使用和处置管理，维护资产安全完整，提高资产使用效率。涉及资产评估的，按照国家有关规定执行。

事业单位应当汇总编制本单位行政事业性国有资产管理情况报告。

事业单位应当定期或者不定期对资产进行盘点、对账。出现资产盘盈盘亏的，应当按照财务、会计和资产管理制度有关规定处理，做到账实相符和账账相符。

事业单位对需要办理权属登记的资产应当依法及时办理。

第三十九条 事业单位应当根据依法履行职能和事业发展的需要，结合资产存量、资产配置标准、绩效目标和财政承受能力配置资产。优先通过调剂方式配置资产。不能调剂的，可以采用购置、建设、租用等方式。

第四十条 流动资产是指可以在一年以内变现或者耗用的资产，包括现金、各种存款、应收及预付款项、存货等。

前款所称存货是指事业单位在开展业务活动及其他活动中为耗用或出售而储存的资产，包括材料、燃料、包装物和低值易耗品以及未达到固定资产标准的用具、装具、动植物等。

事业单位货币性资产损失核销，应当经主管部门审核同意后报本级财政部门审批。

第四十一条 固定资产是指使用期限超过一年，单位价值在1000元以上，并在使用过程中基本保持原有物质形态的资产。单位价值虽未达到规定标准，但是耐用时间在一年以上的大批同类物资，作为固定资产管理。

行业事业单位的固定资产明细目录由国务院主管部门制定，报国务院财政部门备案。

第四十二条 在建工程是指已经发生必要支出，但尚未达到交付使用状态的建设工程。

在建工程达到交付使用状态时，应当按照规定办理工程竣工财务决算和资产交付使用，期限最长不得超过一年。

第四十三条 无形资产是指不具有实物形态而能为使用者提供某种权利的资产，包括专利权、商标权、著作权、土地使用权、非专利技术以及其他财产权利。

事业单位转让无形资产取得的收入、取得无形资产发生的支出，应当按照国家有关规定处理。

第四十四条 对外投资是指事业单位依法利用货币资金、实物、无形资产等方式向其他单位的投资。

事业单位应当严格控制对外投资。利用国有资产对外投资应当有利于事业发展和实现国有资产保值增值，符合国家有关规定，经可行性研究和集体决策，按照规定的权限和程序进行。事业单位不得使用财政拨款及其结余进行对外投资，不得从事股票、期货、基金、企业债券等投资，国家另有规定的除外。

事业单位应当明确对外投资形成的股权及其相关权益管理责任，按照国家有关规定将对外投资形成的股权纳入经营性国有资产集中统一监管体系。

第四十五条 公共基础设施、政府储备物资、文物文化资产、保障性住房等资产管理的具体办法，由国务院财政部门会同有关部门制定。

第四十六条 事业单位资产处置应当遵循公开、公平、公正和竞争、择优的原则，严格履行相关审批程序。

事业单位出租、出借资产应当严格履行相关审批程序。

第四十七条 事业单位应当在确保安全使用的前提下，推进本单位大型设备等国有资产共享共用工作，可以对提供方给予合理补偿。

第八章 负债管理

第四十八条 负债是指事业单位所承担的能以货币计量，需要以资产或者劳务偿还的债务。

第四十九条 事业单位的负债包括借入款项、应付款项、暂存款项、应缴款项等。

应缴款项包括事业单位按照国家有关规定收取的应当上缴国库或者财政专户的资金、应缴税费，以及其他应当上缴的款项。

第五十条 事业单位应当对不同性质的负债分类管理，及时清理并按照规定办理结算，保证各项负债在规定期限内偿还。

第五十一条 事业单位应当建立健全财务风险预警和控制机制，规范和加强借入款项管理，如实反映依法举借债务情况，严格执行审批程序，不得违反规定融资或者提供担保。

第九章 事业单位清算

第五十二条 事业单位发生划转、改制、撤销、合并、分立时，应当进行清算。

第五十三条 事业单位清算，应当在主管部门和财政部门的监督指导下，对单位的财产、债权、债务等进行全面清理，编制财产目录和债权、债务清单，提出财产作价依据和债权、债务处理办法，做好资产和负债的移交、接收、划转和管理工作，并妥善处理各项遗留问题。

第五十四条 事业单位清算结束后，经主管部门审核并报财政部门批准，其资产和负债分别按照下列办法处理：

（一）因隶属关系改变，成建制划转的事业单位，全部资产和负债无偿移交，并相应划转经费指标。

（二）转为企业的事业单位，全部资产扣除负债后，转作国家资本金。

（三）撤销的事业单位，全部资产和负债由主管部门和财政部门核准处理。

（四）合并的事业单位，全部资产和负债移交接收单位或者新组建单位，合并后多余的资产由主管部门和财政部门核准处理。

（五）分立的事业单位，全部资产和负债按照有关规定移交分立后的事业单位，并相应划转经费指标。

第十章 财务报告和决算报告

第五十五条 事业单位应当按国家有关规定向主管部门和财政部门以及其他有关的报告使用者提供财务报告、决算报告。

事业单位财务会计和预算会计要素的确认、计量、记录、报告应当遵循政府会计准则制度的规定。

第五十六条 财务报告主要以权责发生制为基础编制，综合反映事业单位特定日期财务状况和一定时期运行情况等信息。

第五十七条 财务报告由财务报表和财务分析两部分组成。财务报表主要包括资产负债表、收入费用表等会计报表和报表附注。财务分析的内容主要包括财务状况分析、运行情况分析和财务管理情况等。

第五十八条 决算报告主要以收付实现制为基础编制，综合反映事业单位年度预算收支执行结果等信息。

第五十九条 决算报告由决算报表和决算分析两部分组成。决算报表主要包括收入支出表、财政拨款收入支出表等。决算分析的内容主要包括收支预算执行分析、资金使用效益分析和机构人员情况等。

第十一章 财务监督

第六十条 事业单位财务监督主要包括对预算管理、收入管理、支出管理、结转和结余管理、专用基金管理、资产管理、负债管理等的监督。

第六十一条 事业单位财务监督应当实行事前监督、事中监督、事后监督相结合，日常监督与专项监督相结合。

第六十二条 事业单位应当建立健全内部控制制度、经济责任制度、财务信息披露制度等监督制度，依法公开财务信息。

第六十三条 事业单位应当遵守财经纪律和财务制度，依法接受主管部门和财政、审计部门的监督。

第六十四条 各级事业单位、主管部门和财政部门及其工作人员存在违反本规则规定的行为，以及其他滥用职权、玩忽职守、徇私舞弊等违法违规行为的，依法追究相应责任。

第十二章 附 则

第六十五条 事业单位基本建设投资的财务管理，应当执行本规则，但国家基本建设投资财务管理制度另有规定的，从其规定。

第六十六条 参照公务员法管理的事业单位财务制度的适用，由国务院财政部门另行规定。

第六十七条 接受国家经常性资助的社会力量举办的公益服务性组织和社会团体，依照本规则执行；其他社会力量举办的公益服务性组织和社会团体，可以参照本规则执行。

第六十八条 下列事业单位或者事业单位特定项目，执行企业财务制度，不执行本规则：

（一）纳入企业财务管理体系的事业单位和事业单位附属独立核算的生产经营单位；

（二）事业单位经营的接受外单位要求投资回报的项目；

（三）经主管部门和财政部门批准的具备条件的其他事业单位。

第六十九条 行业特点突出，需要制定行业事业单位财务管理制度的，由国务院财政部门会同有关主管部门根据本规则制定。

第七十条 省、自治区、直辖市人民政府财政部门可以根据本规则结合本地区实际情况制定事业单位具体财务管理办法。

第七十一条 本规则自 2022 年 3 月 1 日起施行。《事业单位财务规则》（财政部令第 68 号）同时废止。

2. 中华人民共和国预算法实施条例

1995 年 11 月 22 日中华人民共和国国务院令第 186 号发布，2020 年 8 月 3 日中华人民共和国国务院令第 729 号修订

第一章　总　　则

第一条　根据《中华人民共和国预算法》（以下简称预算法），制定本条例。

第二条　县级以上地方政府的派出机关根据本级政府授权进行预算管理活动，不作为一级预算，其收支纳入本级预算。

第三条　社会保险基金预算应当在精算平衡的基础上实现可持续运行，一般公共预算可以根据需要和财力适当安排资金补充社会保险基金预算。

第四条　预算法第六条第二款所称各部门，是指与本级政府财政部门直接发生预算缴拨款关系的国家机关、军队、政党组织、事业单位、社会团体和其他单位。

第五条　各部门预算应当反映一般公共预算、政府性基金预算、国有资本经营预算安排给本部门及其所属各单位的所有预算资金。

各部门预算收入包括本级财政安排给本部门及其所属各单位的预算拨款收入和其他收入。各部门预算支出为与部门预算收入相对应的支出，包括基本支出和项目支出。

本条第二款所称基本支出，是指各部门、各单位为保障其机构正常运转、完成日常工作任务所发生的支出，包括人员经费和公用经费；所称项目支出，是指各部门、各单位为完成其特定的工作任务和事业发展目标所发生的支出。

各部门及其所属各单位的本级预算拨款收入和其相对应的支出，应当在部门预算中单独反映。

部门预算编制、执行的具体办法，由本级政府财政部门依法作出规定。

第六条　一般性转移支付向社会公开应当细化到地区。专项转移支付向社会公开应当细化到地区和项目。

政府债务、机关运行经费、政府采购、财政专户资金等情况，按照有关规定向社会公开。

部门预算、决算应当公开基本支出和项目支出。部门预算、决算支出按其功能分类应当公开到项；按其经济性质分类，基本支出应当公开到款。

各部门所属单位的预算、决算及报表，应当在部门批复后 20 日内由单位向社会公开。单位预算、决算应当公开基本支出和项目支出。单位预算、决算支出按其功能分类应当公开到项；按其经济性质分类，基本支出应当公开到款。

第七条　预算法第十五条所称中央和地方分税制，是指在划分中央与地方事权的基础

上，确定中央与地方财政支出范围，并按税种划分中央与地方预算收入的财政管理体制。

分税制财政管理体制的具体内容和实施办法，按照国务院的有关规定执行。

第八条 县级以上地方各级政府应当根据中央和地方分税制的原则和上级政府的有关规定，确定本级政府对下级政府的财政管理体制。

第九条 预算法第十六条第二款所称一般性转移支付，包括：

（一）均衡性转移支付；

（二）对革命老区、民族地区、边疆地区、贫困地区的财力补助；

（三）其他一般性转移支付。

第十条 预算法第十六条第三款所称专项转移支付，是指上级政府为了实现特定的经济和社会发展目标给予下级政府，并由下级政府按照上级政府规定的用途安排使用的预算资金。

县级以上各级政府财政部门应当会同有关部门建立健全专项转移支付定期评估和退出机制。对评估后的专项转移支付，按照下列情形分别予以处理：

（一）符合法律、行政法规和国务院规定，有必要继续执行的，可以继续执行；

（二）设立的有关要求变更，或者实际绩效与目标差距较大、管理不够完善的，应当予以调整；

（三）设立依据失效或者废止的，应当予以取消。

第十一条 预算收入和预算支出以人民币元为计算单位。预算收支以人民币以外的货币收纳和支付的，应当折合成人民币计算。

第二章 预算收支范围

第十二条 预算法第二十七条第一款所称行政事业性收费收入，是指国家机关、事业单位等依照法律法规规定，按照国务院规定的程序批准，在实施社会公共管理以及在向公民、法人和其他组织提供特定公共服务过程中，按照规定标准向特定对象收取费用形成的收入。

预算法第二十七条第一款所称国有资源（资产）有偿使用收入，是指矿藏、水流、海域、无居民海岛以及法律规定属于国家所有的森林、草原等国有资源有偿使用收入，按照规定纳入一般公共预算管理的国有资产收入等。

预算法第二十七条第一款所称转移性收入，是指上级税收返还和转移支付、下级上解收入、调入资金以及按照财政部规定列入转移性收入的无隶属关系政府的无偿援助。

第十三条 转移性支出包括上解上级支出、对下级的税收返还和转移支付、调出资金以及按照财政部规定列入转移性支出的给予无隶属关系政府的无偿援助。

第十四条 政府性基金预算收入包括政府性基金各项目收入和转移性收入。

政府性基金预算支出包括与政府性基金预算收入相对应的各项目支出和转移性支出。

第十五条 国有资本经营预算收入包括依照法律、行政法规和国务院规定应当纳入国有资本经营预算的国有独资企业和国有独资公司按照规定上缴国家的利润收入、从国有资本控股和参股公司获得的股息红利收入、国有产权转让收入、清算收入和其他收入。

国有资本经营预算支出包括资本性支出、费用性支出、向一般公共预算调出资金等转移性支出和其他支出。

第十六条 社会保险基金预算收入包括各项社会保险费收入、利息收入、投资收益、一般公共预算补助收入、集体补助收入、转移收入、上级补助收入、下级上解收入和其他收入。

社会保险基金预算支出包括各项社会保险待遇支出、转移支出、补助下级支出、上解上级支出和其他支出。

第十七条 地方各级预算上下级之间有关收入和支出项目的划分以及上解、返还或者转移支付的具体办法，由上级地方政府规定，报本级人民代表大会常务委员会备案。

第十八条 地方各级社会保险基金预算上下级之间有关收入和支出项目的划分以及上解、补助的具体办法，按照统筹层次由上级地方政府规定，报本级人民代表大会常务委员会备案。

第三章 预算编制

第十九条 预算法第三十一条所称预算草案，是指各级政府、各部门、各单位编制的未经法定程序审查和批准的预算。

第二十条 预算法第三十二条第一款所称绩效评价，是指根据设定的绩效目标，依据规范的程序，对预算资金的投入、使用过程、产出与效果进行系统和客观的评价。

绩效评价结果应当按照规定作为改进管理和编制以后年度预算的依据。

第二十一条 预算法第三十二条第三款所称预算支出标准，是指对预算事项合理分类并分别规定的支出预算编制标准，包括基本支出标准和项目支出标准。

地方各级政府财政部门应当根据财政部制定的预算支出标准，结合本地区经济社会发展水平、财力状况等，制定本地区或者本级的预算支出标准。

第二十二条 财政部于每年 6 月 15 日前部署编制下一年度预算草案的具体事项，规定报表格式、编报方法、报送期限等。

第二十三条 中央各部门应当按照国务院的要求和财政部的部署，结合本部门的具体情况，组织编制本部门及其所属各单位的预算草案。

中央各部门负责本部门所属各单位预算草案的审核，并汇总编制本部门的预算草案，按照规定报财政部审核。

第二十四条 财政部审核中央各部门的预算草案，具体编制中央预算草案；汇总地方预算草案或者地方预算，汇编中央和地方预算草案。

第二十五条 省、自治区、直辖市政府按照国务院的要求和财政部的部署，结合本地区的具体情况，提出本行政区域编制预算草案的要求。

县级以上地方各级政府财政部门应当于每年 6 月 30 日前部署本行政区域编制下一年度预算草案的具体事项，规定有关报表格式、编报方法、报送期限等。

第二十六条 县级以上地方各级政府各部门应当根据本级政府的要求和本级政府财政部门的部署，结合本部门的具体情况，组织编制本部门及其所属各单位的预算草案，按照规定报本级政府财政部门审核。

第二十七条 县级以上地方各级政府财政部门审核本级各部门的预算草案，具体编制本级预算草案，汇编本级总预算草案，经本级政府审定后，按照规定期限报上一级政府财政部门。

省、自治区、直辖市政府财政部门汇总的本级总预算草案或者本级总预算，应当于下一年度1月10日前报财政部。

第二十八条 县级以上各级政府财政部门审核本级各部门的预算草案时，发现不符合编制预算要求的，应当予以纠正；汇编本级总预算草案时，发现下级预算草案不符合上级政府或者本级政府编制预算要求的，应当及时向本级政府报告，由本级政府予以纠正。

第二十九条 各级政府财政部门编制收入预算草案时，应当征求税务、海关等预算收入征收部门和单位的意见。

预算收入征收部门和单位应当按照财政部门的要求提供下一年度预算收入征收预测情况。

第三十条 财政部门会同社会保险行政部门部署编制下一年度社会保险基金预算草案的具体事项。

社会保险经办机构具体编制下一年度社会保险基金预算草案，报本级社会保险行政部门审核汇总。社会保险基金收入预算草案由社会保险经办机构会同社会保险费征收机构具体编制。财政部门负责审核并汇总编制社会保险基金预算草案。

第三十一条 各级政府财政部门应当依照预算法和本条例规定，制定本级预算草案编制规程。

第三十二条 各部门、各单位在编制预算草案时，应当根据资产配置标准，结合存量资产情况编制相关支出预算。

第三十三条 中央一般公共预算收入编制内容包括本级一般公共预算收入、从国有资本经营预算调入资金、地方上解收入、从预算稳定调节基金调入资金、其他调入资金。

中央一般公共预算支出编制内容包括本级一般公共预算支出、对地方的税收返还和转移支付、补充预算稳定调节基金。

中央政府债务余额的限额应当在本级预算中单独列示。

第三十四条 地方各级一般公共预算收入编制内容包括本级一般公共预算收入、从国有资本经营预算调入资金、上级税收返还和转移支付、下级上解收入、从预算稳定调节基金调入资金、其他调入资金。

地方各级一般公共预算支出编制内容包括本级一般公共预算支出、上解上级支出、对下级的税收返还和转移支付、补充预算稳定调节基金。

第三十五条 中央政府性基金预算收入编制内容包括本级政府性基金各项收入、上一年度结余、地方上解收入。

中央政府性基金预算支出编制内容包括本级政府性基金各项目支出、对地方的转移支付、调出资金。

第三十六条 地方政府性基金预算收入编制内容包括本级政府性基金各项目收入、上一年度结余、下级上解收入、上级转移支付。

地方政府性基金预算支出编制内容包括本级政府性基金各项目支出、上解上级支出、对下级的转移支付、调出资金。

第三十七条 中央国有资本经营预算收入编制内容包括本级收入、上一年度结余、地方上解收入。

中央国有资本经营预算支出编制内容包括本级支出、向一般公共预算调出资金、对地方特定事项的转移支付。

第三十八条 地方国有资本经营预算收入编制内容包括本级收入、上一年度结余、上级对特定事项的转移支付、下级上解收入。

地方国有资本经营预算支出编制内容包括本级支出、向一般公共预算调出资金、对下级特定事项的转移支付、上解上级支出。

第三十九条 中央和地方社会保险基金预算收入、支出编制内容包括本条例第十六条规定的各项收入和支出。

第四十条 各部门、各单位预算收入编制内容包括本级预算拨款收入、预算拨款结转和其他收入。

各部门、各单位预算支出编制内容包括基本支出和项目支出。

各部门、各单位的预算支出，按其功能分类应当编列到项，按其经济性质分类应当编列到款。

第四十一条 各级政府应当加强项目支出管理。各级政府财政部门应当建立和完善项目支出预算评审制度。各部门、各单位应当按照本级政府财政部门的规定开展预算评审。

项目支出实行项目库管理，并建立健全项目入库评审机制和项目滚动管理机制。

第四十二条 预算法第三十四条第二款所称余额管理，是指国务院在全国人民代表大会批准的中央一般公共预算债务的余额限额内，决定发债规模、品种、期限和时点的管理方式；所称余额，是指中央一般公共预算中举借债务未偿还的本金。

第四十三条 地方政府债务余额实行限额管理。各省、自治区、直辖市的政府债务限额，由财政部在全国人民代表大会或者其常务委员会批准的总限额内，根据各地区债务风险、财力状况等因素，并考虑国家宏观调控政策等需要，提出方案报国务院批准。

各省、自治区、直辖市的政府债务余额不得突破国务院批准的限额。

第四十四条 预算法第三十五条第二款所称举借债务的规模，是指各地方政府债务余额限额的总和，包括一般债务限额和专项债务限额。一般债务是指列入一般公共预算用于公益性事业发展的一般债券、地方政府负有偿还责任的外国政府和国际经济组织贷款转贷债务；专项债务是指列入政府性基金预算用于有收益的公益性事业发展的专项债券。

第四十五条 省、自治区、直辖市政府财政部门依照国务院下达的本地区地方政府债务限额，提出本级和转贷给下级政府的债务限额安排方案，报本级政府批准后，将增加举借的债务列入本级预算调整方案，报本级人民代表大会常务委员会批准。

接受转贷并向下级政府转贷的政府应当将转贷债务纳入本级预算管理。使用转贷并负有直接偿还责任的政府，应当将转贷债务列入本级预算调整方案，报本级人民代表大会常务委员会批准。

地方各级政府财政部门负责统一管理本地区政府债务。

第四十六条 国务院可以将举借的外国政府和国际经济组织贷款转贷给省、自治区、直辖市政府。

国务院向省、自治区、直辖市政府转贷的外国政府和国际经济组织贷款，省、自治区、直辖市政府负有直接偿还责任的，应当纳入本级预算管理。省、自治区、直辖市政府未能按时履行还款义务的，国务院可以相应抵扣对该地区的税收返还等资金。

省、自治区、直辖市政府可以将国务院转贷的外国政府和国际经济组织贷款再转贷给下级政府。

第四十七条 财政部和省、自治区、直辖市政府财政部门应当建立健全地方政府债务风险评估指标体系，组织评估地方政府债务风险状况，对债务高风险地区提出预警，并监督化解债务风险。

第四十八条 县级以上各级政府应当按照本年度转移支付预计执行数的一定比例将下一年度转移支付预计数提前下达至下一级政府，具体下达事宜由本级政府财政部门办理。

除据实结算等特殊项目的转移支付外，提前下达的一般性转移支付预计数的比例一般不低于90%；提前下达的专项转移支付预计数的比例一般不低于70%。其中，按照项目法管理分配的专项转移支付，应当一并明确下一年度组织实施的项目。

第四十九条 经本级政府批准，各级政府财政部门可以设置预算周转金，额度不得超过本级一般公共预算支出总额的1%。年度终了时，各级政府财政部门可以将预算周转金收回并用于补充预算稳定调节基金。

第五十条 预算法第四十二条第一款所称结转资金，是指预算安排项目的支出年度终了时尚未执行完毕，或者因故未执行但下一年度需要按原用途继续使用的资金；连续两年未用完的结转资金，是指预算安排项目的支出在下一年度终了时仍未用完的资金。

预算法第四十二条第一款所称结余资金，是指年度预算执行终了时，预算收入实际完成数扣除预算支出实际完成数和结转资金后剩余的资金。

第四章 预算执行

第五十一条 预算执行中，政府财政部门的主要职责：

（一）研究和落实财政税收政策措施，支持经济社会健康发展；

（二）制定组织预算收入、管理预算支出以及相关财务、会计、内部控制、监督等制度和办法；

（三）督促各预算收入征收部门和单位依法履行职责，征缴预算收入；

（四）根据年度支出预算和用款计划，合理调度、拨付预算资金，监督各部门、各单位预算资金使用管理情况；

（五）统一管理政府债务的举借、支出与偿还，监督债务资金使用情况；

（六）指导和监督各部门、各单位建立健全财务制度和会计核算体系，规范账户管理，健全内部控制机制，按照规定使用预算资金；

（七）汇总、编报分期的预算执行数据，分析预算执行情况，按照本级人民代表大会常务委员会、本级政府和上一级政府财政部门的要求定期报告预算执行情况，并提出相关政策建议；

（八）组织和指导预算资金绩效监控、绩效评价；

（九）协调预算收入征收部门和单位、国库以及其他有关部门的业务工作。

第五十二条 预算法第五十六条第二款所称财政专户，是指财政部门为履行财政管理职能，根据法律规定或者经国务院批准开设的用于管理核算特定专用资金的银行结算账户；所称特定专用资金，包括法律规定可以设立财政专户的资金，外国政府和国际经济组织的贷款、赠款，按照规定存储的人民币以外的货币，财政部会同有关部门报国务院批准的其他特定专用资金。

开设、变更财政专户应当经财政部核准，撤销财政专户应当报财政部备案，中国人民银行应当加强对银行业金融机构开户的核准、管理和监督工作。

财政专户资金由本级政府财政部门管理。除法律另有规定外，未经本级政府财政部门同意，任何部门、单位和个人都无权冻结、动用财政专户资金。

财政专户资金应当由本级政府财政部门纳入统一的会计核算，并在预算执行情况、决算和政府综合财务报告中单独反映。

第五十三条 预算执行中，各部门、各单位的主要职责：

（一）制定本部门、本单位预算执行制度，建立健全内部控制机制；

（二）依法组织收入，严格支出管理，实施绩效监控，开展绩效评价，提高资金使用效益；

（三）对单位的各项经济业务进行会计核算；

（四）汇总本部门、本单位的预算执行情况，定期向本级政府财政部门报送预算执行情况报告和绩效评价报告。

第五十四条 财政部门会同社会保险行政部门、社会保险费征收机构制定社会保险基金预算的收入、支出以及财务管理的具体办法。

社会保险基金预算由社会保险费征收机构和社会保险经办机构具体执行，并按照规定向本级政府财政部门和社会保险行政部门报告执行情况。

第五十五条 各级政府财政部门和税务、海关等预算收入征收部门和单位必须依法组织预算收入，按照财政管理体制、征收管理制度和国库集中收缴制度的规定征收预算收入，除依法缴入财政专户的社会保险基金等预算收入外，应当及时将预算收入缴入国库。

第五十六条 除依法缴入财政专户的社会保险基金等预算收入外，一切有预算收入上缴义务的部门和单位，必须将应当上缴的预算收入，按照规定的预算级次、政府收支分类科目、缴库方式和期限缴入国库，任何部门、单位和个人不得截留、占用、挪用或者拖欠。

第五十七条 各级政府财政部门应当加强对预算资金拨付的管理，并遵循下列原则：

（一）按照预算拨付，即按照批准的年度预算和用款计划拨付资金。除预算法第五十四条规定的在预算草案批准前可以安排支出的情形外，不得办理无预算、无用款计划、超预算或者超计划的资金拨付，不得擅自改变支出用途；

（二）按照规定的预算级次和程序拨付，即根据用款单位的申请，按照用款单位的预算级次、审定的用款计划和财政部门规定的预算资金拨付程序拨付资金；

（三）按照进度拨付，即根据用款单位的实际用款进度拨付资金。

第五十八条 财政部应当根据全国人民代表大会批准的中央政府债务余额限额，合理安排发行国债的品种、结构、期限和时点。

省、自治区、直辖市政府财政部门应当根据国务院批准的本地区政府债务限额，合理安排发行本地区政府债券的结构、期限和时点。

第五十九条 转移支付预算下达和资金拨付应当由财政部门办理，其他部门和单位不得对下级政府部门和单位下达转移支付预算或者拨付转移支付资金。

第六十条 各级政府、各部门、各单位应当加强对预算支出的管理，严格执行预算，遵守财政制度，强化预算约束，不得擅自扩大支出范围、提高开支标准；严格按照预算规定的支出用途使用资金，合理安排支出进度。

第六十一条 财政部负责制定与预算执行有关的财务规则、会计准则和会计制度。各部门、各单位应当按照本级政府财政部门的要求建立健全财务制度，加强会计核算。

第六十二条 国库是办理预算收入的收纳、划分、留解、退付和库款支拨的专门机构。国库分为中央国库和地方国库。

中央国库业务由中国人民银行经理。未设中国人民银行分支机构的地区，由中国人民银行商财政部后，委托有关银行业金融机构办理。

地方国库业务由中国人民银行分支机构经理。未设中国人民银行分支机构的地区，由上级中国人民银行分支机构商有关地方政府财政部门后，委托有关银行业金融机构办理。

具备条件的乡、民族乡、镇，应当设立国库。具体条件和标准由省、自治区、直辖市政府财政部门确定。

第六十三条 中央国库业务应当接受财政部的指导和监督，对中央财政负责。

地方国库业务应当接受本级政府财政部门的指导和监督，对地方财政负责。

省、自治区、直辖市制定的地方国库业务规程应当报财政部和中国人民银行备案。

第六十四条 各级国库应当及时向本级政府财政部门编报预算收入入库、解库、库款拨付以及库款余额情况的日报、旬报、月报和年报。

第六十五条 各级国库应当依照有关法律、行政法规、国务院以及财政部、中国人民银行的有关规定，加强对国库业务的管理，及时准确地办理预算收入的收纳、划分、留解、退付和预算支出的拨付。

各级国库和有关银行业金融机构必须遵守国家有关预算收入缴库的规定，不得延解、占压应当缴入国库的预算收入和国库库款。

第六十六条 各级国库必须凭本级政府财政部门签发的拨款凭证或者支付清算指令于当日办理资金拨付，并及时将款项转入收款单位的账户或者清算资金。

各级国库和有关银行业金融机构不得占压财政部门拨付的预算资金。

第六十七条 各级政府财政部门、预算收入征收部门和单位、国库应当建立健全相互之间的预算收入对账制度，在预算执行中按月、按年核对预算收入的收纳以及库款拨付情况，保证预算收入的征收入库、库款拨付和库存金额准确无误。

第六十八条 中央预算收入、中央和地方预算共享收入退库的办法，由财政部制定。地方预算收入退库的办法，由省、自治区、直辖市政府财政部门制定。

各级预算收入退库的审批权属于本级政府财政部门。中央预算收入、中央和地方预算共享收入的退库，由财政部或者财政部授权的机构批准。地方预算收入的退库，由地方政府财政部门或者其授权的机构批准。具体退库程序按照财政部的有关规定办理。

办理预算收入退库，应当直接退给申请单位或者申请个人，按照国家规定用途使用。任何部门、单位和个人不得截留、挪用退库款项。

第六十九条 各级政府应当加强对本级国库的管理和监督，各级政府财政部门负责协调本级预算收入征收部门和单位与国库的业务工作。

第七十条 国务院各部门制定的规章、文件，凡涉及减免应缴预算收入、设立和改变收入项目和标准、罚没财物处理、经费开支标准和范围、国有资产处置和收益分配以及会计核算等事项的，应当符合国家统一的规定；凡涉及增加或者减少财政收入或者支出的，应当征求财政部意见。

第七十一条 地方政府依据法定权限制定的规章和规定的行政措施，不得涉及减免中央预算收入、中央和地方预算共享收入，不得影响中央预算收入、中央和地方预算共享收入的征收；违反规定的，有关预算收入征收部门和单位有权拒绝执行，并应当向上级预算收入征收部门和单位以及财政部报告。

第七十二条 各级政府应当加强对预算执行工作的领导，定期听取财政部门有关预算执行情况的汇报，研究解决预算执行中出现的问题。

第七十三条 各级政府财政部门有权监督本级各部门及其所属各单位的预算管理有关工作，对各部门的预算执行情况和绩效进行评价、考核。

各级政府财政部门有权对与本级各预算收入相关的征收部门和单位征收本级预算收入的情况进行监督，对违反法律、行政法规规定多征、提前征收、减征、免征、缓征或者退还预算收入的，责令改正。

第七十四条 各级政府财政部门应当每月向本级政府报告预算执行情况，具体报告内容、方式和期限由本级政府规定。

第七十五条 地方各级政府财政部门应当定期向上一级政府财政部门报送本行政区域

预算执行情况，包括预算执行旬报、月报、季报，政府债务余额统计报告，国库库款报告以及相关文字说明材料。具体报送内容、方式和期限由上一级政府财政部门规定。

第七十六条 各级税务、海关等预算收入征收部门和单位应当按照财政部门规定的期限和要求，向财政部门和上级主管部门报送有关预算收入征收情况，并附文字说明材料。

各级税务、海关等预算收入征收部门和单位应当与相关财政部门建立收入征管信息共享机制。

第七十七条 各部门应当按照本级政府财政部门规定的期限和要求，向本级政府财政部门报送本部门及其所属各单位的预算收支情况等报表和文字说明材料。

第七十八条 预算法第六十六条第一款所称超收收入，是指年度本级一般公共预算收入的实际完成数超过经本级人民代表大会或者其常务委员会批准的预算收入数的部分。

预算法第六十六条第三款所称短收，是指年度本级一般公共预算收入的实际完成数小于经本级人民代表大会或者其常务委员会批准的预算收入数的情形。

前两款所称实际完成数和预算收入数，不包括转移性收入和政府债务收入。

省、自治区、直辖市政府依照预算法第六十六条第三款规定增列的赤字，可以通过在国务院下达的本地区政府债务限额内发行地方政府一般债券予以平衡。

设区的市、自治州以下各级一般公共预算年度执行中出现短收的，应当通过调入预算稳定调节基金或者其他预算资金、减少支出等方式实现收支平衡；采取上述措施仍不能实现收支平衡的，可以通过申请上级政府临时救助平衡当年预算，并在下一年度预算中安排资金归还。

各级一般公共预算年度执行中厉行节约、节约开支，造成本级预算支出实际执行数小于预算总支出的，不属于预算调整的情形。

各级政府性基金预算年度执行中有超收收入的，应当在下一年度安排使用并优先用于偿还相应的专项债务；出现短收的，应当通过减少支出实现收支平衡。国务院另有规定的除外。

各级国有资本经营预算年度执行中有超收收入的，应当在下一年度安排使用；出现短收的，应当通过减少支出实现收支平衡。国务院另有规定的除外。

第七十九条 年度预算确定后，部门、单位改变隶属关系引起预算级次或者预算关系变化的，应当在改变财务关系的同时，相应办理预算、资产划转。

第五章 决 算

第八十条 预算法第七十四条所称决算草案，是指各级政府、各部门、各单位编制的未经法定程序审查和批准的预算收支和结余的年度执行结果。

第八十一条 财政部应当在每年第四季度部署编制决算草案的原则、要求、方法和报送期限，制发中央各部门决算、地方决算以及其他有关决算的报表格式。

省、自治区、直辖市政府按照国务院的要求和财政部的部署，结合本地区的具体情况，提出本行政区域编制决算草案的要求。

县级以上地方政府财政部门根据财政部的部署和省、自治区、直辖市政府的要求，部署编制本级政府各部门和下级政府决算草案的原则、要求、方法和报送期限，制发本级政府各部门决算、下级政府决算以及其他有关决算的报表格式。

第八十二条 地方政府财政部门根据上级政府财政部门的部署，制定本行政区域决算草案和本级各部门决算草案的具体编制办法。

各部门根据本级政府财政部门的部署，制定所属各单位决算草案的具体编制办法。

第八十三条 各级政府财政部门、各部门、各单位在每一预算年度终了时，应当清理核实全年预算收入、支出数据和往来款项，做好决算数据对账工作。

决算各项数据应当以经核实的各级政府、各部门、各单位会计数据为准，不得以估计数据替代，不得弄虚作假。

各部门、各单位决算应当列示结转、结余资金。

第八十四条 各单位应当按照主管部门的布置，认真编制本单位决算草案，在规定期限内上报。

各部门在审核汇总所属各单位决算草案基础上，连同本部门自身的决算收入和支出数据，汇编成本部门决算草案并附详细说明，经部门负责人签章后，在规定期限内报本级政府财政部门审核。

第八十五条 各级预算收入征收部门和单位应当按照财政部门的要求，及时编制收入年报以及有关资料并报送财政部门。

第八十六条 各级政府财政部门应当根据本级预算、预算会计核算数据等相关资料编制本级决算草案。

第八十七条 年度预算执行终了，对于上下级财政之间按照规定需要清算的事项，应当在决算时办理结算。

县级以上各级政府财政部门编制的决算草案应当及时报送本级政府审计部门审计。

第八十八条 县级以上地方各级政府应当自本级决算经批准之日起 30 日内，将本级决算以及下一级政府上报备案的决算汇总，报上一级政府备案；将下一级政府报送备案的决算汇总，报本级人民代表大会常务委员会备案。

乡、民族乡、镇政府应当自本级决算经批准之日起 30 日内，将本级决算报上一级政府备案。

第六章 监 督

第八十九条 县级以上各级政府应当接受本级和上级人民代表大会及其常务委员会对预算执行情况和决算的监督，乡、民族乡、镇政府应当接受本级人民代表大会和上级人民代表大会及其常务委员会对预算执行情况和决算的监督；按照本级人民代表大会或者其常务委员会的要求，报告预算执行情况；认真研究处理本级人民代表大会代表或者其常务委员会组成人员有关改进预算管理的建议、批评和意见，并及时答复。

第九十条 各级政府应当加强对下级政府预算执行情况的监督，对下级政府在预算执行中违反预算法、本条例和国家方针政策的行为，依法予以制止和纠正；对本级预算执行中出现的问题，及时采取处理措施。

下级政府应当接受上级政府对预算执行情况的监督；根据上级政府的要求，及时提供资料，如实反映情况，不得隐瞒、虚报；严格执行上级政府作出的有关决定，并将执行结果及时上报。

第九十一条 各部门及其所属各单位应当接受本级政府财政部门对预算管理有关工作的监督。

财政部派出机构根据职责和财政部的授权，依法开展工作。

第九十二条 各级政府审计部门应当依法对本级预算执行情况和决算草案，本级各部门、各单位和下级政府的预算执行情况和决算，进行审计监督。

第七章 法律责任

第九十三条 预算法第九十三条第六项所称违反本法规定冻结、动用国库库款或者以其他方式支配已入国库库款，是指：

（一）未经有关政府财政部门同意，冻结、动用国库库款；

（二）预算收入征收部门和单位违反规定将所收税款和其他预算收入存入国库之外的其他账户；

（三）未经有关政府财政部门或者财政部门授权的机构同意，办理资金拨付和退付；

（四）将国库库款挪作他用；

（五）延解、占压国库库款；

（六）占压政府财政部门拨付的预算资金。

第九十四条 各级政府、有关部门和单位有下列行为之一的，责令改正；对负有直接责任的主管人员和其他直接责任人员，依法给予处分：

（一）突破一般债务限额或者专项债务限额举借债务；

（二）违反本条例规定下达转移支付预算或者拨付转移支付资金；

（三）擅自开设、变更账户。

第八章 附 则

第九十五条 预算法第九十七条所称政府综合财务报告，是指以权责发生制为基础编制的反映各级政府整体财务状况、运行情况和财政中长期可持续性的报告。政府综合财务报告包括政府资产负债表、收入费用表等财务报表和报表附注，以及以此为基础进行的综合分析等。

第九十六条 政府投资年度计划应当和本级预算相衔接。政府投资决策、项目实施和监督管理按照政府投资有关行政法规执行。

第九十七条 本条例自 2020 年 10 月 1 日起施行。

3. 国务院关于进一步深化预算管理制度改革的意见

国发〔2021〕5号

各省、自治区、直辖市人民政府，国务院各部委、各直属机构：

预算体现国家的战略和政策，反映政府的活动范围和方向，是推进国家治理体系和治理能力现代化的重要支撑，是宏观调控的重要手段。党的十八大以来，按照党中央、国务院决策部署，预算管理制度不断改革完善，为建立现代财政制度奠定了坚实基础。当前和今后一个时期，财政处于紧平衡状态，收支矛盾较为突出，加之预算管理中存在统筹力度不足、政府过紧日子意识尚未牢固树立、预算约束不够有力、资源配置使用效率有待提高、预算公开范围和内容仍需拓展等问题，影响了财政资源统筹和可持续性。为落实《中华人民共和国预算法》及其实施条例有关规定，规范管理、提高效率、挖掘潜力、释放活力，现就进一步深化预算管理制度改革提出以下意见。

一、总体要求

（一）指导思想。以习近平新时代中国特色社会主义思想为指导，深入贯彻党的十九大和十九届二中、三中、四中、五中全会精神，全面贯彻党的基本理论、基本路线、基本方略，坚持稳中求进工作总基调，立足新发展阶段、贯彻新发展理念、构建新发展格局，以推动高质量发展为主题，以深化供给侧结构性改革为主线，以改革创新为根本动力，以满足人民日益增长的美好生活需要为根本目的，更加有效保障和改善民生，进一步完善预算管理制度，更好发挥财政在国家治理中的基础和重要支柱作用，为全面建设社会主义现代化国家提供坚实保障。

（二）基本原则。

坚持党的全面领导。将坚持和加强党的全面领导贯穿预算管理制度改革全过程。坚持以人民为中心，兜牢基本民生底线。坚持系统观念，加强财政资源统筹，集中力量办大事，坚决落实政府过紧日子要求，强化预算对落实党和国家重大政策的保障能力，实现有限公共资源与政策目标有效匹配。

坚持预算法定。增强法治观念，强化纪律意识，严肃财经纪律，更加注重强化约束，着力提升制度执行力，维护法律的权威性和制度的刚性约束力。明确地方和部门的主体责任，切实强化预算约束，加强对权力运行的制约和监督。

坚持目标引领。按照建立现代财税体制的要求，坚持目标导向和问题导向相结合，完善管理手段，创新管理技术，破除管理瓶颈，推进预算和绩效管理一体化，以信息化推进预算管理现代化，加强预算管理各项制度的系统集成、协同高效，提高预算管理规范化、科学化、标准化水平和预算透明度。

坚持底线思维。把防风险摆在更加突出的位置，统筹发展和安全、当前和长远，杜绝脱离实际的过高承诺，形成稳定合理的社会预期。加强政府债务和中长期支出事项管理，牢牢守住不发生系统性风险的底线。

二、加大预算收入统筹力度，增强财政保障能力

（三）规范政府收入预算管理。实事求是编制收入预算，考虑经济运行和实施减税降费政策等因素合理测算。严禁将财政收入规模、增幅纳入考核评比。严格落实各项减税降费政策，严禁收取过头税费、违规设置收费项目或提高收费标准。依照法律法规及时足额征收应征的预算收入，如实反映财政收入情况，提高收入质量，严禁虚收空转。不得违法违规制定实施各种形式的歧视性税费减免政策，维护全国统一市场和公平竞争。严禁将政府非税收入与征收单位支出挂钩。

（四）加强政府性资源统筹管理。将依托行政权力、国有资源（资产）获取的收入以及特许经营权拍卖收入等按规定全面纳入预算，加大预算统筹力度。完善收费基金清单管理，将列入清单的收费基金按规定纳入预算。将应当由政府统筹使用的基金项目转列一般公共预算。合理确定国有资本收益上交比例。

（五）强化部门和单位收入统筹管理。各部门和单位要依法依规将取得的各类收入纳入部门或单位预算，未纳入预算的收入不得安排支出。各部门应当加强所属单位事业收入、事业单位经营收入等非财政拨款收入管理，在部门和单位预算中如实反映非财政拨款收入情况。加强行政事业性国有资产收入管理，资产出租、处置等收入按规定上缴国库或纳入单位预算。

（六）盘活各类存量资源。盘活财政存量资金，完善结余资金收回使用机制。新增资产配置要与资产存量挂钩，依法依规编制相关支出预算。严格各类资产登记和核算，所有资本性支出应当形成资产并予以全程登记。各级行政事业单位要将资产使用管理责任落实到人，确保资产安全完整、高效利用。推动国有资产共享共用，促进长期低效运转、闲置和超标准配置资产以及临时配置资产调剂使用，有条件的部门和地区可以探索建立公物仓，按规定处置不需使用且难以调剂的国有资产，提高财政资源配置效益。

三、规范预算支出管理，推进财政支出标准化

（七）加强重大决策部署财力保障。各级预算安排要将落实党中央、国务院重大决策部署作为首要任务，贯彻党的路线方针政策，增强对国家重大战略任务、国家发展规划的财力保障。完善预算决策机制和程序，各级预算、决算草案提请本级人大或其常委会审查批准前，应当按程序报本级党委和政府审议；各部门预算草案应当报本部门党组（党委）审议。

（八）合理安排支出预算规模。坚持量入为出原则，积极运用零基预算理念，打破支出固化僵化格局，合理确定支出预算规模，调整完善相关重点支出的预算编制程序，不再与财政收支增幅或生产总值层层挂钩。充分发挥财政政策逆周期调节作用，安排财政赤字和举借债务要与经济逆周期调节相适应，将政府杠杆率控制在合理水平，并预留应对经济周期变化的政策空间。

（九）大力优化财政支出结构。各级预算安排要突出重点，坚持“三保”（保基本民生、保工资、保运转）支出在财政支出中的优先顺序，坚决兜住“三保”底线，不留硬缺口。严格控制竞争性领域财政投入，强化对具有正外部性创新发展的支持。不折不扣落实过紧日子要求，厉行节约办一切事业，建立节约型财政保障机制，精打细算，严控一般性支出。严禁违反规定乱开口子、随意追加预算。严格控制政府性楼堂馆所建设，严格控制和执行资产配置标准，暂时没有标准的要从严控制、避免浪费。清理压缩各种福利性、普惠性、基数化奖励。优化国有资本经营预算支出结构，强化资本金注入，推动国有经济布局优化和结构调整。

（十）完善财政资金直达机制。在保持现行财政体制、资金管理权限和保障主体责任基本稳定的前提下，稳步扩大直达资金范围。完善直达资金分配审核流程，加强对地方分配直达资金情况的监督，确保资金安排符合相关制度规定、体现政策导向。建立健全直达资金监控体系，加强部门协同联动，强化从资金源头到使用末端的全过程、全链条、全方位监管，资金监管“一竿子插到底”，确保资金直达使用单位、直接惠企利民，防止挤占挪用、沉淀闲置等，提高财政资金使用的有效性和精准性。

（十一）推进支出标准体系建设。建立国家基础标准和地方标准相结合的基本公共服务保障标准体系，由财政部会同中央有关职能部门按程序制定国家基础标准，地方结合公共服务状况、支出成本差异、财政承受能力等因素因地制宜制定地方标准，按程序报上级备案后执行。鼓励各地区结合实际在国家尚未出台基础标准的领域制定地方标准。各地区要围绕“三保”等基本需要研究制定县级标准。根据支出政策、项目要素及成本、财力水平等，建立不同行业、不同地区、分类分档的预算项目支出标准体系。根据经济社会发展、物价变动和财力变化等动态调整支出标准。加强对项目执行情况的分析和结果运用，将科学合理的实际执行情况作为制定和调整标准的依据。加快推进项目要素、项目文本、绩效指标等标准化规范化。将支出标准作为预算编制的基本依据，不得超标准编制预算。

四、严格预算编制管理，增强财政预算完整性

（十二）改进政府预算编制。上级政府应当依法依规提前下达转移支付和新增地方政府债务限额预计数，增强地方预算编制的完整性、主动性。下级政府应当严格按照提前下达数如实编制预算，既不得虚列收支、增加规模，也不得少列收支、脱离监督。进一步优化转移支付体系，完善转移支付资金分配方法，健全转移支付定期评估和动态调整、退出机制，提高转移支付管理的规范性、科学性、合理性。规范国有资本经营预算编制，经本级人大或其常委会批准，国有资本规模较小或国有企业数量较少的市县可以不编制本级国有资本经营预算。

（十三）加强跨年度预算平衡。加强中期财政规划管理，进一步增强与国家发展规划的衔接，强化中期财政规划对年度预算的约束。对各类合规确定的中长期支出事项和跨年度项目，要根据项目预算管理等要求，将全生命周期内对财政支出的影响纳入中期财政规划。地方政府举借债务应当严格落实偿债资金来源，科学测算评估预期偿债收入，合理制定偿债计划，并在中期财政规划中如实反映。鼓励地方结合项目偿债收入情况，建立政府偿债备付金制度。

（十四）加强部门和单位预算管理。政府的全部收入和支出都应当依法纳入预算，执行统一的预算管理制度。落实部门和单位预算管理主体责任，部门和单位要对预算完整性、规范性、真实性以及执行结果负责。各部门要统筹各类资金资产，结合本部门非财政拨款收入情况统筹申请预算，保障合理支出需求。将项目作为部门和单位预算管理的基本单元，预算支出全部以项目形式纳入预算项目库，实施项目全生命周期管理，未纳入预算项目库的项目一律不得安排预算。有关部门负责安排的建设项目，要按规定纳入部门项目库并纳入预算项目库。实行项目标准化分类，规范立项依据、实施期限、支出标准、预算需求等要素。建立健全项目入库评审机制和项目滚动管理机制。做实做细项目储备，纳入预算项目库的项目应当按规定完成可行性研究论证、制定具体实施计划等各项前期工作，做到预算一经批准即可实施，并按照轻重缓急等排序，突出保障重点。推进运用成本效益分析等方法研究开展事前绩效评估。依法依规管理预算代编事项，除应急、救灾等特殊事项外，部门不得代编应由所属单位实施的项目预算。

（十五）完善政府财务报告体系。建立完善权责发生制政府综合财务报告制度，全面客观反映政府资产负债与财政可持续性情况。健全财政总预算会计制度，将财政财务信息内容从预算收支信息扩展至资产、负债、投资等信息。推动预算单位深化政府会计改革，全面有效实施政府会计标准体系，完善权责发生制会计核算基础。完善国有资产管理情况报告制度，做好与政府综合财务报告的衔接。

五、强化预算执行和绩效管理，增强预算约束力

（十六）强化预算对执行的控制。严格执行人大批准的预算，预算一经批准非经法定程序不得调整。对预算指标实行统一规范的核算管理，精准反映预算指标变化，实现预算指标对执行的有效控制。坚持先有预算后有支出，严禁超预算、无预算安排支出或开展政府采购，严禁将国库资金违规拨入财政专户。严禁出台溯及以前年度的增支政策，新的增支政策原则上通过以后年度预算安排支出。规范预算调剂行为。规范按权责发生制列支事项，市县级财政国库集中支付结余不再按权责发生制列支。严禁以拨代支，进一步加强地方财政暂付性款项管理，除已按规定程序审核批准的事项外，不得对未列入预算的项目安排支出。加强对政府投资基金设立和出资的预算约束，提高资金使用效益。加强国有资本管理与监督，确保国有资本安全和保值增值。

（十七）推动预算绩效管理提质增效。将落实党中央、国务院重大决策部署作为预算绩效管理重点，加强财政政策评估评价，增强政策可行性和财政可持续性。加强重点领域预算绩效管理，分类明确转移支付绩效管理重点，强化引导约束。加强对政府和社会资本

合作、政府购买服务等项目的全过程绩效管理。加强国有资本资产使用绩效管理，提高使用效益。加强绩效评价结果应用，将绩效评价结果与完善政策、调整预算安排有机衔接，对低效无效资金一律削减或取消，对沉淀资金一律按规定收回并统筹安排。加大绩效信息公开力度，推动绩效目标、绩效评价结果向社会公开。

（十八）优化国库集中收付管理。对政府全部收入和支出实行国库集中收付管理。完善国库集中支付控制体系和集中校验机制，实行全流程电子支付，优化预算支出审核流程，全面提升资金支付效率。根据预算收入进度和资金调度需要等，合理安排国债、地方政府债券的发行规模和节奏，节省资金成本。优化国债品种期限结构，发挥国债收益率曲线定价基准作用。完善财政收支和国库现金流量预测体系，建立健全库款风险预警机制，统筹协调国库库款管理、政府债券发行与国库现金运作。

（十九）拓展政府采购政策功能。建立政府采购需求标准体系，鼓励相关部门结合部门和行业特点提出政府采购相关政策需求，推动在政府采购需求标准中嵌入支持创新、绿色发展等政策要求。细化政府采购预算编制，确保与年度预算相衔接。建立支持创新产品及服务、中小企业发展等政策落实的预算编制和资金支付控制机制。对于适合以市场化方式提供的服务事项，应当依法依规实施政府购买服务，坚持费随事转，防止出现“一边购买服务，一边养人办事”的情况。

六、加强风险防控，增强财政可持续性

（二十）健全地方政府依法适度举债机制。健全地方政府债务限额确定机制，一般债务限额与一般公共预算收入相匹配，专项债务限额与政府性基金预算收入及项目收益相匹配。完善专项债券管理机制，专项债券必须用于有一定收益的公益性建设项目，建立健全专项债券项目全生命周期收支平衡机制，实现融资规模与项目收益相平衡，专项债券期限要与项目期限相匹配，专项债券项目对应的政府性基金收入、专项收入应当及时足额缴入国库，保障专项债券到期本息偿付。完善以债务率为主的政府债务风险评估指标体系，建立健全政府债务与项目资产、收益相对应的制度，综合评估政府偿债能力。加强风险评估预警结果应用，有效前移风险防控关口。依法落实到期法定债券偿还责任。健全地方政府债务信息公开及债券信息披露机制，发挥全国统一的地方政府债务信息公开平台作用，全面覆盖债券参与主体和机构，打通地方政府债券管理全链条，促进形成市场化融资自律约束机制。

（二十一）防范化解地方政府隐性债务风险。把防范化解地方政府隐性债务风险作为重要的政治纪律和政治规矩，坚决遏制隐性债务增量，妥善处置和化解隐性债务存量。完善常态化监控机制，进一步加强日常监督管理，决不允许新增隐性债务上新项目、铺新摊子。强化国有企事业单位监管，依法健全地方政府及其部门向企事业单位拨款机制，严禁地方政府以企业债务形式增加隐性债务。严禁地方政府通过金融机构违规融资或变相举债。金融机构要审慎合规经营，尽职调查、严格把关，严禁要求或接受地方党委、人大、政府及其部门出具担保性质文件或者签署担保性质协议。清理规范地方融资平台公司，剥

离其政府融资职能，对失去清偿能力的要依法实施破产重整或清算。健全市场化、法治化的债务违约处置机制，鼓励债务人、债权人协商处置存量债务，切实防范恶意逃废债，保护债权人合法权益，坚决防止风险累积形成系统性风险。加强督查审计问责，严格落实政府举债终身问责制和债务问题倒查机制。

（二十二）防范化解财政运行风险隐患。推进养老保险全国统筹，坚持精算平衡，加强基金运行监测，防范待遇支付风险。加强医疗、失业、工伤等社保基金管理，推进省级统筹，根据收支状况及时调整完善缴费和待遇政策，促进收支基本平衡。各地区出台涉及增加财政支出的重大政策或实施重大政府投资项目前，要按规定进行财政承受能力评估，未通过评估的不得安排预算。规范政府和社会资本合作项目管理。各部门出台政策时要考虑地方财政承受能力。除党中央、国务院统一要求以及共同事权地方应负担部分外，上级政府及其部门不得出台要求下级配套或以达标评比、考核评价等名目变相配套的政策。加强政府中长期支出事项管理，客观评估对财政可持续性的影响。

七、增强财政透明度，提高预算管理信息化水平

（二十三）改进预决算公开。加大各级政府预决算公开力度，大力推进财政政策公开。扩大部门预决算公开范围，各部门所属预算单位预算、决算及相关报表应当依法依规向社会公开。推进政府投资基金、收费基金、国有资本收益、政府采购意向等信息按规定向社会公开。建立民生项目信息公示制度。细化政府预决算公开内容，转移支付资金管理办法及绩效目标、预算安排情况等应当依法依规向社会公开。细化部门预决算公开内容，项目预算安排、使用情况等项目信息应当依法依规向社会公开。推进按支出经济分类公开政府预决算和部门预决算。

（二十四）发挥多种监督方式的协同效应。充分发挥党内监督的主导作用，加强财会监督，促进财会监督与党内监督、监察监督、行政监督、司法监督、审计监督、统计监督、群众监督、舆论监督等协同发力。各级政府、各部门要依法接受各级人大及其常委会、审计部门的监督。推进人大预算联网监督工作。各级财政部门要做好财税法规和政策执行情况、预算管理有关监督工作，构建日常监管与专项监督协调配合的监督机制。强化监督结果运用，对监督发现的问题，严格依规依纪依法追究有关单位和人员责任，加大处理结果公开力度。

（二十五）实现中央和地方财政系统信息贯通。用信息化手段支撑中央和地方预算管理，规范各级预算管理工作流程等，统一数据标准，推动数据共享。以省级财政为主体加快建设覆盖本地区的预算管理一体化系统并与中央财政对接，动态反映各级预算安排和执行情况，力争2022年底全面运行。中央部门根据国家政务信息化建设进展同步推进相关信息系统建设。建立完善全覆盖、全链条的转移支付资金监控机制，实时记录和动态反映转移支付资金分配、拨付、使用情况，实现资金从预算安排源头到使用末端全过程来源清晰、流向明确、账目可查、账实相符。

（二十六）推进部门间预算信息互联共享。预算管理一体化系统集中反映单位基础信

息和会计核算、资产管理、账户管理等预算信息，实现财政部门与主管部门共享共用。积极推动财政与组织、人力资源和社会保障、税务、人民银行、审计、公安、市场监管等部门实现基础信息按规定共享共用。落实部门和单位财务管理主体责任，强化部门对所属单位预算执行的监控管理职责。

各地区、各部门要充分认识到进一步深化预算管理制度改革的重要意义，把思想认识和行动统一到党中央、国务院的决策部署上来，增强“四个意识”、坚定“四个自信”、做到“两个维护”，主动谋划，精心组织，扎实推进改革。各地区要按照本意见要求，结合本地区实际，细化各项政策措施，切实加强制度建设，夯实改革基础，推进人才队伍建设，确保各项改革任务及时落地见效，推动预算管理水平再上新台阶。

国务院

2021 年 3 月 7 日

4. 中共中央　国务院关于全面实施预算绩效管理的意见

2018 年 9 月 1 日

全面实施预算绩效管理是推进国家治理体系和治理能力现代化的内在要求，是深化财税体制改革、建立现代财政制度的重要内容，是优化财政资源配置、提升公共服务质量的关键举措。为解决当前预算绩效管理存在的突出问题，加快建成全方位、全过程、全覆盖的预算绩效管理体系，现提出如下意见。

一、全面实施预算绩效管理的必要性

党的十八大以来，在以习近平同志为核心的党中央坚强领导下，各地区各部门认真贯彻落实党中央、国务院决策部署，财税体制改革加快推进，预算管理制度持续完善，财政资金使用绩效不断提升，对我国经济社会发展发挥了重要支持作用。但也要看到，现行预算绩效管理仍然存在一些突出问题，主要是：绩效理念尚未牢固树立，一些地方和部门存在重投入轻管理、重支出轻绩效的意识；绩效管理的广度和深度不足，尚未覆盖所有财政资金，一些领域财政资金低效无效、闲置沉淀、损失浪费的问题较为突出，克扣挪用、截留私分、虚报冒领的问题时有发生；绩效激励约束作用不强，绩效评价结果与预算安排和政策调整的挂钩机制尚未建立。

当前，我国经济已由高速增长阶段转向高质量发展阶段，正处在转变发展方式、优化经济结构、转换增长动力的攻关期，建设现代化经济体系是跨越关口的迫切要求和我国发展的战略目标。发挥好财政职能作用，必须按照全面深化改革的要求，加快建立现代财政制度，建立全面规范透明、标准科学、约束有力的预算制度，以全面实施预算绩效管理为关键点和突破口，解决好绩效管理中存在的突出问题，推动财政资金聚力增效，提高公共服务供给质量，增强政府公信力和执行力。

二、总体要求

（一）指导思想。以习近平新时代中国特色社会主义思想为指导，全面贯彻党的十九大和十九届二中、三中全会精神，坚持和加强党的全面领导，坚持稳中求进工作总基调，坚持新发展理念，紧扣我国社会主要矛盾变化，按照高质量发展的要求，紧紧围绕统筹推进“五位一体”总体布局和协调推进“四个全面”战略布局，坚持以供给侧结构性改革为主线，创新预算管理方式，更加注重结果导向、强调成本效益、硬化责任约束，力争用 3－5 年时间基本建成全方位、全过程、全覆盖的预算绩效管理体系，实现预算和绩效管理一体化，着力提高财政资源配置效率和使用效益，改变预算资金分配的固化格局，提高预算管理水平和政策实施效果，为经济社会发展提供有力保障。

（二）基本原则。

——坚持总体设计、统筹兼顾。按照深化财税体制改革和建立现代财政制度的总体要求，统筹谋划全面实施预算绩效管理的路径和制度体系。既聚焦解决当前最紧迫问题，又着眼健全长效机制；既关注预算资金的直接产出和效果，又关注宏观政策目标的实现程度；既关注新出台政策、项目的科学性和精准度，又兼顾延续政策、项目的必要性和有效性。

——坚持全面推进、突出重点。预算绩效管理既要全面推进，将绩效理念和方法深度融入预算编制、执行、监督全过程，构建事前事中事后绩效管理闭环系统，又要突出重点，坚持问题导向，聚焦提升覆盖面广、社会关注度高、持续时间长的重大政策、项目的实施效果。

——坚持科学规范、公开透明。抓紧健全科学规范的管理制度，完善绩效目标、绩效监控、绩效评价、结果应用等管理流程，健全共性的绩效指标框架和分行业领域的绩效指标体系，推动预算绩效管理标准科学、程序规范、方法合理、结果可信。大力推进绩效信息公开透明，主动向同级人大报告、向社会公开，自觉接受人大和社会各界监督。

——坚持权责对等、约束有力。建立责任约束制度，明确各方预算绩效管理职责，清晰界定权责边界。健全激励约束机制，实现绩效评价结果与预算安排和政策调整挂钩。增强预算统筹能力，优化预算管理流程，调动地方和部门的积极性、主动性。

三、构建全方位预算绩效管理格局

（三）实施政府预算绩效管理。将各级政府收支预算全面纳入绩效管理。各级政府预算收入要实事求是、积极稳妥、讲求质量，必须与经济社会发展水平相适应，严格落实各项减税降费政策，严禁脱离实际制定增长目标，严禁虚收空转、收取过头税费，严禁超出限额举借政府债务。各级政府预算支出要统筹兼顾、突出重点、量力而行，着力支持国家重大发展战略和重点领域改革，提高保障和改善民生水平，同时不得设定过高民生标准和擅自扩大保障范围，确保财政资源高效配置，增强财政可持续性。

（四）实施部门和单位预算绩效管理。将部门和单位预算收支全面纳入绩效管理，赋予部门和资金使用单位更多的管理自主权，围绕部门和单位职责、行业发展规划，以预算资金管理为主线，统筹考虑资产和业务活动，从运行成本、管理效率、履职效能、社会效应、可持续发展能力和服务对象满意度等方面，衡量部门和单位整体及核心业务实施效果，推动提高部门和单位整体绩效水平。

（五）实施政策和项目预算绩效管理。将政策和项目全面纳入绩效管理，从数量、质量、时效、成本、效益等方面，综合衡量政策和项目预算资金使用效果。对实施期超过一年的重大政策和项目实行全周期跟踪问效，建立动态评价调整机制，政策到期、绩效低下的政策和项目要及时清理退出。

四、建立全过程预算绩效管理链条

（六）建立绩效评估机制。各部门各单位要结合预算评审、项目审批等，对新出台重大政策、项目开展事前绩效评估，重点论证立项必要性、投入经济性、绩效目标合理性、实施方案可行性、筹资合规性等，投资主管部门要加强基建投资绩效评估，评估结果作为申请预算的必备要件。各级财政部门要加强新增重大政策和项目预算审核，必要时可以组织第三方机构独立开展绩效评估，审核和评估结果作为预算安排的重要参考依据。

（七）强化绩效目标管理。各地区各部门编制预算时要贯彻落实党中央、国务院各项决策部署，分解细化各项工作要求，结合本地区本部门实际情况，全面设置部门和单位整体绩效目标、政策及项目绩效目标。绩效目标不仅要包括产出、成本，还要包括经济效益、社会效益、生态效益、可持续影响和服务对象满意度等绩效指标。各级财政部门要将绩效目标设置作为预算安排的前置条件，加强绩效目标审核，将绩效目标与预算同步批复下达。

（八）做好绩效运行监控。各级政府和各部门各单位对绩效目标实现程度和预算执行进度实行“双监控”，发现问题要及时纠正，确保绩效目标如期保质保量实现。各级财政部门建立重大政策、项目绩效跟踪机制，对存在严重问题的政策、项目要暂缓或停止预算拨款，督促及时整改落实。各级财政部门要按照预算绩效管理要求，加强国库现金管理，降低资金运行成本。

（九）开展绩效评价和结果应用。通过自评和外部评价相结合的方式，对预算执行情况开展绩效评价。各部门各单位对预算执行情况以及政策、项目实施效果开展绩效自评，评价结果报送本级财政部门。各级财政部门建立重大政策、项目预算绩效评价机制，逐步开展部门整体绩效评价，对下级政府财政运行情况实施综合绩效评价，必要时可以引入第三方机构参与绩效评价。健全绩效评价结果反馈制度和绩效问题整改责任制，加强绩效评价结果应用。

五、完善全覆盖预算绩效管理体系

（十）建立一般公共预算绩效管理体系。各级政府要加强一般公共预算绩效管理。收入方面，要重点关注收入结构、征收效率和优惠政策实施效果。支出方面，要重点关注预算资金配置效率、使用效益，特别是重大政策和项目实施效果，其中转移支付预算绩效管理要符合财政事权和支出责任划分规定，重点关注促进地区间财力协调和区域均衡发展。同时，积极开展涉及一般公共预算等财政资金的政府投资基金、主权财富基金、政府和社会资本合作（PPP）、政府采购、政府购买服务、政府债务项目绩效管理。

（十一）建立其他政府预算绩效管理体系。除一般公共预算外，各级政府还要将政府性基金预算、国有资本经营预算、社会保险基金预算全部纳入绩效管理，加强四本预算之间的衔接。政府性基金预算绩效管理，要重点关注基金政策设立延续依据、征收标准、使用效果等情况，地方政府还要关注其对专项债务的支撑能力。国有资本经营预算绩效管理，要重点关注贯彻国家战略、收益上缴、支出结构、使用效果等情况。社会保险基金预算绩效管理，要重点关注各类社会保险基金收支政策效果、基金管理、精算平衡、地区结构、运行风险等情况。

六、健全预算绩效管理制度

（十二）完善预算绩效管理流程。围绕预算管理的主要内容和环节，完善涵盖绩效目标管理、绩效运行监控、绩效评价管理、评价结果应用等各环节的管理流程，制定预算绩效管理制度和实施细则。建立专家咨询机制，引导和规范第三方机构参与预算绩效管理，严格执业质量监督管理。加快预算绩效管理信息化建设，打破“信息孤岛”和“数据烟囱”，促进各级政府和各部门各单位的业务、财务、资产等信息互联互通。

（十三）健全预算绩效标准体系。各级财政部门要建立健全定量和定性相结合的共性绩效指标框架。各行业主管部门要加快构建分行业、分领域、分层次的核心绩效指标和标准体系，实现科学合理、细化量化、可比可测、动态调整、共建共享。绩效指标和标准体系要与基本公共服务标准、部门预算项目支出标准等衔接匹配，突出结果导向，重点考核实绩。创新评估评价方法，立足多维视角和多元数据，依托大数据分析技术，运用成本效益分析法、比较法、因素分析法、公众评判法、标杆管理法等，提高绩效评估评价结果的客观性和准确性。

七、硬化预算绩效管理约束

（十四）明确绩效管理责任约束。按照党中央、国务院统一部署，财政部要完善绩效管理的责任约束机制，地方各级政府和各部门各单位是预算绩效管理的责任主体。地方各级党委和政府主要负责同志对本地区预算绩效负责，部门和单位主要负责同志对本部门本单位预算绩效负责，项目责任人对项目预算绩效负责，对重大项目的责任人实行绩效终身责任追究制，切实做到花钱必问效、无效必问责。

（十五）强化绩效管理激励约束。各级财政部门要抓紧建立绩效评价结果与预算安排和政策调整挂钩机制，将本级部门整体绩效与部门预算安排挂钩，将下级政府财政运行综合绩效与转移支付分配挂钩。对绩效好的政策和项目原则上优先保障，对绩效一般的政策和项目要督促改进，对交叉重复、碎片化的政策和项目予以调整，对低效无效资金一律削减或取消，对长期沉淀的资金一律收回并按照有关规定统筹用于亟需支持的领域。

八、保障措施

（十六）加强绩效管理组织领导。坚持党对全面实施预算绩效管理工作的领导，充分发挥党组织的领导作用，增强把方向、谋大局、定政策、促改革的能力和定力。财政部要加强对全面实施预算绩效管理工作的组织协调。各地区各部门要加强对本地区本部门预算绩效管理的组织领导，切实转变思想观念，牢固树立绩效意识，结合实际制定实施办法，加强预算绩效管理力量，充实预算绩效管理人员，督促指导有关政策措施落实，确保预算绩效管理延伸至基层单位和资金使用终端。

（十七）加强绩效管理监督问责。审计机关要依法对预算绩效管理情况开展审计监督，财政、审计等部门发现违纪违法问题线索，应当及时移送纪检监察机关。各级财政部门要推进绩效信息公开，重要绩效目标、绩效评价结果要与预决算草案同步报送同级人大、同步向社会主动公开，搭建社会公众参与绩效管理的途径和平台，自觉接受人大和社会各界监督。

（十八）加强绩效管理工作考核。各级政府要将预算绩效结果纳入政府绩效和干部政绩考核体系，作为领导干部选拔任用、公务员考核的重要参考，充分调动各地区各部门履职尽责和干事创业的积极性。各级财政部门负责对本级部门和预算单位、下级财政部门预算绩效管理工作情况进行考核。建立考核结果通报制度，对工作成效明显的地区和部门给予表彰，对工作推进不力的进行约谈并责令限期整改。

全面实施预算绩效管理是党中央、国务院作出的重大战略部署，是政府治理和预算管理的深刻变革。各地区各部门要更加紧密地团结在以习近平同志为核心的党中央周围，把思想认识和行动统一到党中央、国务院决策部署上来，增强“四个意识”，坚定“四个自信”，提高政治站位，把全面实施预算绩效管理各项措施落到实处，为决胜全面建成小康社会、夺取新时代中国特色社会主义伟大胜利、实现中华民族伟大复兴的中国梦奠定坚实基础。

5. 财政部关于印发《部门决算管理办法》的通知

财库〔2021〕36 号

有关中央预算单位，各省、自治区、直辖市、计划单列市财政厅（局），新疆生产建设兵团财政局，财政部各地监管局：

为贯彻预算法实施条例，落实党中央国务院关于深化预算管理制度改革的要求，进一步加强部门决算管理，根据《中华人民共和国预算法》《中华人民共和国会计法》《中华人民共和国预算法实施条例》《行政单位财务规则》《事业单位财务规则》和政府会计准则制度等有关规定，我部对《部门决算管理制度》（财库〔2013〕209 号）进行了修订，形成了《部门决算管理办法》。现印发给你们，请认真遵照执行。

附件：部门决算管理办法

财　政　部

2021 年 10 月 13 日

部门决算管理办法

第一章　总　　则

第一条　为进一步加强部门决算管理，根据《中华人民共和国预算法》《中华人民共和国会计法》《中华人民共和国预算法实施条例》《行政单位财务规则》《事业单位财务规则》和政府会计准则制度等有关规定，制定本办法。

第二条　本办法适用于各级政府财政部门、各部门、各单位的部门决算管理工作。

本办法所称各部门是指与本级政府财政部门直接发生预算缴拨款关系的国家机关、政党组织、事业单位、社会团体和其他单位，涵盖范围与部门预算相对应。各单位是指部门所属预算单位，含经费自理事业单位。

第三条　本办法所称部门决算，是指各部门依据国家有关法律法规规定及其履行职能情况编制，反映部门所有预算收支和结余执行结果及绩效等情况的综合性年度报告，是改进部门预算执行以及编制后续年度部门预算的参考和依据。

第四条　部门决算由本部门及其所属单位决算组成。

第五条　部门决算管理按照“依法依规、科学规范、统一高效”的原则，由财政部实施统一管理，各级政府财政部门、各部门、各单位依据预算管理关系分别组织实施。

第六条 部门决算管理事项主要包括：部门决算的工作组织、报告体系设计、编制审核、汇总报送、批复、信息公开、分析应用以及数据资料管理等。

第二章 报告体系设计

第七条 部门决算报告体系包括决算报表、报表说明和决算分析等。

第八条 决算报表包括报表封面、主表、附表等，反映部门和单位收支预算执行结果以及与预算管理相关的机构人员、存量资产等信息。

第九条 报表说明包括报表编制基本情况、数据审核情况，以及需要说明的重要事项等，主要反映决算报表编制的相关情况。

第十条 决算分析包括收支预算执行、机构人员、预算绩效等情况分析，以及决算管理工作开展情况，主要反映部门预决算管理及预算执行情况。

第三章 编制审核和汇总报送

第十一条 每一预算年度终了，各部门、各单位应当按照本级政府财政部门的工作部署，依法依规编制决算，做到收支真实、数额准确、内容完整、报送及时。

第十二条 各部门、各单位应当全面清理核实收入、支出等情况，并在办理年终结账的基础上编制决算。具体程序是：

（一）清理收支账目、往来款项，核对年度预算收支和各项缴拨款项，做到账实相符、账证相符、账表相符、表表相符。

（二）按照规定的时间结账，不得提前或者延迟。

（三）根据预算会计核算生成的数据、财政部门对预算的批复文件等编制决算，如实反映年度内全部收支，不得以估计数据替代，不得弄虚作假。

第十三条 各级政府财政部门、各部门、各单位应当按规定审核部门决算，主要内容包括：

（一）审核决算编制范围是否完整，是否有漏报和重复编报情况。

（二）审核决算报表是否合规、准确、完整。

（三）审核报表说明和决算分析是否符合决算编制规定。

第十四条 各部门对所属各单位的纸质报表、电子数据以及相关资料，按照相关规定及要求组织审核。

各级政府财政部门对本级各部门以及下级政府财政部门汇总的部门决算纸质报表、电子数据以及相关资料，按照相关规定及要求组织审核。

第十五条 各级政府财政部门、各部门发现决算编制不符合规定，存在漏报、重报、虚报、瞒报、错报等问题的，应当要求有关单位限期纠正。

第十六条 各部门在审核汇总所属各单位决算基础上，连同本部门自身的决算收入和支出等数据，汇编成本部门决算并附报表说明和决算分析等资料，经部门负责人签章后，在规定期限内报本级政府财政部门。

第十七条 财政部依法依规组织中央部门编制决算草案，报经国务院审定后提请全国人民代表大会常务委员会审查和批准。

地方各级政府财政部门根据本级人民代表大会常务委员会规定，组织本级部门编制、报送决算草案。

第十八条 地方各级政府财政部门应当逐级汇总本级各部门和下一级政府财政部门报送的部门决算，在规定期限内报送上一级政府财政部门。

第四章　批复和信息公开

第十九条 各级政府财政部门应当在本级人民代表大会常务委员会批准本级政府决算后二十日内，向本级各部门批复决算。

各部门应当在接到本级政府财政部门批复的本部门决算后十五日内，向所属单位批复决算。

第二十条 决算批复内容应当与预算批复相衔接，主要包括收入、支出、结转和结余，以及其他相关决算数据。

各级政府财政部门、各部门根据管理需要，在决算批复文件中提出决算审核中发现的主要问题及改进财政财务管理的意见。

第二十一条 各部门、各单位应当根据决算批复文件、审核审计意见等，办理预算执行调整事项，并按照政府会计准则制度规定进行会计处理。

第二十二条 各级人民代表大会常务委员会批准本级决算后，按照相关制度规定，部门决算数据确需变动的，调整下一年度决算报表年初数。

第二十三条 各部门、各单位是决算公开的主体。除涉及国家秘密的内容外，各部门、各单位应当按照有关规定，向社会公开经批复的决算。

第二十四条 各部门应当自本级政府财政部门批复决算后二十日内向社会公开决算。

各单位应当自部门批复本单位决算后二十日内向社会公开决算。

第二十五条 各部门、各单位应当以本部门、本单位门户网站为主要平台公开决算，并保持长期公开状态。

未设置门户网站的，通过本级政府门户网站、上级部门门户网站公开决算，或通过政府公报、报刊、广播、电视等公开决算。

第二十六条 各部门应当制定有关工作规范和工作方案，明确单位决算公开的时间、内容、方式、程序等，指导单位妥善处理涉密信息。

各级政府财政部门应当加强对决算信息公开工作的协调和业务指导。

第二十七条 各部门应当根据本级政府财政部门要求，报告本部门的决算公开情况。

地方各级政府财政部门应当根据上一级政府财政部门要求，报告本地区的部门决算公开情况。

第五章　分析应用和数据资料管理

第二十八条 各级政府财政部门、各部门、各单位应当加强对决算数据和预算绩效的分析，汇编分析资料，撰写分析报告，强化决算分析结果的反馈和运用，及时解决决算反映的问题，发挥决算对预算编制、执行以及财务管理的促进作用。

第二十九条 各级政府财政部门、各部门、各单位应当充分利用信息技术，推动部门决算数据共享工作，提高决算数据的应用质效。

第三十条 各级政府财政部门、各部门、各单位应当按照《会计档案管理办法》有关规定，采取必要措施，对部门决算数据资料进行管理和维护。

部门决算数据资料包括以各种介质存放的决算报表、报表说明、决算分析等。

第三十一条 部门决算数据资料涉及国家秘密的，各级政府财政部门、各部门、各单位应当依法严格执行保密规定，既确保国家秘密安全，又便利信息资源合理利用。

第六章 管理职责

第三十二条 财政部负责制定部门决算报告体系，管理部门决算软件业务需求，负责部门决算工作布置、审核汇总和数据管理；组织中央部门向国务院和全国人民代表大会常务委员会报送决算草案；组织中央部门决算审核、批复和公开工作；指导地方政府财政部门开展部门决算管理工作。

财政部各地监管局根据授权，开展属地中央预算单位决算审核工作。

地方各级政府财政部门根据上级政府财政部门的部署，开展本级部门决算管理工作，并指导下级政府财政部门开展部门决算管理工作。

第三十三条 各部门、各单位是本部门、本单位的决算管理主体，对决算的规范性、真实性、准确性、完整性负责。

各部门根据本级政府财政部门的部署，组织、指导本部门所属各单位决算布置、审核、汇总报送、批复、公开、分析应用以及数据资料管理等工作。

各单位按照主管部门的布置，做好本单位决算管理工作。

第三十四条 未依法依规编制、报送、批复、公开决算，以及故意漏报、瞒报以及编报虚假决算信息的行为，按照《中华人民共和国预算法》《中华人民共和国会计法》《财政违法行为处罚处分条例》等国家有关规定予以处理。

第七章 附 则

第三十五条 地方各级政府财政部门、各部门可以依据本办法，结合工作实际，制定具体办法。

第三十六条 本办法自 2022 年 1 月 1 日起施行。2013 年 12 月 10 日财政部发布的《部门决算管理制度》（财库〔2013〕209 号）同时废止。

6. 财政部关于印发《项目支出绩效评价管理办法》的通知

财预〔2020〕10号

有关中央预算单位，各省、自治区、直辖市、计划单列市财政厅（局），新疆生产建设兵团财政局：

为深入贯彻落实《中共中央 国务院关于全面实施预算绩效管理的意见》精神，我们在《财政支出绩效评价管理暂行办法》（财预〔2011〕285号）的基础上，修订形成了《项目支出绩效评价管理办法》，现予印发，请遵照执行。

附件：项目支出绩效评价管理办法

财 政 部

2020年2月25日

项目支出绩效评价管理办法

第一章 总 则

第一条 为全面实施预算绩效管理，建立科学、合理的项目支出绩效评价管理体系，提高财政资源配置效率和使用效益，根据《中华人民共和国预算法》和《中共中央 国务院关于全面实施预算绩效管理的意见》等有关规定，制定本办法。

第二条 项目支出绩效评价（以下简称绩效评价）是指财政部门、预算部门和单位，依据设定的绩效目标，对项目支出的经济性、效率性、效益性和公平性进行客观、公正的测量、分析和评判。

第三条 一般公共预算、政府性基金预算、国有资本经营预算项目支出的绩效评价适用本办法。涉及预算资金及相关管理活动，如政府投资基金、主权财富基金、政府和社会资本合作（PPP）、政府购买服务、政府债务项目等绩效评价可参照本办法执行。

第四条 绩效评价分为单位自评、部门评价和财政评价三种方式。单位自评是指预算部门组织部门本级和所属单位对预算批复的项目绩效目标完成情况进行自我评价。部门评价是指预算部门根据相关要求，运用科学、合理的绩效评价指标、评价标准和方法，对本部门的项目组织开展的绩效评价。财政评价是财政部门对预算部门的项目组织开展的绩效评价。

第五条 绩效评价应当遵循以下基本原则：

（一）科学公正。绩效评价应当运用科学合理的方法，按照规范的程序，对项目绩效进行客观、公正的反映。

（二）统筹兼顾。单位自评、部门评价和财政评价应职责明确，各有侧重，相互衔接。单位自评应由项目单位自主实施，即“谁支出、谁自评”。部门评价和财政评价应在单位自评的基础上开展，必要时可委托第三方机构实施。

（三）激励约束。绩效评价结果应与预算安排、政策调整、改进管理实质性挂钩，体现奖优罚劣和激励相容导向，有效要安排、低效要压减、无效要问责。

（四）公开透明。绩效评价结果应依法依规公开，并自觉接受社会监督。

第六条 绩效评价的主要依据：

（一）国家相关法律、法规和规章制度；

（二）党中央、国务院重大决策部署，经济社会发展目标，地方各级党委和政府重点任务要求；

（三）部门职责相关规定；

（四）相关行业政策、行业标准及专业技术规范；

（五）预算管理制度及办法，项目及资金管理办法、财务和会计资料；

（六）项目设立的政策依据和目标，预算执行情况，年度决算报告、项目决算或验收报告等相关材料；

（七）本级人大审查结果报告、审计报告及决定，财政监督稽核报告等；

（八）其他相关资料。

第七条 绩效评价期限包括年度、中期及项目实施期结束后；对于实施期5年及以上的项目，应适时开展中期和实施期后绩效评价。

第二章 绩效评价的对象和内容

第八条 单位自评的对象包括纳入政府预算管理的所有项目支出。

第九条 部门评价对象应根据工作需要，优先选择部门履职的重大改革发展项目，随机选择一般性项目。原则上应以5年为周期，实现部门评价重点项目全覆盖。

第十条 财政评价对象应根据工作需要，优先选择贯彻落实党中央、国务院重大方针政策和决策部署的项目，覆盖面广、影响力大、社会关注度高、实施期长的项目。对重点项目应周期性组织开展绩效评价。

第十一条 单位自评的内容主要包括项目总体绩效目标、各项绩效指标完成情况以及预算执行情况。对未完成绩效目标或偏离绩效目标较大的项目要分析并说明原因，研究提出改进措施。

第十二条 财政和部门评价的内容主要包括：

（一）决策情况；

（二）资金管理和使用情况；

（三）相关管理制度办法的健全性及执行情况；

（四）实现的产出情况；

（五）取得的效益情况；

（六）其他相关内容。

第三章　绩效评价指标、评价标准和方法

第十三条　单位自评指标是指预算批复时确定的绩效指标，包括项目的产出数量、质量、时效、成本，以及经济效益、社会效益、生态效益、可持续影响、服务对象满意度等。

单位自评指标的权重由各单位根据项目实际情况确定。原则上预算执行率和一级指标权重统一设置为：预算执行率 10%、产出指标 50%、效益指标 30%、服务对象满意度指标 10%。如有特殊情况，一级指标权重可做适当调整。二、三级指标应当根据指标重要程度、项目实施阶段等因素综合确定，准确反映项目的产出和效益。

第十四条　财政和部门绩效评价指标的确定应当符合以下要求：与评价对象密切相关，全面反映项目决策、项目和资金管理、产出和效益；优先选取最具代表性、最能直接反映产出和效益的核心指标，精简实用；指标内涵应当明确、具体、可衡量，数据及佐证资料应当可采集、可获得；同类项目绩效评价指标和标准应具有一致性，便于评价结果相互比较。

财政和部门评价指标的权重根据各项指标在评价体系中的重要程度确定，应当突出结果导向，原则上产出、效益指标权重不低于 60%。同一评价对象处于不同实施阶段时，指标权重应体现差异性，其中，实施期间的评价更加注重决策、过程和产出，实施期结束后的评价更加注重产出和效益。

第十五条　绩效评价标准通常包括计划标准、行业标准、历史标准等，用于对绩效指标完成情况进行比较。

（一）计划标准。指以预先制定的目标、计划、预算、定额等作为评价标准。

（二）行业标准。指参照国家公布的行业指标数据制定的评价标准。

（三）历史标准。指参照历史数据制定的评价标准，为体现绩效改进的原则，在可实现的条件下应当确定相对较高的评价标准。

（四）财政部门和预算部门确认或认可的其他标准。

第十六条　单位自评采用定量与定性评价相结合的比较法，总分由各项指标得分汇总形成。

定量指标得分按照以下方法评定：与年初指标值相比，完成指标值的，记该指标所赋全部分值；对完成值高于指标值较多的，要分析原因，如果是由于年初指标值设定明显偏低造成的，要按照偏离度适度调减分值；未完成指标值的，按照完成值与指标值的比例记分。

定性指标得分按照以下方法评定：根据指标完成情况分为达成年度指标、部分达成年度指标并具有一定效果、未达成年度指标且效果较差三档，分别按照该指标对应分值区间

100% -80%（含）、80% -60%（含）、60% -0%合理确定分值。

第十七条 财政和部门评价的方法主要包括成本效益分析法、比较法、因素分析法、最低成本法、公众评判法、标杆管理法等。根据评价对象的具体情况，可采用一种或多种方法。

（一）成本效益分析法。是指将投入与产出、效益进行关联性分析的方法。

（二）比较法。是指将实施情况与绩效目标、历史情况、不同部门和地区同类支出情况进行比较的方法。

（三）因素分析法。是指综合分析影响绩效目标实现、实施效果的内外部因素的方法。

（四）最低成本法。是指在绩效目标确定的前提下，成本最小者为优的方法。

（五）公众评判法。是指通过专家评估、公众问卷及抽样调查等方式进行评判的方法。

（六）标杆管理法。是指以国内外同行业中较高的绩效水平为标杆进行评判的方法。

（七）其他评价方法。

第十八条 绩效评价结果采取评分和评级相结合的方式，具体分值和等级可根据不同评价内容设定。总分一般设置为100分，等级一般划分为四档：90（含）-100分为优、80（含）-90分为良、60（含）-80分为中、60分以下为差。

第四章 绩效评价的组织管理与实施

第十九条 财政部门负责拟定绩效评价制度办法，指导本级各部门和下级财政部门开展绩效评价工作；会同有关部门对单位自评和部门评价结果进行抽查复核，督促部门充分应用自评和评价结果；根据需要组织实施绩效评价，加强评价结果反馈和应用。

第二十条 各部门负责制定本部门绩效评价办法，组织部门本级和所属单位开展自评工作，汇总自评结果，加强自评结果审核和应用；具体组织实施部门评价工作，加强评价结果反馈和应用。积极配合财政评价工作，落实评价整改意见。

第二十一条 部门本级和所属单位按照要求具体负责自评工作，对自评结果的真实性和准确性负责，自评中发现的问题要及时进行整改。

第二十二条 财政和部门评价工作主要包括以下环节：

（一）确定绩效评价对象和范围；

（二）下达绩效评价通知；

（三）研究制订绩效评价工作方案；

（四）收集绩效评价相关数据资料，并进行现场调研、座谈；

（五）核实有关情况，分析形成初步结论；

（六）与被评价部门（单位）交换意见；

（七）综合分析并形成最终结论；

（八）提交绩效评价报告；

（九）建立绩效评价档案。

第二十三条 财政和部门评价根据需要可委托第三方机构或相关领域专家（以下简称

第三方，主要是指与资金使用单位没有直接利益关系的单位和个人）参与，并加强对第三方的指导，对第三方工作质量进行监督管理，推动提高评价的客观性和公正性。

第二十四条 部门委托第三方开展绩效评价的，要体现委托人与项目实施主体相分离的原则，一般由主管财务的机构委托，确保绩效评价的独立、客观、公正。

第五章 绩效评价结果应用及公开

第二十五条 单位自评结果主要通过项目支出绩效自评表的形式反映，做到内容完整、权重合理、数据真实、结果客观。财政和部门评价结果主要以绩效评价报告的形式体现，绩效评价报告应当依据充分、分析透彻、逻辑清晰、客观公正。

绩效评价工作和结果应依法自觉接受审计监督。

第二十六条 各部门应当按照要求随同部门决算向本级财政部门报送绩效自评结果。

部门和单位应切实加强自评结果的整理、分析，将自评结果作为本部门、本单位完善政策和改进管理的重要依据。对预算执行率偏低、自评结果较差的项目，要单独说明原因，提出整改措施。

第二十七条 财政部门和预算部门应在绩效评价工作完成后，及时将评价结果反馈被评价部门（单位），并明确整改时限；被评价部门（单位）应当按要求向财政部门或主管部门报送整改落实情况。

各部门应按要求将部门评价结果报送本级财政部门，评价结果作为本部门安排预算、完善政策和改进管理的重要依据；财政评价结果作为安排政府预算、完善政策和改进管理的重要依据。原则上，对评价等级为优、良的，根据情况予以支持；对评价等级为中、差的，要完善政策、改进管理，根据情况核减预算。对不进行整改或整改不到位的，根据情况相应调减预算或整改到位后再予安排。

第二十八条 各级财政部门、预算部门应当按照要求将绩效评价结果分别编入政府决算和本部门决算，报送本级人民代表大会常务委员会，并依法予以公开。

第六章 法律责任

第二十九条 对使用财政资金严重低效无效并造成重大损失的责任人，要按照相关规定追责问责。对绩效评价过程中发现的资金使用单位和个人的财政违法行为，依照《中华人民共和国预算法》《财政违法行为处罚处分条例》等有关规定追究责任；发现违纪违法问题线索的，应当及时移送纪检监察机关。

第三十条 各级财政部门、预算部门和单位及其工作人员在绩效评价管理工作中存在违反本办法的行为，以及其他滥用职权、玩忽职守、徇私舞弊等违法违纪行为的，依照《中华人民共和国预算法》《中华人民共和国公务员法》《中华人民共和国监察法》《财政违法行为处罚处分条例》等国家有关规定追究相应责任；涉嫌犯罪的，依法移送司法机关处理。

第七章　附　　则

第三十一条　各地区、各部门可结合实际制定具体的管理办法和实施细则。

第三十二条　本办法自印发之日起施行。《财政支出绩效评价管理暂行办法》（财预〔2011〕285 号）同时废止。

7. 财政部关于印发《事业单位成本核算基本指引》的通知

财会〔2019〕25 号

党中央有关部门，国务院各部委、各直属机构，全国人大常委会办公厅，全国政协办公厅，最高人民法院，最高人民检察院，各民主党派中央，有关人民团体，各省、自治区、直辖市、计划单列市财政厅（局），新疆生产建设兵团财政局：

为促进事业单位加强成本核算工作，提升单位内部管理水平和运行效率，夯实绩效管理基础，根据《中华人民共和国会计法》以及政府会计准则制度等，我部制定了《事业单位成本核算基本指引》，现予印发，自 2021 年 1 月 1 日起施行。

执行中有何问题，请及时反馈我部。

附件：事业单位成本核算基本指引

财政部

2019 年 12 月 17 日

事业单位成本核算基本指引

第一章 总 则

第一条 为促进事业单位加强成本核算工作，提升单位内部管理水平和运行效率，夯实绩效管理基础，根据《中华人民共和国会计法》以及政府会计准则制度等，制定本指引。

第二条 本指引适用于执行政府会计准则制度且开展成本核算工作的事业单位（以下简称单位）。

第三条 本指引所称成本，是指单位特定的成本核算对象所发生的资源耗费，包括人力资源耗费，房屋及建筑物、设备、材料、产品等有形资产的耗费，知识产权等无形资产的耗费，以及其他耗费。

第四条 本指引所称成本核算，是指单位对实现其职能目标过程中实际发生的各种耗费按照确定的成本核算对象和成本项目进行归集、分配，计算确定各成本核算对象的总成本、单位成本等，并向有关使用者提供成本信息的活动。

第五条 单位进行成本核算应当满足内部管理和外部管理的特定成本信息需求。单位的成本信息需求包括但不限于以下方面：

（一）成本控制。为满足该需求，单位应当完整、准确核算特定成本核算对象的成本，揭示成本发生和形成过程，以便对影响成本的各种因素、条件施加影响或管控，将实际成本控制在预期目标内。

（二）公共服务或产品定价。为满足该需求，单位应当准确核算公共服务或产品的成本，以便为政府定价机构、有关单位制定相关价格或收费标准提供依据和参考。

（三）绩效评价。为满足该需求，单位应当设置与成本相关的绩效指标并加以准确核算，以便衡量单位整体和内部组织部门运行效率、核心业务实施效果、政策和项目资金使用效果。

第六条 单位应当以权责发生制财务会计数据为基础进行成本核算，财务会计有关明细科目设置和辅助核算应当满足成本核算的需要。

第七条 单位应当建立健全成本费用相关原始记录，充分利用现代信息技术，加强和完善成本数据的收集、记录、传递、汇总和整理等基础工作，为成本核算提供必要的数据基础。

第八条 单位进行成本核算，应当遵循以下原则：

（一）相关性原则。单位选择成本核算对象、归集分配成本、提供成本信息应当与满足成本信息需求相关，有助于成本信息使用者依据成本信息作出评价或决策。

（二）可靠性原则。单位应当以实际发生的经济业务或事项为依据进行成本核算，保证成本信息真实可靠、内容完整。

（三）适应性原则。单位进行成本核算，应当与单位行业特点、特定的成本信息需求相适应。

（四）及时性原则。单位应当及时收集、传递、处理、报告成本信息，便于信息使用者及时作出评价或决策。

（五）可比性原则。同一单位不同期间、相同行业不同单位，对相同或相似的成本核算对象进行成本核算所采用的方法和依据等应当保持一致，确保成本信息相互可比。

（六）重要性原则。单位选择成本核算对象、进行成本核算应当区分重要程度，对于重要的成本核算对象和成本项目应当力求成本信息的精确，对于非重要的成本核算对象和成本项目可以适当简化核算。

第九条 单位可以根据成本信息需求、成本核算对象等确定成本核算周期，并按照成本核算周期等编制成本报告，全面反映单位成本核算情况。

第二章 成本核算对象

第十条 单位应当根据其职能目标、所处行业特点，以及不同的成本信息需求等确定成本核算对象。

第十一条 单位可以多维度、多层次地确定成本核算对象。

第十二条 单位按照维度确定的成本核算对象主要包括：

（一）按业务活动类型确定的成本核算对象。

（二）按政策、项目确定的成本核算对象。

（三）按提供的公共服务或产品确定的成本核算对象。

第十三条 单位按照层次确定的成本核算对象主要包括：

（一）以单位整体作为成本核算对象。

（二）按内部组织部门确定的成本核算对象。

（三）按业务团队确定的成本核算对象。

第十四条 单位为满足成本控制需求，可以以业务活动类型、项目、内部组织部门等作为成本核算对象；为满足公共服务或产品定价需求，可以以公共服务或产品作为成本核算对象；为满足内部绩效评价需求，可以以项目、内部组织部门、业务团队等作为成本核算对象；为满足外部绩效评价需求，可以以政策和项目、单位整体等作为成本核算对象。

第三章 成本项目和范围

第十五条 单位应当根据成本信息需求设置成本项目，并对每个成本核算对象按照其成本项目进行数据归集。

成本项目是指将归集到成本核算对象的成本按照一定标准划分的反映成本构成的具体项目。

单位可以根据具体成本信息需求，按照成本经济用途、成本要素等设置成本项目。

第十六条 单位成本项目的设置，应当与政府会计准则制度中“加工物品”“业务活动费用”“单位管理费用”等科目的明细科目保持协调。

单位可以根据需要在本条前款规定的成本项目下设置进一步的明细项目或进行辅助核算。

第十七条 不属于成本核算对象的耗费，不计入该成本核算对象的成本。

成本核算对象为业务活动类型的，与单位开展业务活动耗费无关的费用，如资产处置费用、上缴上级费用、对附属单位补助费用等，一般不计入成本。

成本核算对象为单位整体的，单位负有管理维护职责但并非为满足其自身开展业务活动需要所控制资产的折旧（摊销）费用，如公共基础设施折旧（摊销）费、保障性住房折旧费等，一般不计入成本。

第十八条 为满足公共服务或产品定价需求开展的成本核算，应当在对相关成本进行完整核算的基础上，按规定对成本范围予以调整，如按规定调减不符合有关法律法规规定的费用、有财政资金补偿的费用等。

第四章 成本归集和分配

第十九条 单位一般通过“业务活动费用”“单位管理费用”等会计科目，按照成本项目归集实际发生的各种费用，据此计算确定各成本核算对象的成本。

当成本核算对象为自制或委托外单位加工的各种物品、建设工程项目、自行研究开发项目时，应当按照政府会计准则制度等规定分别通过“加工物品”“在建工程”“研发支出”等会计科目，按照成本项目归集并结转实际发生的各种费用。

第二十条 单位应当根据成本信息需求，对具体的成本核算对象分别选择完全成本法或制造成本法进行成本核算。

完全成本法，是指将单位所发生的全部耗费按照成本核算对象进行归集和分配，计算出总成本和单位成本的方法。成本核算对象为单位整体、主要业务活动的，可以采用完全成本法。

制造成本法，是指只将与产品制造或业务活动有联系的费用计入成本核算对象，不将单位管理费用等向成本核算对象分配的方法。成本核算对象为公共服务或产品、项目、内部组织部门、业务团队的，可以采用制造成本法。

第二十一条 单位所发生的费用，按照计入成本核算对象的方式不同，分为直接费用和间接费用。

直接费用是指能确定由某一成本核算对象负担的费用，应当按照所对应的成本项目类别，直接计入成本核算对象。

间接费用是指不能直接计入成本核算对象的费用，应当选择合理的分配标准或方法分配计入各个成本核算对象。

第二十二条 单位应当根据业务特点，按照资源耗费方式确定合理的间接费用分配标准或方法。

间接费用分配标准或方法一般遵循因果关系和受益原则，将资源耗费根据资源耗费动因分项目追溯或分配至相关的成本核算对象，如根据工作量占比、耗用资源占比、收入占比等。

同一成本核算对象的间接费用分配标准或方法一旦确定，各期间应当保持一致，不得随意变动。

第二十三条 单位应当根据其职能目标确定主要的专业业务活动，作为基本的成本归集和分配的对象。

第二十四条 单位内直接开展专业业务活动的业务部门所发生的业务活动费用，如直接开展专业业务活动人员的工资福利费用、开展专业业务活动领用的库存物品成本、业务部门所使用资产的折旧（摊销）费用等，应当区分直接费用和间接费用，归集、分配计入各类业务活动等成本核算对象。

第二十五条 单位内为业务部门提供服务或产品的辅助部门所发生的业务活动费用，应当采用合理的标准或方法分配计入各类业务活动等成本核算对象。

辅助部门之间互相提供的服务、产品成本，应当采用合理的方法，进行交互分配。互相提供服务、产品的成本较少的，可以不进行交互分配，直接分配计入各类业务活动等成本核算对象。

第二十六条 单位本级行政及后勤管理部门开展管理活动发生的单位管理费用，如单位行政及后勤管理部门发生的人员经费、公用经费、资产折旧（摊销）等费用，以及由单位统一负担的费用，可以根据成本信息需求，采用合理的标准或方法分配计入相关成本核算对象。

第二十七条 成本核算对象为公共服务或产品的，可以合理选择品种法、分批法、分步法等方法进行成本核算。

第五章 附 则

第二十八条 行业事业单位（如医院、高等学校、科学事业单位）的成本核算具体指引等，应当由财政部遵循本指引制定。

第二十九条 行政单位、参照执行政府会计准则制度的非行政事业单位主体开展成本核算工作，可以参照执行本指引。

第三十条 本指引由财政部负责解释。

第三十一条 本指引自 2021 年 1 月 1 日起施行。

8. 财政部关于印发《政府采购需求管理办法》的通知

财库〔2021〕22 号

各中央预算单位，各省、自治区、直辖市、计划单列市财政厅（局），新疆生产建设兵团财政局：

为落实《深化政府采购制度改革方案》加强政府采购需求管理的有关要求，财政部制定了《政府采购需求管理办法》，现印发给你们，请遵照执行。

附件：政府采购需求管理办法

财　政　部

2021 年 4 月 30 日

政府采购需求管理办法

第一章　总　　则

第一条　为加强政府采购需求管理，实现政府采购项目绩效目标，根据《中华人民共和国政府采购法》和《中华人民共和国政府采购法实施条例》等有关法律法规，制定本办法。

第二条　政府采购货物、工程和服务项目的需求管理适用本办法。

第三条　本办法所称政府采购需求管理，是指采购人组织确定采购需求和编制采购实施计划，并实施相关风险控制管理的活动。

第四条　采购需求管理应当遵循科学合理、厉行节约、规范高效、权责清晰的原则。

第五条　采购人对采购需求管理负有主体责任，按照本办法的规定开展采购需求管理各项工作，对采购需求和采购实施计划的合法性、合规性、合理性负责。主管预算单位负责指导本部门采购需求管理工作。

第二章　采购需求

第六条　本办法所称采购需求，是指采购人为实现项目目标，拟采购的标的及其需要满足的技术，商务要求。

技术要求是指对采购标的的功能和质量要求，包括性能、材料、结构、外观、安全，或者服务内容和标准等。

商务要求是指取得采购标的的时间、地点、财务和服务要求，包括交付（实施）的时间（期限）和地点（范围），付款条件（进度和方式），包装和运输，售后服务，保险等。

第七条 采购需求应当符合法律法规、政府采购政策和国家有关规定，符合国家强制性标准，遵循预算、资产和财务等相关管理制度规定，符合采购项目特点和实际需要。

采购需求应当依据部门预算（工程项目概预算）确定。

第八条 确定采购需求应当明确实现项目目标的所有技术、商务要求，功能和质量指标的设置要充分考虑可能影响供应商报价和项目实施风险的因素。

第九条 采购需求应当清楚明了、表述规范、含义准确。

技术要求和商务要求应当客观，量化指标应当明确相应等次，有连续区间的按照区间划分等次。需由供应商提供设计方案、解决方案或者组织方案的采购项目，应当说明采购标的的功能、应用场景、目标等基本要求，并尽可能明确其中的客观、量化指标。

采购需求可以直接引用相关国家标准、行业标准、地方标准等标准、规范，也可以根据项目目标提出更高的技术要求。

第十条 采购人可以在确定采购需求前，通过咨询、论证、问卷调查等方式开展需求调查，了解相关产业发展、市场供给、同类采购项目历史成交信息，可能涉及的运行维护、升级更新、备品备件、耗材等后续采购，以及其他相关情况。

面向市场主体开展需求调查时，选择的调查对象一般不少于 3 个，并应当具有代表性。

第十一条 对于下列采购项目，应当开展需求调查：

（一）1000 万元以上的货物、服务采购项目，3000 万元以上的工程采购项目；

（二）涉及公共利益、社会关注度较高的采购项目，包括政府向社会公众提供的公共服务项目等；

（三）技术复杂、专业性较强的项目，包括需定制开发的信息化建设项目、采购进口产品的项目等；

（四）主管预算单位或者采购人认为需要开展需求调查的其他采购项目。

编制采购需求前一年内，采购人已就相关采购标的开展过需求调查的可以不再重复开展。

按照法律法规的规定，对采购项目开展可行性研究等前期工作，已包含本办法规定的需求调查内容的，可以不再重复调查；对在可行性研究等前期工作中未涉及的部分，应当按照本办法的规定开展需求调查。

第三章 采购实施计划

第十二条 本办法所称采购实施计划，是指采购人围绕实现采购需求，对合同的订立和管理所做的安排。

采购实施计划根据法律法规、政府采购政策和国家有关规定，结合采购需求的特点确定。

第十三条 采购实施计划主要包括以下内容：

（一）合同订立安排，包括采购项目预（概）算、最高限价，开展采购活动的时间安排，采购组织形式和委托代理安排，采购包划分与合同分包，供应商资格条件，采购方式、竞争范围和评审规则等。

（二）合同管理安排，包括合同类型、定价方式、合同文本的主要条款、履约验收方案、风险管控措施等。

第十四条 采购人应当通过确定供应商资格条件、设定评审规则等措施，落实支持创新、绿色发展、中小企业发展等政府采购政策功能。

第十五条 采购人要根据采购项目实施的要求，充分考虑采购活动所需时间和可能影响采购活动进行的因素，合理安排采购活动实施时间。

第十六条 采购人采购纳入政府集中采购目录的项目，必须委托集中采购机构采购。政府集中采购目录以外的项目可以自行采购，也可以自主选择委托集中采购机构，或者集中采购机构以外的采购代理机构采购。

第十七条 采购人要按照有利于采购项目实施的原则，明确采购包或者合同分包要求。

采购项目划分采购包的，要分别确定每个采购包的采购方式、竞争范围、评审规则和合同类型、合同文本、定价方式等相关合同订立、管理安排。

第十八条 根据采购需求特点提出的供应商资格条件，要与采购标的的功能、质量和供应商履约能力直接相关，且属于履行合同必需的条件，包括特定的专业资格或者技术资格、设备设施、业绩情况、专业人才及其管理能力等。

业绩情况作为资格条件时，要求供应商提供的同类业务合同一般不超过 2 个，并明确同类业务的具体范围。涉及政府采购政策支持的创新产品采购的，不得提出同类业务合同、生产台数、使用时长等业绩要求。

第十九条 采购方式、评审方法和定价方式的选择应当符合法定适用情形和采购需求特点，其中，达到公开招标数额标准，因特殊情况需要采用公开招标以外的采购方式的，应当依法获得批准。

采购需求客观、明确且规格、标准统一的采购项目，如通用设备、物业管理等，一般采用招标或者询价方式采购，以价格作为授予合同的主要考虑因素，采用固定总价或者固定单价的定价方式。

采购需求客观、明确，且技术较复杂或者专业性较强的采购项目，如大型装备、咨询服务等，一般采用招标、谈判（磋商）方式采购，通过综合性评审选择性价比最优的产品，采用固定总价或者固定单价的定价方式。

不能完全确定客观指标，需由供应商提供设计方案、解决方案或者组织方案的采购项目，如首购订购、设计服务、政府和社会资本合作等，一般采用谈判（磋商）方式采购，综合考虑以单方案报价、多方案报价以及性价比要求等因素选择评审方法，并根据实现项目目标的要求，采取固定总价或者固定单价、成本补偿、绩效激励等单一或者组合定价方式。

第二十条 除法律法规规定可以在有限范围内竞争或者只能从唯一供应商处采购的情形外，一般采用公开方式邀请供应商参与政府采购活动。

第二十一条 采用综合性评审方法的，评审因素应当按照采购需求和与实现项目目标相关的其他因素确定。

采购需求客观、明确的采购项目，采购需求中客观但不可量化的指标应当作为实质性要求，不得作为评分项；参与评分的指标应当是采购需求中的量化指标，评分项应当按照量化指标的等次，设置对应的不同分值。不能完全确定客观指标，需由供应商提供设计方案、解决方案或者组织方案的采购项目，可以结合需求调查的情况，尽可能明确不同技术路线、组织形式及相关指标的重要性和优先级，设定客观、量化的评审因素、分值和权重。价格因素应当按照相关规定确定分值和权重。

采购项目涉及后续采购的，如大型装备等，要考虑兼容性要求。可以要求供应商报出后续供应的价格，以及后续采购的可替代性、相关产品和估价，作为评审时考虑的因素。

需由供应商提供设计方案、解决方案或者组织方案，且供应商经验和能力对履约有直接影响的，如订购、设计等采购项目，可以在评审因素中适当考虑供应商的履约能力要求，并合理设置分值和权重。需由供应商提供设计方案、解决方案或者组织方案，采购人认为有必要考虑全生命周期成本的，可以明确使用年限，要求供应商报出安装调试费用、使用期间能源管理、废弃处置等全生命周期成本，作为评审时考虑的因素。

第二十二条 合同类型按照民法典规定的典型合同类别，结合采购标的的实际情况确定。

第二十三条 合同文本应当包含法定必备条款和采购需求的所有内容，包括但不限于标的名称，采购标的质量、数量（规模），履行时间（期限）、地点和方式，包装方式，价款或者报酬、付款进度安排、资金支付方式，验收、交付标准和方法，质量保修范围和保修期，违约责任与解决争议的方法等。

采购项目涉及采购标的的知识产权归属、处理的，如订购、设计、定制开发的信息化建设项目等，应当约定知识产权的归属和处理方式。采购人可以根据项目特点划分合同履行阶段，明确分期考核要求和对应的付款进度安排。对于长期运行的项目，要充分考虑成本、收益以及可能出现的重大市场风险，在合同中约定成本补偿、风险分担等事项。

合同权利义务要围绕采购需求和合同履行设置。国务院有关部门依法制定了政府采购合同标准文本的，应当使用标准文本。属于本办法第十一条规定范围的采购项目，合同文本应当经过采购人聘请的法律顾问审定。

第二十四条 履约验收方案要明确履约验收的主体、时间、方式、程序、内容和验收标准等事项。采购人、采购代理机构可以邀请参加本项目的其他供应商或者第三方专业机构及专家参与验收，相关验收意见作为验收的参考资料。政府向社会公众提供的公共服务项目，验收时应当邀请服务对象参与并出具意见，验收结果应当向社会公告。

验收内容要包括每一项技术和商务要求的履约情况，验收标准要包括所有客观、量化指标。不能明确客观标准、涉及主观判断的，可以通过在采购人、使用人中开展问卷调查等方式，转化为客观、量化的验收标准。

分期实施的采购项目，应当结合分期考核的情况，明确分期验收要求。货物类项目可以根据需要设置出厂检验、到货检验、安装调试检验、配套服务检验等多重验收环节。工程类项目的验收方案应当符合行业管理部门规定的标准、方法和内容。

履约验收方案应当在合同中约定。

第二十五条 对于本办法第十一条规定的采购项目，要研究采购过程和合同履行过程中的风险，判断风险发生的环节、可能性、影响程度和管控责任，提出有针对性的处置措施和替代方案。

采购过程和合同履行过程中的风险包括国家政策变化、实施环境变化、重大技术变化、预算项目调整、因质疑投诉影响采购进度、采购失败、不按规定签订或者履行合同、出现损害国家利益和社会公共利益情形等。

第二十六条 各级财政部门应当按照简便、必要的原则，明确报财政部门备案的采购实施计划具体内容，包括采购项目的类别、名称、采购标的、采购预算、采购数量（规模）、组织形式、采购方式、落实政府采购政策有关内容等。

第四章 风险控制

第二十七条 采购人应当将采购需求管理作为政府采购内控管理的重要内容，建立健全采购需求管理制度，加强对采购需求的形成和实现过程的内部控制和风险管理。

第二十八条 采购人可以自行组织确定采购需求和编制采购实施计划，也可以委托采购代理机构或者其他第三方机构开展。

第二十九条 采购人应当建立审查工作机制，在采购活动开始前，针对采购需求管理中的重点风险事项，对采购需求和采购实施计划进行审查，审查分为一般性审查和重点审查。

对于审查不通过的，应当修改采购需求和采购实施计划的内容并重新进行审查。

第三十条 一般性审查主要审查是否按照本办法规定的程序和内容确定采购需求、编制采购实施计划。审查内容包括，采购需求是否符合预算、资产、财务等管理制度规定；对采购方式、评审规则、合同类型、定价方式的选择是否说明适用理由；属于按规定需要报相关监管部门批准、核准的事项，是否作出相关安排；采购实施计划是否完整。

第三十一条 重点审查是在一般性审查的基础上，进行以下审查：

（一）非歧视性审查。主要审查是否指向特定供应商或者特定产品，包括资格条件设置是否合理，要求供应商提供超过 2 个同类业务合同的，是否具有合理性；技术要求是否指向特定的专利、商标、品牌、技术路线等；评审因素设置是否具有倾向性，将有关履约能力作为评审因素是否适当。

（二）竞争性审查。主要审查是否确保充分竞争，包括应当以公开方式邀请供应商的，是否依法采用公开竞争方式；采用单一来源采购方式的，是否符合法定情形；采购需求的内容是否完整、明确，是否考虑后续采购竞争性；评审方法、评审因素、价格权重等评审规则是否适当。

（三）采购政策审查。主要审查进口产品的采购是否必要，是否落实支持创新、绿色发展、中小企业发展等政府采购政策要求。

（四）履约风险审查。主要审查合同文本是否按规定由法律顾问审定，合同文本运用是否适当，是否围绕采购需求和合同履行设置权利义务，是否明确知识产权等方面的要求，履约验收方案是否完整、标准是否明确，风险处置措施和替代方案是否可行。

（五）采购人或者主管预算单位认为应当审查的其他内容。

第三十二条 审查工作机制成员应当包括本部门、本单位的采购、财务、业务、监督等内部机构。采购人可以根据本单位实际情况，建立相关专家和第三方机构参与审查的工作机制。

参与确定采购需求和编制采购实施计划的专家和第三方机构不得参与审查。

第三十三条 一般性审查和重点审查的具体采购项目范围，由采购人根据实际情况确定。主管预算单位可以根据本部门实际情况，确定由主管预算单位统一组织重点审查的项目类别或者金额范围。

属于本办法第十一条规定范围的采购项目，应当开展重审查。

第三十四条 采购需求和采购实施计划的调查、确定、编制、审查等工作应当形成书面记录并存档。

采购文件应当按照审核通过的采购需求和采购实施计划编制。

第五章 监督检查与法律责任

第三十五条 财政部门应当依法加强对政府采购需求管理的监督检查，将采购人需求管理作为政府采购活动监督检查的重要内容，不定期开展监督检查工作，采购人应当如实反映情况，提供有关材料。

第三十六条 在政府采购项目投诉、举报处理和监督检查过程中，发现采购人未按本办法规定建立采购需求管理内控制度、开展采购需求调查和审查工作的，由财政部门采取约谈、书面关注等方式责令采购人整改，并告知其主管预算单位。对情节严重或者拒不改正的，将有关线索移交纪检监察、审计部门处理。

第三十七条 在政府采购项目投诉、举报处理和监督检查过程中，发现采购方式、评审规则、供应商资格条件等存在歧视性、限制性、不符合政府采购政策等问题的，依照《中华人民共和国政府采购法》等国家有关规定处理。

第三十八条 在政府采购项目投诉、举报处理和监督检查过程中，发现采购人存在无预算或者超预算采购、超标准采购、铺张浪费、未按规定编制政府采购实施计划等问题的，依照《中华人民共和国政府采购法》《中华人民共和国预算法》《财政违法行为处罚处分条例》《党政机关厉行节约反对浪费条例》等国家有关规定处理。

第六章　附　　则

第三十九条　采购项目涉及国家秘密的，按照涉密政府采购有关规定执行。

第四十条　因采购人不可预见的紧急情况实施采购的，可以适当简化相关管理要求。

第四十一条　由集中采购机构组织的批量集中采购和框架协议采购的需求管理，按照有关制度规定执行。

第四十二条　各省、自治区、直辖市财政部门可以根据本办法制定具体实施办法。

第四十三条　本办法所称主管预算单位是指负有编制部门预算职责，向本级财政部门申报预算的国家机关、事业单位和团体组织。

第四十四条　本办法自 2021 年 7 月 1 日起施行。

9. 行政事业性国有资产管理条例

中华人民共和国国务院令
第 738 号

《行政事业性国有资产管理条例》已经 2020 年 12 月 30 日国务院第 120 次常务会议通过，现予公布，自 2021 年 4 月 1 日起施行。

总　理　李克强
2021 年 2 月 1 日

行政事业性国有资产管理条例

第一章　总　　则

第一条　为了加强行政事业性国有资产管理与监督，健全国有资产管理体制，推进国家治理体系和治理能力现代化，根据全国人民代表大会常务委员会关于加强国有资产管理情况监督的决定，制定本条例。

第二条　行政事业性国有资产，是指行政单位、事业单位通过以下方式取得或者形成的资产：

（一）使用财政资金形成的资产；

（二）接受调拨或者划转、置换形成的资产；

（三）接受捐赠并确认为国有的资产；

（四）其他国有资产。

第三条　行政事业性国有资产属于国家所有，实行政府分级监管、各部门及其所属单位直接支配的管理体制。

第四条　各级人民政府应当建立健全行政事业性国有资产管理机制，加强对本级行政事业性国有资产的管理，审查、批准重大行政事业性国有资产管理事项。

第五条　国务院财政部门负责制定行政事业单位国有资产管理规章制度并负责组织实施和监督检查，牵头编制行政事业性国有资产管理情况报告。

国务院机关事务管理部门和有关机关事务管理部门会同有关部门依法依规履行相关中央行政事业单位国有资产管理职责，制定中央行政事业单位国有资产管理具体制度和办法并组织实施，接受国务院财政部门的指导和监督检查。

相关部门根据职责规定，按照集中统一、分类分级原则，加强中央行政事业单位国有资产管理，优化管理手段，提高管理效率。

第六条 各部门根据职责负责本部门及其所属单位国有资产管理工作，应当明确管理责任，指导、监督所属单位国有资产管理工作。

各部门所属单位负责本单位行政事业性国有资产的具体管理，应当建立和完善内部控制管理制度。

第七条 各部门及其所属单位管理行政事业性国有资产应当遵循安全规范、节约高效、公开透明、权责一致的原则，实现实物管理与价值管理相统一，资产管理与预算管理、财务管理相结合。

第二章 资产配置、使用和处置

第八条 各部门及其所属单位应当根据依法履行职能和事业发展的需要，结合资产存量、资产配置标准、绩效目标和财政承受能力配置资产。

第九条 各部门及其所属单位应当合理选择资产配置方式，资产配置重大事项应当经可行性研究和集体决策，资产价值较高的按照国家有关规定进行资产评估，并履行审批程序。

资产配置包括调剂、购置、建设、租用、接受捐赠等方式。

第十条 县级以上人民政府应当组织建立、完善资产配置标准体系，明确配置的数量、价值、等级、最低使用年限等标准。

资产配置标准应当按照勤俭节约、讲求绩效和绿色环保的要求，根据国家有关政策、经济社会发展水平、市场价格变化、科学技术进步等因素适时调整。

第十一条 各部门及其所属单位应当优先通过调剂方式配置资产。不能调剂的，可以采用购置、建设、租用等方式。

第十二条 行政单位国有资产应当用于本单位履行职能的需要。

除法律另有规定外，行政单位不得以任何形式将国有资产用于对外投资或者设立营利性组织。

第十三条 事业单位国有资产应当用于保障事业发展、提供公共服务。

第十四条 各部门及其所属单位应当加强对本单位固定资产、在建工程、流动资产、无形资产等各类国有资产的管理，明确管理责任，规范使用流程，加强产权保护，推进相关资产安全有效使用。

第十五条 各部门及其所属单位应当明确资产使用人和管理人的岗位责任。

资产使用人、管理人应当履行岗位责任，按照规程合理使用、管理资产，充分发挥资产效能。资产需要维修、保养、调剂、更新、报废的，资产使用人、管理人应当及时提出。

资产使用人、管理人发生变化的，应当及时办理资产交接手续。

第十六条 各部门及其所属单位接受捐赠的资产，应当按照捐赠约定的用途使用。捐赠人意愿不明确或者没有约定用途的，应当统筹安排使用。

第十七条 事业单位利用国有资产对外投资应当有利于事业发展和实现国有资产保值增值，符合国家有关规定，经可行性研究和集体决策，按照规定权限和程序进行。

事业单位应当明确对外投资形成的股权及其相关权益管理责任，按照规定将对外投资形成的股权纳入经营性国有资产集中统一监管体系。

第十八条 县级以上人民政府及其有关部门应当建立健全国有资产共享共用机制，采取措施引导和鼓励国有资产共享共用，统筹规划有效推进国有资产共享共用工作。

各部门及其所属单位应当在确保安全使用的前提下，推进本单位大型设备等国有资产共享共用工作，可以对提供方给予合理补偿。

第十九条 各部门及其所属单位应当根据履行职能、事业发展需要和资产使用状况，经集体决策和履行审批程序，依据处置事项批复等相关文件及时处置行政事业性国有资产。

第二十条 各部门及其所属单位应当将依法罚没的资产按照国家规定公开拍卖或者按照国家有关规定处理，所得款项全部上缴国库。

第二十一条 各部门及其所属单位应当对下列资产及时予以报废、报损：

（一）因技术原因确需淘汰或者无法维修、无维修价值的资产；

（二）涉及盘亏、坏账以及非正常损失的资产；

（三）已超过使用年限且无法满足现有工作需要的资产；

（四）因自然灾害等不可抗力造成毁损、灭失的资产。

第二十二条 各部门及其所属单位发生分立、合并、改制、撤销、隶属关系改变或者部分职能、业务调整等情形，应当根据国家有关规定办理相关国有资产划转、交接手续。

第二十三条 国家设立的研究开发机构、高等院校对其持有的科技成果的使用和处置，依照《中华人民共和国促进科技成果转化法》《中华人民共和国专利法》和国家有关规定执行。

第三章 预算管理

第二十四条 各部门及其所属单位购置、建设、租用资产应当提出资产配置需求，编制资产配置相关支出预算，并严格按照预算管理规定和财政部门批复的预算配置资产。

第二十五条 行政单位国有资产出租和处置等收入，应当按照政府非税收入和国库集中收缴制度的有关规定管理。

除国家另有规定外，事业单位国有资产的处置收入应当按照政府非税收入和国库集中收缴制度的有关规定管理。

事业单位国有资产使用形成的收入，由本级人民政府财政部门规定具体管理办法。

第二十六条 各部门及其所属单位应当及时收取各类资产收入，不得违反国家规定，多收、少收、不收、侵占、私分、截留、占用、挪用、隐匿、坐支。

第二十七条 各部门及其所属单位应当在决算中全面、真实、准确反映其国有资产收入、支出以及国有资产存量情况。

第二十八条 各部门及其所属单位应当按照国家规定建立国有资产绩效管理制度，建立健全绩效指标和标准，有序开展国有资产绩效管理工作。

第二十九条 县级以上人民政府投资建设公共基础设施，应当依法落实资金来源，加强预算约束，防范政府债务风险，并明确公共基础设施的管理维护责任单位。

第四章 基础管理

第三十条 各部门及其所属单位应当按照国家规定设置行政事业性国有资产台账，依照国家统一的会计制度进行会计核算，不得形成账外资产。

第三十一条 各部门及其所属单位采用建设方式配置资产的，应当在建设项目竣工验收合格后及时办理资产交付手续，并在规定期限内办理竣工财务决算，期限最长不得超过1年。

各部门及其所属单位对已交付但未办理竣工财务决算的建设项目，应当按照国家统一的会计制度确认资产价值。

第三十二条 各部门及其所属单位对无法进行会计确认入账的资产，可以根据需要组织专家参照资产评估方法进行估价，并作为反映资产状况的依据。

第三十三条 各部门及其所属单位应当明确资产的维护、保养、维修的岗位责任。因使用不当或者维护、保养、维修不及时造成资产损失的，应当依法承担责任。

第三十四条 各部门及其所属单位应当定期或者不定期对资产进行盘点、对账。出现资产盘盈盘亏的，应当按照财务、会计和资产管理制度有关规定处理，做到账实相符和账账相符。

第三十五条 各部门及其所属单位处置资产应当及时核销相关资产台账信息，同时进行会计处理。

第三十六条 除国家另有规定外，各部门及其所属单位将行政事业性国有资产进行转让、拍卖、置换、对外投资等，应当按照国家有关规定进行资产评估。

行政事业性国有资产以市场化方式出售、出租的，依照有关规定可以通过相应公共资源交易平台进行。

第三十七条 有下列情形之一的，各部门及其所属单位应当对行政事业性国有资产进行清查：

（一）根据本级政府部署要求；

（二）发生重大资产调拨、划转以及单位分立、合并、改制、撤销、隶属关系改变等情形；

（三）因自然灾害等不可抗力造成资产毁损、灭失；

（四）会计信息严重失真；

（五）国家统一的会计制度发生重大变更，涉及资产核算方法发生重要变化；

（六）其他应当进行资产清查的情形。

第三十八条 各部门及其所属单位资产清查结果和涉及资产核实的事项，应当按照国务院财政部门的规定履行审批程序。

第三十九条 各部门及其所属单位在资产清查中发现账实不符、账账不符的，应当查明原因予以说明，并随同清查结果一并履行审批程序。各部门及其所属单位应当根据审批结果及时调整资产台账信息，同时进行会计处理。

由于资产使用人、管理人的原因造成资产毁损、灭失的，应当依法追究相关责任。

第四十条 各部门及其所属单位对需要办理权属登记的资产应当依法及时办理。对有账簿记录但权证手续不全的行政事业性国有资产，可以向本级政府有关主管部门提出确认资产权属申请，及时办理权属登记。

第四十一条 各部门及其所属单位之间，各部门及其所属单位与其他单位和个人之间发生资产纠纷的，应当依照有关法律法规规定采取协商等方式处理。

第四十二条 国务院财政部门应当建立全国行政事业性国有资产管理信息系统，推行资产管理网上办理，实现信息共享。

第五章 资产报告

第四十三条 国家建立行政事业性国有资产管理情况报告制度。

国务院向全国人民代表大会常务委员会报告全国行政事业性国有资产管理情况。

县级以上地方人民政府按照规定向本级人民代表大会常务委员会报告行政事业性国有资产管理情况。

第四十四条 行政事业性国有资产管理情况报告，主要包括资产负债总量，相关管理制度建立和实施，资产配置、使用、处置和效益，推进管理体制机制改革等情况。

行政事业性国有资产管理情况按照国家有关规定向社会公开。

第四十五条 各部门所属单位应当每年编制本单位行政事业性国有资产管理情况报告，逐级报送相关部门。

各部门应当汇总编制本部门行政事业性国有资产管理情况报告，报送本级政府财政部门。

第四十六条 县级以上地方人民政府财政部门应当每年汇总本级和下级行政事业性国有资产管理情况，报送本级政府和上一级政府财政部门。

第六章 监　　督

第四十七条 县级以上人民政府应当接受本级人民代表大会及其常务委员会对行政事业性国有资产管理情况的监督，组织落实本级人民代表大会及其常务委员会审议提出的整改要求，并向本级人民代表大会及其常务委员会报告整改情况。

乡、民族乡、镇人民政府应当接受本级人民代表大会对行政事业性国有资产管理情况的监督。

第四十八条 县级以上人民政府对下级政府的行政事业性国有资产管理情况进行监

督。下级政府应当组织落实上一级政府提出的监管要求，并向上一级政府报告落实情况。

第四十九条 县级以上人民政府财政部门应当对本级各部门及其所属单位行政事业性国有资产管理情况进行监督检查，依法向社会公开检查结果。

第五十条 县级以上人民政府审计部门依法对行政事业性国有资产管理情况进行审计监督。

第五十一条 各部门应当建立健全行政事业性国有资产监督管理制度，根据职责对本行业行政事业性国有资产管理依法进行监督。

各部门所属单位应当制定行政事业性国有资产内部控制制度，防控行政事业性国有资产管理风险。

第五十二条 公民、法人或者其他组织发现违反本条例的行为，有权向有关部门进行检举、控告。接受检举、控告的有关部门应当依法进行处理，并为检举人、控告人保密。

任何单位或者个人不得压制和打击报复检举人、控告人。

第七章 法律责任

第五十三条 各部门及其所属单位有下列行为之一的，责令改正，情节较重的，对负有直接责任的主管人员和其他直接责任人员依法给予处分：

（一）配置、使用、处置国有资产未按照规定经集体决策或者履行审批程序；

（二）超标准配置国有资产；

（三）未按照规定办理国有资产调剂、调拨、划转、交接等手续；

（四）未按照规定履行国有资产拍卖、报告、披露等程序；

（五）未按照规定期限办理建设项目竣工财务决算；

（六）未按照规定进行国有资产清查；

（七）未按照规定设置国有资产台账；

（八）未按照规定编制、报送国有资产管理情况报告。

第五十四条 各部门及其所属单位有下列行为之一的，责令改正，有违法所得的没收违法所得，情节较重的，对负有直接责任的主管人员和其他直接责任人员依法给予处分；构成犯罪的，依法追究刑事责任：

（一）非法占有、使用国有资产或者采用弄虚作假等方式低价处置国有资产；

（二）违反规定将国有资产用于对外投资或者设立营利性组织；

（三）未按照规定评估国有资产导致国家利益损失；

（四）其他违反本条例规定造成国有资产损失的行为。

第五十五条 各部门及其所属单位在国有资产管理工作中有违反预算管理规定行为的，依照《中华人民共和国预算法》及其实施条例、《财政违法行为处罚处分条例》等法律、行政法规追究责任。

第五十六条 各部门及其所属单位的工作人员在国有资产管理工作中滥用职权、玩忽职守、徇私舞弊或者有浪费国有资产等违法违规行为的，由有关部门依法给予处分；构成犯罪的，依法追究刑事责任。

第八章　附　　则

第五十七条　除国家另有规定外，社会组织直接支配的行政事业性国有资产管理，依照本条例执行。

第五十八条　货币形式的行政事业性国有资产管理，按照预算管理有关规定执行。

执行企业财务、会计制度的事业单位以及事业单位对外投资的全资企业或者控股企业的资产管理，不适用本条例。

第五十九条　公共基础设施、政府储备物资、国有文物文化等行政事业性国有资产管理的具体办法，由国务院财政部门会同有关部门制定。

第六十条　中国人民解放军、中国人民武装警察部队直接支配的行政事业性国有资产管理，依照中央军事委员会有关规定执行。

第六十一条　本条例自 2021 年 4 月 1 日起施行。

10. 事业单位国有资产管理暂行办法

（2006 年 5 月 30 日财政部令第 36 号公布　根据 2017 年 12 月 4 日财政部令第 90 号《财政部关于修改〈注册会计师注册办法〉等 6 部规章的决定》第一次修改　根据 2019 年 3 月 29 日《财政部关于修改〈事业单位国有资产管理暂行办法〉的决定》第二次修改）

第一章　总　　则

第一条　为了规范和加强事业单位国有资产管理，维护国有资产的安全完整，合理配置和有效利用国有资产，保障和促进各项事业发展，建立适应社会主义市场经济和公共财政要求的事业单位国有资产管理体制，根据国务院有关规定，制定本办法。

第二条　本办法适用于各级各类事业单位的国有资产管理活动。

第三条　本办法所称的事业单位国有资产，是指事业单位占有、使用的，依法确认为国家所有，能以货币计量的各种经济资源的总称，即事业单位的国有（公共）财产。

事业单位国有资产包括国家拨给事业单位的资产，事业单位按照国家规定运用国有资产组织收入形成的资产，以及接受捐赠和其他经法律确认为国家所有的资产，其表现形式为流动资产、固定资产、无形资产和对外投资等。

第四条　事业单位国有资产管理活动，应当坚持资产管理与预算管理相结合的原则，推行实物费用定额制度，促进事业资产整合与共享共用，实现资产管理和预算管理的紧密统一；应当坚持所有权和使用权相分离的原则；应当坚持资产管理与财务管理、实物管理与价值管理相结合的原则。

第五条　事业单位国有资产实行国家统一所有，政府分级监管，单位占有、使用的管理体制。

第二章　管理机构及其职责

第六条　各级财政部门是政府负责事业单位国有资产管理的职能部门，对事业单位的国有资产实施综合管理。其主要职责是：

（一）根据国家有关国有资产管理的规定，制定事业单位国有资产管理的规章制度，并组织实施和监督检查；

（二）研究制定本级事业单位实物资产配置标准和相关的费用标准，组织本级事业单位国有资产的产权登记、产权界定、产权纠纷调处、资产评估监管、资产清查和统计报告等基础管理工作；

（三）按规定权限审批本级事业单位有关资产购置、处置和利用国有资产对外投资、出租、出借和担保等事项，组织事业单位长期闲置、低效运转和超标准配置资产的调剂工作，建立事业单位国有资产整合、共享、共用机制；

（四）推进本级有条件的事业单位实现国有资产的市场化、社会化，加强事业单位转企改制工作中国有资产的监督管理；

（五）负责本级事业单位国有资产收益的监督管理；

（六）建立和完善事业单位国有资产管理信息系统，对事业单位国有资产实行动态管理；

（七）研究建立事业单位国有资产安全性、完整性和使用有效性的评价方法、评价标准和评价机制，对事业单位国有资产实行绩效管理；

（八）监督、指导本级事业单位及其主管部门、下级财政部门的国有资产管理工作。

第七条 事业单位的主管部门（以下简称主管部门）负责对本部门所属事业单位的国有资产实施监督管理。其主要职责是：

（一）根据本级和上级财政部门有关国有资产管理的规定，制定本部门事业单位国有资产管理的实施办法，并组织实施和监督检查；

（二）组织本部门事业单位国有资产的清查、登记、统计汇总及日常监督检查工作；

（三）审核本部门所属事业单位利用国有资产对外投资、出租、出借和担保等事项，按规定权限审核或者审批有关资产购置、处置事项；

（四）负责本部门所属事业单位长期闲置、低效运转和超标准配置资产的调剂工作，优化事业单位国有资产配置，推动事业单位国有资产共享、共用；

（五）督促本部门所属事业单位按规定缴纳国有资产收益；

（六）组织实施对本部门所属事业单位国有资产管理和使用情况的评价考核；

（七）接受同级财政部门的监督、指导并向其报告有关事业单位国有资产管理工作。

第八条 事业单位负责对本单位占有、使用的国有资产实施具体管理。其主要职责是：

（一）根据事业单位国有资产管理的有关规定，制定本单位国有资产管理的具体办法并组织实施；

（二）负责本单位资产购置、验收入库、维护保管等日常管理，负责本单位资产的账卡管理、清查登记、统计报告及日常监督检查工作；

（三）办理本单位国有资产配置、处置和对外投资、出租、出借和担保等事项的报批手续；

（四）负责本单位用于对外投资、出租、出借和担保的资产的保值增值，按照规定及时、足额缴纳国有资产收益；

（五）负责本单位存量资产的有效利用，参与大型仪器、设备等资产的共享、共用和公共研究平台建设工作；

（六）接受主管部门和同级财政部门的监督、指导并向其报告有关国有资产管理工作。

第九条 各级财政部门、主管部门和事业单位应当按照本办法的规定，明确管理机构和人员，做好事业单位国有资产管理工作。

第十条 财政部门根据工作需要，可以将国有资产管理的部分工作交由有关单位完成。

第三章 资产配置及使用

第十一条 事业单位国有资产配置是指财政部门、主管部门、事业单位等根据事业单位履行职能的需要，按照国家有关法律、法规和规章制度规定的程序，通过购置或者调剂等方式为事业单位配备资产的行为。

第十二条 事业单位国有资产配置应当符合以下条件：

（一）现有资产无法满足事业单位履行职能的需要；

（二）难以与其他单位共享、共用相关资产；

（三）难以通过市场购买产品或者服务的方式代替资产配置，或者采取市场购买方式的成本过高。

第十三条 事业单位国有资产配置应当符合规定的配置标准；没有规定配置标准的，应当从严控制，合理配置。

第十四条 对于事业单位长期闲置、低效运转或者超标准配置的资产，原则上由主管部门进行调剂，并报同级财政部门备案；跨部门、跨地区的资产调剂应当报同级或者共同上一级的财政部门批准。法律、行政法规另有规定的，依照其规定。

第十五条 事业单位向财政部门申请用财政性资金购置规定限额以上资产的（包括事业单位申请用财政性资金举办大型会议、活动需要进行的购置），除国家另有规定外，按照下列程序报批：

（一）年度部门预算编制前，事业单位资产管理部门会同财务部门审核资产存量，提出下一年度拟购置资产的品目、数量，测算经费额度，报主管部门审核；

（二）主管部门根据事业单位资产存量状况和有关资产配置标准，审核、汇总事业单位资产购置计划，报同级财政部门审批；

（三）同级财政部门根据主管部门的审核意见，对资产购置计划进行审批；

（四）经同级财政部门批准的资产购置计划，事业单位应当列入年度部门预算，并在上报年度部门预算时附送批复文件等相关材料，作为财政部门批复部门预算的依据。

第十六条 事业单位向主管部门或者其他部门申请项目经费的，有关部门在下达经费前，应当将所涉及的规定限额以上的资产购置事项报同级财政部门批准。

第十七条 事业单位用其他资金购置规定限额以上资产的，报主管部门审批；主管部门应当将审批结果定期报同级财政部门备案。

第十八条 事业单位购置纳入政府采购范围的资产，应当按照国家有关政府采购的规定执行。

第十九条 事业单位国有资产的使用包括单位自用和对外投资、出租、出借、担保等方式。

第二十条 事业单位应当建立健全资产购置、验收、保管、使用等内部管理制度。

事业单位应当对实物资产进行定期清查，做到账账、账卡、账实相符，加强对本单位专利权、商标权、著作权、土地使用权、非专利技术、商誉等无形资产的管理，防止无形资产流失。

第二十一条 事业单位利用国有资产对外投资、出租、出借和担保等应当进行必要的可行性论证，并提出申请，经主管部门审核同意后，报同级财政部门审批。法律、行政法规和本办法第五十六条另有规定的，依照其规定。

事业单位应当对本单位用于对外投资、出租和出借的资产实行专项管理，并在单位财务会计报告中对相关信息进行充分披露。

第二十二条 财政部门和主管部门应当加强对事业单位利用国有资产对外投资、出租、出借和担保等行为的风险控制。

第二十三条 除本办法第五十六条及国家另有规定外，事业单位对外投资收益以及利用国有资产出租、出借和担保等取得的收入应当纳入单位预算，统一核算，统一管理。

第四章 资产处置

第二十四条 事业单位国有资产处置，是指事业单位对其占有、使用的国有资产进行产权转让或者注销产权的行为。处置方式包括出售、出让、转让、对外捐赠、报废、报损以及货币性资产损失核销等。

第二十五条 除本办法第五十六条另有规定外，事业单位处置国有资产，应当严格履行审批手续，未经批准不得自行处置。

第二十六条 事业单位占有、使用的房屋建筑物、土地和车辆的处置，货币性资产损失的核销，以及单位价值或者批量价值在规定限额以上的资产的处置，经主管部门审核后报同级财政部门审批；规定限额以下的资产的处置报主管部门审批，主管部门将审批结果定期报同级财政部门备案。法律、行政法规和本办法第五十六条另有规定的，依照其规定。

第二十七条 财政部门或者主管部门对事业单位国有资产处置事项的批复是财政部门重新安排事业单位有关资产配置预算项目的参考依据，是事业单位调整相关会计账目的凭证。

第二十八条 事业单位国有资产处置应当遵循公开、公正、公平的原则。

事业单位出售、出让、转让、变卖资产数量较多或者价值较高的，应当通过拍卖等市场竞价方式公开处置。

第二十九条 除本办法第五十六条另有规定外，事业单位国有资产处置收入属于国家所有，应当按照政府非税收入管理的规定，实行“收支两条线”管理。

第五章 产权登记与产权纠纷处理

第三十条 事业单位国有资产产权登记（以下简称产权登记）是国家对事业单位占有、使用的国有资产进行登记，依法确认国家对国有资产的所有权和事业单位对国有资产的占有、使用权的行为。

第三十一条 事业单位应当向同级财政部门或者经同级财政部门授权的主管部门（以下简称授权部门）申报、办理产权登记，并由财政部门或者授权部门核发《事业单位国有资产产权登记证》（以下简称《产权登记证》）。

第三十二条 《产权登记证》是国家对事业单位国有资产享有所有权，单位享有占有、使用权的法律凭证，由财政部统一印制。

事业单位办理法人年检、改制、资产处置和利用国有资产对外投资、出租、出借、担保等事项时，应当出具《产权登记证》。

第三十三条 事业单位国有资产产权登记的内容主要包括：

（一）单位名称、住所、负责人及成立时间；

（二）单位性质、主管部门；

（三）单位资产总额、国有资产总额、主要实物资产额及其使用状况、对外投资情况；

（四）其他需要登记的事项。

第三十四条 事业单位应当按照以下规定进行国有资产产权登记：

（一）新设立的事业单位，办理占有产权登记；

（二）发生分立、合并、部分改制，以及隶属关系、单位名称、住所和单位负责人等产权登记内容发生变化的事业单位，办理变更产权登记；

（三）因依法撤销或者整体改制等原因被清算、注销的事业单位，办理注销产权登记。

第三十五条 各级财政部门应当在资产动态管理信息系统和变更产权登记的基础上，对事业单位国有资产产权登记实行定期检查。

第三十六条 事业单位与其他国有单位之间发生国有资产产权纠纷的，由当事人协商解决。协商不能解决的，可以向同级或者共同上一级财政部门申请调解或者裁定，必要时报有管辖权的人民政府处理。

第三十七条 事业单位与非国有单位或者个人之间发生产权纠纷的，事业单位应当提出拟处理意见，经主管部门审核并报同级财政部门批准后，与对方当事人协商解决。协商不能解决的，依照司法程序处理。

第六章 资产评估与资产清查

第三十八条 事业单位有下列情形之一的，应当对相关国有资产进行评估：

（一）整体或者部分改制为企业；

（二）以非货币性资产对外投资；

（三）合并、分立、清算；

（四）资产拍卖、转让、置换；

（五）整体或者部分资产租赁给非国有单位；

（六）确定涉讼资产价值；

（七）法律、行政法规规定的其他需要进行评估的事项。

第三十九条 事业单位有下列情形之一的，可以不进行资产评估：

（一）经批准事业单位整体或者部分资产无偿划转；

（二）行政、事业单位下属的事业单位之间的合并、资产划转、置换和转让；

（三）国家设立的研究开发机构、高等院校将其持有的科技成果转让、许可或者作价投资给国有全资企业的；

（四）发生其他不影响国有资产权益的特殊产权变动行为，报经同级财政部门确认可以不进行资产评估的。

第四十条 国家设立的研究开发机构、高等院校将其持有的科技成果转让、许可或者作价投资给非国有全资企业的，由单位自主决定是否进行资产评估。

第四十一条 事业单位国有资产评估工作应当委托具有资产评估资质的评估机构进行。事业单位应当如实向资产评估机构提供有关情况和资料，并对所提供的情况和资料的客观性、真实性和合法性负责。

事业单位不得以任何形式干预资产评估机构独立执业。

第四十二条 事业单位国有资产评估项目实行核准制和备案制。核准和备案工作按照国家有关国有资产评估项目核准和备案管理的规定执行。

第四十三条 事业单位有下列情形之一的，应当进行资产清查：

（一）根据国家专项工作要求或者本级政府实际工作需要，被纳入统一组织的资产清查范围的；

（二）进行重大改革或者整体、部分改制为企业的；

（三）遭受重大自然灾害等不可抗力造成资产严重损失的；

（四）会计信息严重失真或者国有资产出现重大流失的；

（五）会计政策发生重大更改，涉及资产核算方法发生重要变化的；

（六）同级财政部门认为应当进行资产清查的其他情形。

第四十四条 事业单位进行资产清查，应当向主管部门提出申请，并按照规定程序报同级财政部门批准立项后组织实施，但根据国家专项工作要求或者本级政府工作需要进行的资产清查除外。

第四十五条 事业单位资产清查工作的内容主要包括基本情况清理、账务清理、财产清查、损溢认定、资产核实和完善制度等。资产清查的具体办法由财政部另行制定。

第七章 资产信息管理与报告

第四十六条 事业单位应当按照国有资产管理信息化的要求，及时将资产变动信息录入管理信息系统，对本单位资产实行动态管理，并在此基础上做好国有资产统计和信息报告工作。

第四十七条 事业单位国有资产信息报告是事业单位财务会计报告的重要组成部分。事业单位应当按照财政部门规定的事业单位财务会计报告的格式、内容及要求，对其占有、使用的国有资产状况定期做出报告。

第四十八条 事业单位国有资产占有、使用状况，是主管部门、财政部门编制和安排事业单位预算的重要参考依据。各级财政部门、主管部门应当充分利用资产管理信息系统和资产信息报告，全面、动态地掌握事业单位国有资产占有、使用状况，建立和完善资产与预算有效结合的激励和约束机制。

第八章 监督检查与法律责任

第四十九条 财政部门、主管部门、事业单位及其工作人员，应当依法维护事业单位国有资产的安全完整，提高国有资产使用效益。

第五十条 财政部门、主管部门和事业单位应当建立健全科学合理的事业单位国有资产监督管理责任制，将资产监督、管理的责任落实到具体部门、单位和个人。

第五十一条 事业单位国有资产监督应当坚持单位内部监督与财政监督、审计监督、社会监督相结合，事前监督与事中监督、事后监督相结合，日常监督与专项检查相结合。

第五十二条 事业单位及其工作人员违反本办法，有下列行为之一的，依据《财政违法行为处罚处分条例》的规定进行处罚、处理、处分：

（一）以虚报、冒领等手段骗取财政资金的；

（二）擅自占有、使用和处置国有资产的；

（三）擅自提供担保的；

（四）通过串通作弊、暗箱操作等低价处置国有资产的；

（五）未按规定缴纳国有资产收益的。

第五十三条 各级财政部门、主管部门及其工作人员在事业单位国有资产配置、使用、处置等管理工作中，存在违反本办法规定的行为，以及其他滥用职权、玩忽职守、徇私舞弊等违法违纪行为的，依照《中华人民共和国公务员法》《中华人民共和国监察法》《财政违法行为处罚处分条例》等国家有关规定追究相应责任；涉嫌犯罪的，依法移送司法机关处理。

第五十四条 主管部门在配置事业单位国有资产或者审核、批准国有资产使用、处置事项的工作中违反本办法规定的，财政部门可以责令其限期改正，逾期不改的予以警告。

第五十五条 违反本办法有关事业单位国有资产管理规定的其他行为，依据国家有关法律、法规及规章制度进行处理。

第九章 附 则

第五十六条 国家设立的研究开发机构、高等院校对其持有的科技成果，可以自主决定转让、许可或者作价投资，不需报主管部门、财政部门审批或者备案，并通过协议定价、在技术交易市场挂牌交易、拍卖等方式确定价格。通过协议定价的，应当在本单位公示科技成果名称和拟交易价格。

国家设立的研究开发机构、高等院校转化科技成果所获得的收入全部留归本单位。

第五十七条 社会团体和民办非企业单位中占有、使用国有资产的，参照本办法执行。参照公务员制度管理的事业单位和社会团体，依照国家关于行政单位国有资产管理的有关规定执行。

第五十八条 实行企业化管理并执行企业财务会计制度的事业单位，以及事业单位创办的具有法人资格的企业，由财政部门按照企业国有资产监督管理的有关规定实施监督管理。

第五十九条 地方财政部门制定的本地区和本级事业单位的国有资产管理规章制度，应当报上一级财政部门备案。

中央级事业单位的国有资产管理实施办法，由财政部会同有关部门根据本办法制定。

第六十条 境外事业单位国有资产管理办法由财政部另行制定。中国人民解放军、武装警察部队以及经国家批准的特定事业单位的国有资产管理办法，由解放军总后勤部、武装警察部队和有关主管部门会同财政部另行制定。

行业特点突出，需要制定行业事业单位国有资产管理办法的，由财政部会同有关主管部门根据本办法制定。

第六十一条 本办法中有关资产配置、处置事项的“规定限额”由省级以上财政部门另行确定。

第六十二条 本办法自2006年7月1日起施行。此前颁布的有关事业单位国有资产管理的规定与本办法相抵触的，按照本办法执行。

11. 财政部关于印发《行政事业单位资产清查核实管理办法》的通知

财资〔2016〕1号

党中央有关部门，国务院各部委、各直属机构，全国人大常委会办公厅，全国政协办公厅，高法院，高检院，各民主党派中央，有关人民团体，有关中央管理企业，各省、自治区、直辖市、计划单列市财政厅（局），新疆生产建设兵团财务局：

为了加强行政事业单位国有资产监督管理，规范行政事业单位资产清查核实工作，我们制定了《行政事业单位资产清查核实管理办法》。现印发你们，请遵照执行。执行中有何问题，请及时向我部反映。

财政部

2016年1月20日

行政事业单位资产清查核实管理办法

第一章 总 则

第一条 为了加强行政事业单位国有资产管理，规范行政事业单位资产清查核实工作（以下简称清查核实），真实反映行政事业单位的资产及财务状况，保障行政事业单位国有资产的安全完整，根据《行政单位国有资产管理暂行办法》（财政部令第35号）、《事业单位国有资产管理暂行办法》（财政部令第36号）和国家有关规定，制定本办法。

第二条 本办法所称行政事业单位资产清查，是指各级政府及其财政部门、主管部门和行政事业单位，根据专项工作要求或者特定经济行为需要，按照规定的政策、工作程序和方法，对行政事业单位进行账务清理、财产清查，依法认定各项资产损溢和资金挂账，真实反映行政事业单位国有资产占有使用状况的工作。

行政事业单位有下列情形之一的，应当进行资产清查：

（一）根据国家专项工作要求或者本级政府及其财政部门实际工作需要，被纳入统一组织的资产清查范围的。

（二）进行重大改革或者改制的。

（三）遭受重大自然灾害等不可抗力造成资产严重损失的。

（四）会计信息严重失真或者国有资产出现重大流失的。

（五）会计政策发生重大变更，涉及资产核算方法发生重要变化的。

（六）财政部门、主管部门认为应当进行资产清查的其他情形。

第三条 本办法所称行政事业单位资产核实，是指财政部门和主管部门根据国家资产清查核实政策和有关财务、会计制度，对行政事业单位资产清查工作中认定的资产盘盈、资产损失和资金挂账等进行认定批复，并对资产总额进行确认的工作。

第四条 执行行政或者事业单位财务、会计制度的各级各类行政事业单位和社会团体的清查核实适用本办法。

第五条 清查核实由财政部门、主管部门和行政事业单位按照“统一政策、分级管理”的原则组织实施。财政部门、主管部门和行政事业单位在规定权限内对资产盘盈、资产损失和资金挂账等事项进行处理，国家另有规定的，依照其规定。

第六条 清查核实应当依托行政事业单位资产管理信息系统（以下简称信息系统）开展。

第二章 管理职责

第七条 财政部的主要职责是：

（一）制定全国行政事业单位资产清查核实制度，并组织实施和监督检查。

（二）负责中央级行政事业单位资产清查立项申请的批复（备案）。

（三）负责审核中央级行政事业单位资产清查结果，并汇总全国（含本级）行政事业单位资产清查结果。

（四）按照规定权限审批中央级行政事业单位资产盘盈、资产损失和资金挂账等事项。

（五）指导地方财政部门开展行政事业单位清查核实工作。

第八条 地方各级财政部门的主要职责是：

（一）根据国家及上级财政部门有关行政事业单位资产清查核实的规定和工作需要，制定本地区和本级行政事业单位资产清查核实规章制度，组织开展本地区和本级行政事业单位资产清查核实工作，并负责监督检查。

（二）负责本级行政事业单位资产清查立项申请的批复（备案）。

（三）负责审核本级行政事业单位资产清查结果，并汇总本地区（含本级）行政事业单位资产清查结果，及时向上级财政部门报告工作情况。

（四）按照规定权限审批本级行政事业单位资产盘盈、资产损失和资金挂账等事项。

（五）指导下级财政部门开展行政事业单位清查核实工作。

第九条 主管部门的主要职责是：

（一）负责审批或者提出本部门所属行政事业单位的资产清查立项申请。

（二）负责指导本部门所属行政事业单位制定资产清查实施方案，并对所属行政事业单位资产清查工作进行监督检查。

（三）按照规定权限审核或者审批本部门行政事业单位资产盘盈、资产损失和资金挂账等事项。

（四）负责审核汇总本部门所属行政事业单位资产清查结果，并向同级财政部门报送资产清查报告。

（五）根据有关部门出具的资产核实批复文件，指导和监督本部门所属行政事业单位调整信息系统相关数据并进行账务处理。

第十条 行政事业单位的主要职责是：

（一）向主管部门提出资产清查立项申请。

（二）负责制定本单位资产清查实施方案，具体组织开展资产清查工作，并向主管部门报送资产清查结果。

（三）根据有关部门出具的资产核实批复文件，调整信息系统相关数据，进行账务处理，并报主管部门备案。

（四）负责办理相关资产管理手续。

第十一条 财政部门、主管部门或行政事业单位组织开展行政事业单位资产清查核实，应当明确内部工作机构。

第十二条 行政事业单位因自身工作需要，定期或者不定期对资产进行的清查盘点，不需要报经财政部门或者主管部门审批。

第三章 资产清查的程序、内容

第十三条 资产清查工作根据组织主体不同，分别按照以下程序进行：

（一）由各级政府及其财政部门组织开展的资产清查工作。由各级政府及其财政部门统一部署，明确清查范围、基准日等。行政事业单位在主管部门、同级财政部门的监督指导下明确本单位资产清查工作机构，制定资产清查工作实施方案，根据方案组织清查，必要时可委托社会中介机构对清查结果进行专项审计，并形成资产清查报告按规定逐级上报。财政部门和主管部门对报送的资产清查结果进行审核确认。

（二）由各主管部门组织开展的资产清查工作。主管部门应当向同级财政部门提出资产清查立项申请，说明资产清查的原因，明确清查范围和基准日等内容，经同级财政部门同意立项后按照本条第一项规定程序组织实施。

（三）由行政事业单位组织开展的资产清查工作。行政事业单位应当向主管部门提出资产清查立项申请，说明资产清查的原因，明确清查范围和基准日等内容，经主管部门同意立项后，在主管部门的监督指导下明确本单位资产清查工作机构，制定实施方案，根据方案组织清查，必要时可委托社会中介机构对清查结果进行专项审计，并形成资产清查报告按规定逐级上报至主管部门审核确认。

第十四条 行政事业单位可以委托依法设立的，具备与所承担工作相适应的专业人员和专业胜任能力的会计师事务所等社会中介机构对资产清查结果进行专项审计。财政部门或者主管部门认为必要时，可以直接委托社会中介机构对资产清查结果进行专项审计或复核。

资产清查工作专项审计费用，按照“谁委托，谁付费”的原则，由委托方承担。

涉密单位资产清查结果可由内审机构开展审计。如确需社会中介机构进行专项审计的，应当按照国家保密管理的规定做好保密工作。

第十五条 资产清查工作内容主要包括单位基本情况清理、账务清理、财产清查和完善制度等。

单位基本情况清理是指对应当纳入资产清查工作范围的所属单位户数、机构及人员状况等基本情况进行全面清理。

账务清理是指对行政事业单位的各种银行账户、各类库存现金、有价证券、各项资金往来和会计核算科目等基本账务情况进行全面核对和清理。

财产清查是指对行政事业单位的各项资产进行全面的清理、核对和查实。行政事业单位对清查出的各种资产盘盈、损失和资金挂账应当按照资产清查要求进行分类，提出相关处理建议。

完善制度是指针对资产清查工作中发现的问题，进行全面总结、认真分析，提出相应整改措施和实施计划，建立健全资产管理制度。

第十六条 行政事业单位资产清查报告主要包括下列内容：

（一）工作报告。主要反映本单位的资产清查工作基本情况和结果，应当包括本单位资产清查的基准日、范围、内容、结果，基准日资产及财务状况，对清查中发现的问题的整改措施和实施计划。

（二）清查报表。按照规定在信息系统中填报的资产清查报表及相关纸质报表。

（三）专项审计报告。社会中介机构对行政事业单位资产清查结果出具的经注册会计师签字的专项审计报告。

（四）证明材料。清查出的资产盘盈、资产损失和资金挂账等的相关凭证资料和具有法律效力的证明材料。

（五）其他需要提供的备查材料。

第四章 资产盘盈

第十七条 资产盘盈是指行政事业单位在资产清查基准日无账面记载，但单位实际占有使用的能以货币计量的经济资源，包括货币资金盘盈、存货盘盈、对外投资盘盈、固定资产盘盈、无形资产盘盈、往来款项盘盈等。

第十八条 货币资金盘盈是指行政事业单位清查出的无账面记载或者反映的现金和各类存款等，具体按照以下方式认定：

（一）现金盘盈，根据现金保管人确认的现金盘点情况（包括倒推至基准日的记录）和现金保管人对于现金盘盈的说明等进行认定。

（二）存款盘盈，根据银行对账单和银行存款余额调节表进行认定。

第十九条 存货盘盈是指行政事业单位清查出的无账面记载或者反映的材料、燃料、包装物、低值易耗品及达不到固定资产标准的用具、装具、动植物等。

存货盘盈根据存货明细表和保管人对于盘盈的情况说明、价值确定依据等进行认定。

第二十条 对外投资盘盈是指行政事业单位清查出的无账面记载或者反映的单位对外投资。

对外投资盘盈，根据对外投资合同（协议）、价值确定依据、情况说明等进行认定。

第二十一条 固定资产盘盈是指行政事业单位清查出的无账面记载或者反映的固定资产。

固定资产盘盈根据固定资产盘点单、盘盈情况说明、盘盈价值确定依据（同类资产的市场价格、类似资产的购买合同、发票或竣工决算资料）等进行认定。

第二十二条 固定资产盘盈按照以下方式处理：

（一）行政事业单位清理出不属于纪检、监察部门规定清退范围的账外固定资产，且长期无偿占有使用的，若产权属于其他行政事业单位的，在当事双方协商一致的基础上，可以按照国家行政事业单位国有资产管理的相关规定办理无偿划拨；若产权属于其他国有企业的，在当事双方协商一致的基础上，可以按照国家国有企业资产管理的相关规定办理无偿划拨；若产权属于其他单位的，应当在尊重产权单位意见的基础上，由当事双方协商解决。如行政事业单位需要收购或租赁该资产的，应当按照市场价值签订转让或租赁合同，并按照规定程序上报。

（二）清查出的因历史原因而无法入账的无主财产，依法确认为国有资产的，应当及时入账，纳入国有资产管理范围。

（三）清查出的已投入使用但尚未办理决算手续的固定资产，按照估计价值入账，待确定实际成本后再进行调整。

第二十三条 无形资产盘盈是指行政事业单位清查出的无账面记载或者反映的无形资产。

无形资产盘盈根据无形资产盘点单、盘盈情况说明、盘盈价值确定依据（同类资产的市场价格、类似资产的购买合同、发票或自行开发资料）等进行认定。

第二十四条 应收票据、应收账款和预付账款等往来款项盘盈是指行政事业单位清查出的无账面记载或者反映的应收票据、应收账款和预付账款等往来款项。

应收票据、应收账款和预付账款等往来款项盘盈，根据清查明细表、盘盈情况说明、与对方单位的对账单或询证函等进行认定。

第二十五条 对于清查出来的缺乏价值确定依据的盘盈资产，可以委托具有专业胜任能力的资产评估机构进行资产评估，以评估值作为价值确定依据，没有相关凭据也未经评估的，应当按照名义金额（即人民币 1 元）入账。

第五章 资产损失

第二十六条 资产损失是指行政事业单位在资产清查基准日有账面记载，但实际发生的短少、毁损、被盗或者丧失使用价值的，能以货币计量的经济资源，包括货币资金损失、坏账损失、存货损失、对外投资损失、固定资产损失、无形资产损失等。

第二十七条 行政事业单位清查出的资产损失应当逐项清理，取得合法证据后，对损失项目及金额按照规定进行认定。对已取得具有法律效力的外部证据，而无法确定损失金额的，根据社会中介机构出具的经济鉴证证明进行认定。

第二十八条 货币资金损失是指行政事业单位清查出的现金短缺和各类存款损失等。

现金短缺，在扣除责任人赔偿后，根据现金盘点情况（包括倒推至基准日的记录）、社会中介机构出具的经济鉴证证明、短款说明及核准文件、赔偿责任认定及说明、司法涉案材料等进行认定。各类存款损失的认定比照执行。

第二十九条 坏账损失是指行政事业单位清查出的不能收回的各项应收款项造成的损失。清查出的各项坏账，应当分析原因，对有合法证据证明确实不能收回的应收款项，按照以下方式处理：

（一）因债务人被宣告破产、撤销注销工商登记或者被政府责令关闭等导致无法收回的应收款项，应当根据法院的破产公告、破产清算文件、工商部门的撤销注销证明、政府部门有关文件等进行认定。已经清算的，应当对扣除清偿部分后不能收回的款项认定为损失。

（二）债务人死亡或者依法被宣告失踪、死亡，其财产或者遗产不足清偿且没有继承人的应收款项，应当在取得相关法律文件后认定为损失。

（三）因不可抗力因素（自然灾害、意外事故）无法收回的应收款项，由单位做出专项说明，可以根据社会中介机构出具的经济鉴证证明认定损失。

（四）涉诉的应收款项，已生效的人民法院判决书、裁定书判定、裁定其败诉的，或者虽然胜诉但因无法执行被裁定终止执行的，认定为损失。

（五）逾期 3 年的应收款项，具有依法催收磋商记录，并且能够确认 3 年内没有任何业务往来的，应当根据社会中介机构出具的经济鉴证证明，在扣除应付该债务人的各种款项和有关责任人员的赔偿后的余额，认定为损失。

（六）逾期 3 年的应收款项，债务人在国外及我国香港、澳门、台湾地区的，经依法催收仍未收回，且在 3 年内没有任何业务往来的，在取得境外社会中介机构出具的终止收款意见书，或者取得我国驻外使（领）馆商务机构出具的债务人逃亡、破产证明后，认定为损失。

（七）逾期 3 年以上、单笔数额较小、不足以弥补清收成本的，由单位作出专项说明，根据社会中介机构出具的经济鉴证证明认定损失。

第三十条 存货损失是指行政事业单位材料、燃料、包装物、低值易耗品及达不到固定资产标准的用具、装具、动植物等因盘亏、毁损、报废、被盗等原因造成的损失。具体按以下方式认定：

（一）盘亏的存货，扣除责任人赔偿后的部分，可以根据存货盘点单、社会中介机构出具的经济鉴证证明、盘亏情况说明、盘亏的价值确定依据、赔偿责任认定说明和内部核批文件等认定损失。

（二）毁损、报废的存货，扣除残值及保险赔偿或责任人赔偿后的部分，可以根据国家有关技术鉴定部门或具有技术鉴定资格的社会中介机构出具的技术鉴定证明（涉及保险索赔的应当有保险公司理赔情况说明）、毁损报废说明、赔偿责任认定说明和内部核批文件等认定损失。

（三）被盗的存货，扣除保险理赔及责任人赔偿后的部分，可以根据公安机关案件受理证明或结案证明、责任认定及赔偿情况说明（涉及保险索赔的应当有保险公司理赔情况说明）认定损失。

第三十一条 对外投资损失，应当分析原因，有合法证据证明确实不能收回的，区分以下情况可以认定损失：

（一）因被投资单位已宣告破产、被撤销注销工商登记或者被政府责令关闭等情况造成难以收回的对外投资，可以根据法院的破产公告或者破产清算的清偿文件、工商部门的撤销注销文件、政府有关部门的行政决定等认定损失。

已经清算的，扣除清算资产清偿后的差额部分，可以认定为损失。

尚未清算的，被投资单位剩余资产确实不足清偿投资的差额部分，根据社会中介机构出具的经济鉴证证明，认定为损失。

（二）对事业单位参股投资、金额较小、不具有控制权的对外投资，被投资单位已资不抵债且连续停止经营 3 年以上的，根据社会中介机构出具的经济鉴证证明，对确实不能收回的部分，认定为损失。

（三）债券等短期投资，未进行交割或清理的，不能认定为损失。

第三十二条 固定资产损失是指行政事业单位房屋及构筑物、通用设备、专用设备、文物和陈列品、图书档案、家具用具装具及动植物等因盘亏、毁损、报废、被盗等原因造成的损失。具体按以下方式认定：

（一）盘亏的固定资产，扣除责任人赔偿后的差额部分，可以根据固定资产盘点单、盘亏情况说明、盘亏的价值确定依据、社会中介机构出具的经济鉴证证明、赔偿责任认定说明和内部核批文件等认定。

（二）毁损、报废的固定资产，扣除残值、保险赔偿和责任人赔偿后的差额部分，可以根据国家有关技术鉴定部门或具有技术鉴定资格的社会中介机构出具的技术鉴定证明（涉及保险索赔的应当有保险公司的出险调查单和理赔计算单、保险公司理赔情况说明）、毁损报废说明、赔偿责任认定说明和内部核批文件等认定。

因不可抗力因素（自然灾害、意外事故）造成固定资产毁损、报废的，应当依据相关部门出具的事故处理报告、车辆报损证明、房屋拆除证明、受灾证明等鉴定报告认定。

（三）被盗的固定资产，扣除保险理赔及责任人赔偿后的部分，可以根据公安机关案件受理证明或结案证明、责任认定及赔偿情况说明（涉及保险索赔的应当有保险公司的出险调查单和理赔计算单、保险公司理赔情况说明）认定。

第三十三条 无形资产损失是指无形资产因被其他新技术所代替或者已经超过了法律保护的期限、丧失了使用价值和转让价值等所造成的损失。

无形资产损失，可以根据有关技术部门的鉴定材料，或者已经超过了法律保护期限的证明文件等认定。

第六章　资金挂账

第三十四条　资金挂账是指行政事业单位在资产清查基准日应当按照损益、收支进行确认处理，但挂账未确认的资金（资产）数额。对于清查出的资金挂账，按照真实客观反映经济状况的原则进行认定。

第三十五条　特殊资金挂账按照以下方式处理：

（一）属于按照国家规定组织实施住房制度改革，职工住房账面价值、资产基金（非流动资产基金）应当冲减而未冲减的挂账，在按照国家规定办理房改有关合法手续、移交产权后，按照规定核销。

（二）属于对外投资中由于所办企业按照国家要求脱钩等政策性因素造成的损失挂账，在取得国家关于企业脱钩的文件和产权划转文件后，可在办理资产核实手续时申报核销处理。

第七章　资产核实的程序、管理权限和申报内容

第三十六条　行政事业单位资产核实的一般程序：

（一）行政事业单位应当依据资产清查出的资产盘盈、资产损失和资金挂账等事项，搜集整理相关证明材料，提出处理意见并逐级向主管部门提出资产核实的申请报告。各单位应当对所报送材料的真实性、合规性和完整性负责。

（二）主管部门按照规定权限进行合规性和完整性审核（审批）同意后，报同级财政部门审批（备案）。

（三）财政部门按照规定权限进行审批（备案）。

（四）行政事业单位依据有关部门对资产盘盈、资产损失和资金挂账的批复，调整信息系统相关数据并进行账务处理。

（五）财政部门、主管部门和行政事业单位结合清查核实中发现的问题完善相关制度。

第三十七条　行政事业单位资产核实的管理权限按照本办法第三十八条、第三十九条规定执行。根据各级政府及其财政部门专项工作要求开展的资产清查工作，有关资产核实的审批权限，可以根据资产清查工作的实际需要另行确定。

第三十八条　中央级行政事业单位资产核实的管理权限：

（一）资产盘盈。单位应当按照财务、会计制度的有关规定确定价值，并在资产清查工作报告中予以说明，报经主管部门批准，并报财政部备案后调整有关账目。

（二）资产损失。货币性资产损失核销、对外投资损失，单位应当逐级上报，经财政部批准后调整有关账目。行政单位的固定资产、无形资产和存货损失，按照现行管理制度中规定的资产处置权限进行审批。事业单位房屋构筑物、土地和车辆损失，单位应当逐级上报，经财政部批准后核销。其他固定资产、无形资产和存货的损失，按照现行管理制度中规定的资产处置权限进行审批。

（三）资金挂账，单位应当逐级上报，经财政部批准后调整有关账目。

中央级行政事业单位申请的资产核实事项中，既包括财政部审批权限内资产的，也包括主管部门审批权限内资产的，应当统一报送财政部。

第三十九条 地方行政事业单位资产核实管理权限，由地方各级财政部门根据实际情况自行确定。

第四十条 行政事业单位的资产核实申报事项应当提交以下材料：

（一）资产损溢、资金挂账核实申请文件。

（二）信息系统生成打印的行政事业单位国有资产清查报表。

（三）信息系统生成打印的行政事业单位国有资产损溢、资金挂账核实申请表。

（四）申报处理资产盘盈、资产损失和资金挂账的专项说明，逐笔写明发生日期、损失原因、政策依据、处理方式，并分类列示。

（五）根据申报核实的事项，提供相应的具有法律效力的外部证据、社会中介机构出具的经济鉴证证明、特定事项的单位内部证据等证明材料。

具有法律效力的外部证据是指行政事业单位收集到的与本单位资产损溢相关的具有法律效力的书面文件，包括单位的撤销、合并公告及清偿文件；政府部门有关文件；司法机关的判决或者裁定；公安机关的案件受理证明或结案证明；工商行政管理部门的注销证明；专业技术部门的鉴定报告；保险公司的出险调查单和理赔计算单；企业的破产公告及破产清算的清偿文件；符合法律规定的其他证明等。

社会中介机构的经济鉴证证明是指具备与所承担工作相适应的专业人员和专业胜任能力的会计师事务所、资产评估机构、律师事务所、专业鉴定机构等社会中介机构按照独立、客观、公正的原则，对单位的某项经济事项出具的专项经济鉴证证明或鉴证意见书。资产损失和资金挂账应当委托社会中介机构出具经济鉴证证明，涉及国家安全的特殊单位、特殊事项和已取得具有法律效力的外部证据的事项除外。

特定事项的单位内部证据是指行政事业单位对涉及资产盘盈、资产损失和资金挂账等情况的内部证明和内部鉴定意见书等，包括有关会计核算资料和原始凭证；行政事业单位的内部核批文件及情况说明；资产盘点单和明细表；行政事业单位内部鉴定技术小组或内部专业技术部门的鉴定文件或资料；因经营管理责任造成的损失的责任认定意见及赔偿情况说明；相关经济行为的业务合同等；符合法律规定的其他证明等。

（六）其他需要提供的材料。

第四十一条 行政事业单位经批准核销的不良债权、对外投资等损失，实行“账销案存”管理，相关资料、凭证应当专项登记，并继续进行清理和追索。经批准核销的实物资产损失应当分类清理，对有利用价值或残值的，应当积极处理，降低损失。

第四十二条 行政事业单位清查出的由于会计技术差错造成的资产不实，不属于资产盘盈、资产损失和资金挂账的认定范围，应当依据单位财务、会计制度有关规定处理。

第四十三条 申报不合规，证据不齐全、不真实，或者不符合相关制度规定的资产盘盈、资产损失、资金挂账事项，主管部门和财政部门不予核实。

第八章 账务处理

第四十四条 资产盘盈、资产损失和资金挂账批复前，行政事业单位应当按照以下原则进行账务处理：

（一）财政部门批复（备案）前的资产盘盈（含账外资产）可以按照财务、会计制度的有关规定暂行入账。待财政部门批复（备案）后，进行账务调整和处理。

（二）财政部门批复（备案）前的资产损失和资金挂账，单位不得自行进行账务处理。待财政部门批复（备案）后，进行账务处理。

第四十五条 资产盘盈、资产损失和资金挂账批复后，行政事业单位按照国家统一的财务、会计制度进行账务处理，并在批复之日起30个工作日内将账务处理结果报主管部门备案。未按照规定调账的，应当详细说明情况并附相关证明材料。

第四十六条 行政事业单位需要办理产权变动登记手续的，在资产核实审批后，按照有关规定办理相关手续。

第九章 监督和管理

第四十七条 财政部门、主管部门应当加强对行政事业单位清查核实的组织指导和监督检查，可以结合工作需要组织相关专业人员或委托社会中介机构，对单位资产清查核实结果进行检查或抽查。

第四十八条 财政部门、主管部门对行政事业单位有关资产清查结果的审核和资产损溢、资金挂账的认定，应当严格执行国家有关法律、法规、规章和有关财务、会计制度规定，依法办事，严格把关，严肃工作纪律。

第四十九条 主管部门应当对行政事业单位资产清查结果进行认真复核，保证资产清查结果的全面、准确和合规。

第五十条 行政事业单位进行资产清查，应当做到账表、账账、账卡、账实相符，不重不漏，查清资产来源、去向和管理情况，找出管理中存在的问题，完善制度、堵塞管理漏洞。

第五十一条 行政事业单位聘请社会中介机构参与清查核实，应当要求社会中介机构按照独立、客观、公正的原则，履行必要的程序，认真核实单位各项资产清查材料，并按照规定进行实物盘点和账务核对，对资产清查结果出具专项审计报告。对需要出具经济鉴证证明的资产核实事项，应当要求社会中介机构按照国家资产清查核实政策和有关财务、会计制度的相关规定，在充分调查论证的基础上进行职业推断和客观评判，出具鉴证意见。

社会中介机构应当对行政事业单位资产清查专项审计报告、经济鉴证证明的真实性、准确性、完整性承担责任，严格履行保密义务。

行政事业单位应当配合社会中介机构的工作，提供进行专项审计及相关工作必需的资料和线索。任何单位和个人不得干预社会中介机构的正常执业。

第五十二条 行政事业单位对在资产清查中新形成的资料，要分类整理形成档案，按照国家有关会计档案管理的规定进行管理，并接受国家有关部门的监督。

第五十三条 行政事业单位应当对资产清查中发现的资产盘盈、资产损失和资金挂账事项提供合法证据，单位主要负责人应当对申报的资产清查结果的真实性、完整性承担责任。

第五十四条 财政部门和主管部门工作人员在对单位清查核实进行审核过程中徇私舞弊，造成严重后果的，由有关部门依法给予行政处分或纪律处分。

第五十五条 行政事业单位和主管部门在清查核实中违反本办法规定程序的，不组织或不积极组织，未按照时限完成清查核实的，由财政部门责令其限期完成；对清查核实质量不符合规定要求的，由财政部门责令其重新组织开展清查核实；对清查出的问题不及时处理或者拒不完成清查核实的单位，财政部门予以通报。

第五十六条 行政事业单位在资产清查核实中有意瞒报、弄虚作假、提供虚假会计资料的，由财政部门责令其改正，并依据《中华人民共和国会计法》等法律、法规规定进行处理。

第五十七条 行政事业单位负责人和有关工作人员在资产清查核实中，采取私分、低价变卖、虚报损失等手段侵吞、转移国有资产的，由财政部门会同有关部门进行处理。

第五十八条 社会中介机构及有关当事人在清查核实中与单位相互串通，弄虚作假、提供虚假鉴证材料的，由财政部门会同有关部门依法查处。

第十章 附 则

第五十九条 执行《民间非营利组织会计制度》的社会团体及民办非企业单位中占有、使用国有资产的，参照本制度执行。

行政单位所属未脱钩企业，实行企业化管理并执行企业财务和会计制度的事业单位，以及事业单位所办的全资企业和控股企业，其国有资产的清查核实工作按照企业清产核资的有关规定执行。

第六十条 事业单位代表政府管理的，未纳入本单位核算的政府储备物资、公共基础设施等资产的清查核实办法另行制定。

第六十一条 各省、自治区、直辖市和计划单列市财政部门可根据本办法，结合本地区实际，制定具体的实施办法，并报财政部备案。

第六十二条 本办法由财政部负责解释。

第六十三条 本办法自 2016 年 3 月 1 日起施行。《行政事业单位资产清查暂行办法》（财办〔2006〕52 号）、《行政事业单位资产核实暂行办法》（财办〔2007〕19 号）同时废止。

12. 中央财政预算管理一体化资金支付管理办法（试行）

第一章 总 则

第一条 为加快推进中央财政预算管理一体化建设（以下简称中央一体化），进一步优化预算单位资金支付管理和规范预算单位资金支付行为，根据《中华人民共和国预算法》及其实施条例、《中华人民共和国国家金库条例》及其实施细则、《国务院关于进一步深化预算管理制度改革的意见》（国发〔2021〕5 号）、《财政部关于印发〈预算管理一体化规范（试行）〉的通知》（财办〔2020〕13 号）以及财政国库管理有关制度规定，制定本办法。

第二条 中央一体化试点部门（以下简称试点部门）及其所属相关预算单位（以下简称试点单位）财政拨款资金、教育收费专户管理资金、单位资金的支付管理（以下简称资金支付）适用本办法。

第三条 资金支付实行全流程电子化管理，通过中央预算管理一体化系统（以下简称中央一体化系统）办理业务。

第四条 除单位资金中按往来收入管理的资金外，其他资金支付坚持先有预算后有支出，根据预算指标、国库库款或有关账户余额情况拨付资金。

第五条 试点单位应当按照中央一体化试点有关要求，配合做好以下信息维护管理工作：

（一）本单位工作人员的工资卡卡号、公务卡卡号等与预算执行业务有关的人员类信息；

（二）本单位零余额账户和实有资金账户信息；

（三）单位财务公章等电子印鉴信息；

（四）其他需要试点单位维护管理的信息。

第二章 用款计划

第六条 用款计划主要用于财政国库现金流量控制及资金清算管理，不再按项目编制。财政拨款资金和教育收费专户管理资金应当编制用款计划，单位资金暂不编制用款计划。

第七条 试点单位月度用款计划当月开始生效，当年累计支付金额（不含单位资金支付金额）不得超过当年累计已批复的用款计划。

第八条 试点单位应当加强预算执行事前规划，严格依据预算指标（含部门预算“二上”控制数）、项目实施进度以及用款需求等编制分月用款计划，情况发生变化时应当及时上报调整用款计划。除特殊情况外，试点部门不得代替所属试点单位编制用款计划。

第九条 试点部门审核汇总所属试点单位用款计划后报送财政部。财政部根据预算指标、库款情况等批复分月用款计划，不再向中央国库集中支付业务代理银行（以下简称代理银行）下达用款额度。

第十条 财政部根据批复的用款计划生成国库集中支付汇总清算额度通知单，按时签章发送人民银行，作为人民银行与代理银行清算国库集中支付资金的依据。用款计划变化导致国库集中支付汇总清算额度调整的，财政部及时将调整结果发送人民银行。

第三章 资金支付一般规定

第十一条 试点单位办理资金支付业务时，应当通过中央一体化系统填报资金支付申请。财政部（国库司）对资金支付申请集中校验（审核）后，向代理银行发送支付凭证。代理银行根据支付凭证支付资金，不再对试点单位资金支付进行额度控制。试点单位原则上应当通过预算单位零余额账户支付资金，未开设预算单位零余额账户的试点单位通过财政零余额账户支付资金。具体流程如下：

（一）试点单位按规定通过中央一体化系统填报资金支付申请。通过预算单位零余额账户支付资金的，试点单位在提交资金支付申请时预生成支付凭证并按规定加盖电子签章（签名）。

（二）财政部根据预算指标和批复的用款计划对试点单位资金支付申请进行控制。预算指标的基本控制口径为：单位、指标类型、资金性质、支出功能分类科目（底级）、政府预算支出经济分类科目（类级）、预算项目、金额。用款计划的基本控制口径为：单位、支出功能分类科目、资金性质、支付方式、指标类型、金额。

（三）中央一体化系统根据预设的校验规则对资金支付申请进行校验，校验不通过的，转为试点部门人工审核；试点部门人工审核后提交资金支付申请，系统校验仍不通过的，按规定转为财政部（国库司）人工审核。

（四）校验（审核）通过后，财政部（国库司）将支付凭证发送代理银行。代理银行支付资金后，向财政部和试点单位发送国库集中支付凭证回单，作为财政总预算会计和单位会计核算的依据。

第十二条 按照支出活动的具体特点和管理要求，资金支付分为以下类型：

（一）购买性支出。购买性支出包括所有编制政府采购预算的支出，以及部门预算支出经济分类科目特定范围内的支出。

编制政府采购预算的购买性支出，资金支付申请应当匹配政府采购合同。中央一体化系统校验政府采购合同中的收款人信息、合同金额等信息，校验不通过的原则上不允许支付资金。

部门预算支出经济分类科目特定范围内的购买性支出，资金支付申请应当按规定匹配相关合同或协议。中央一体化系统校验相关合同或协议，校验不通过的原则上不允许支付资金；无法提供相关合同或协议的，按规定转为人工审核。

（二）公务卡还款。公务卡发卡银行应当通过中央一体化系统向财政部（国库司）按时提供公务卡消费明细信息。试点单位比对持卡人报销还款信息和公务卡消费信息后，按照本办法第十一条有关规定办理公务卡还款。

公务卡原则上只能用于公务支出活动。

（三）纳入财政统发范围的工资和离退休经费（以下简称统发工资）通过财政零余额账户办理资金支付。统发工资预算指标余额不足时，中央一体化系统对试点单位进行预警提示，试点单位应当按照预算管理规定及时补足预算指标。未及时补足预算指标的，由试点单位按照本办法第十一条有关规定自行发放工资。

（四）委托收款。试点单位办理水费、电费、燃气费、电话费、网络费用、社会保险缴费、个人所得税缴纳等委托收款业务时，应当提前指定用于委托收款的预算指标。委托收款扣款时，代理银行通过中央一体化系统发送委托扣款申请，系统验证通过后自动进行资金支付。

委托收款预算指标额度不足时，试点单位可以另行选择预算指标，或按照本办法第十一条有关规定办理资金支付。

第十三条 除下列情形外，试点单位不得从本单位零余额账户向本单位或本部门其他预算单位实有资金账户划转资金：

（一）根据政府购买服务相关政策，按合同约定向本部门所属事业单位支付的政府购买服务支出；

（二）确需划转的工会经费、住房改革支出、应缴或代扣代缴的税款，以及符合相关制度规定的工资代扣事项；

（三）暂不能通过零余额账户委托收款的社会保险缴费、职业年金缴费、水费、电费、取暖费等；

（四）按规定允许划转的科研项目和教育资金；

（五）财政部（国库司）规定的其他情形。

第十四条 代理银行应当在营业时间内办理国库集中支付业务，并在人民银行（国库局）规定的清算时限内向其发送已完成支付的申请划款凭证及所附划款明细，申请清算资金。除另有规定外，超出营业时间代理银行原则上不办理资金支付。

代理银行完成资金清算后，应当按日对资金支付明细信息进行核对；发现错误的，及时告知财政部（国库司）、人民银行（国库局），并按规定办理更正。

第十五条 资金支付完成后，因技术性差错等原因误用预算指标或支出经济分类的，试点单位应当通过中央一体化系统填报支付更正申请，经系统自动校验或人工审核后，更正相关信息。涉及国库集中支付汇总清算额度调整的，财政部（国库司）及时将调整结果发送人民银行（国库局），同步更正信息。

第十六条 资金退回业务按以下方式办理：

（一）因收款人账户名称或账号填写错误等原因导致的当年资金退回或项目未结束的跨年资金退回，代理银行应当将资金退回零余额账户，不得转存银行内部账户，在匹配原支付凭证的当日（超过清算时间的，于下一个工作日）将资金退回国库，并生成财政资金退回通知书发送财政部和试点单位。财政部（国库司）和试点单位根据退回通知书进行会计核算，并恢复试点单位相应预算指标。

（二）除另有规定外，项目结束或收回结余资金导致的资金退回，试点部门应当通过其实有资金账户汇总相关资金，按规定填写一般缴款书或银行汇款单后，统一上缴国库。财政部（国库司）和试点单位根据相关回单进行会计核算。

（三）对于错误缴入预算单位零余额账户的资金，试点单位应当向代理银行开具资金退回凭证。代理银行按资金退回凭证退回资金后，向试点单位发送回单。

第四章　资金支付特殊规定

第十七条　教育收费专户管理资金通过中央一体化系统进行集中校验和人工审核后，直接拨付到试点单位实有资金账户，不再由试点部门转拨。具体流程如下：

（一）试点单位按规定通过中央一体化系统填报资金支付申请。

（二）财政部根据预算指标、用款计划、教育收费专户资金余额等校验审核资金支付申请，审核通过后向教育收费专户开户银行发送支付凭证。教育收费专户开户银行支付资金后，向财政部发送相关支付凭证回单，作为财政总预算会计核算的依据。

（三）因收款人账户名称或账号填写错误等原因发生资金退回的，教育收费专户开户银行应当在匹配原支付凭证信息后，向财政部报送财政专户退款通知书，同时将资金退回教育收费专户。财政部根据财政专户退款通知书进行会计核算，并相应恢复试点单位预算指标。

第十八条　单位资金包括资金收入管理、资金支付管理、支付更正管理和资金退回管理。

（一）资金收入管理。试点单位基本存款账户开户银行应当通过中央一体化系统及时向试点单位发送账户收款及余额变动信息，试点单位应当根据资金到账通知书，按单位资金收入、往来收入、退回资金三种类型对入账资金予以确认。

按本办法第十三条规定转入试点单位基本存款账户的财政拨款资金，按照往来收入管理。

（二）资金支付管理。试点单位基本存款账户开户银行根据中央一体化系统发送的支付凭证办理单位资金支付。除另有规定外，试点单位基本存款账户开户银行原则上不得接受中央一体化系统以外的单位资金支付指令。

属于单位资金收入的，试点单位按规定通过中央一体化系统填报资金支付申请。中央一体化系统根据预算指标及账户余额信息（编制政府采购预算的资金支付应当对应政府采购合同）进行校验，校验通过后向试点单位基本存款账户开户银行发送支付凭证。

属于往来收入的，试点单位按规定通过中央一体化系统填报资金支付申请。中央一体化系统根据试点单位基本存款账户余额信息进行校验，校验通过后向试点单位基本存款账户开户银行发送支付凭证。

（三）支付更正管理。属于单位资金收入的，试点单位应当按规定通过中央一体化系统填报支付更正申请，经系统自动校验通过后完成更正。

（四）资金退回管理。退回资金中能够匹配原支付凭证（信息）的，试点单位应当自行确认是否恢复对应的预算指标；无法匹配原支付凭证（信息）的，按照往来收入管理。

第五章　监督管理

第十九条　财政部（国库司）对资金支付组织开展动态监控，核实疑点信息，及时纠错纠偏。

第二十条　财政部各地监管局按规定通过中央一体化系统对属地试点单位预算执行进行全过程查询和监管，不再对资金支付申请进行前置审核。

第二十一条　人民银行对商业银行办理的国库集中支付业务进行监督检查。

第二十二条　试点部门在资金支付中的主要职责是：

负责按照部门预算管理使用资金，并做好相应的财务管理和会计核算工作；

负责本部门及所属试点单位资金支付管理的相关工作；

组织本部门及所属试点单位编制用款计划，审核汇总所属试点单位用款计划；

配合财政部对本部门及所属试点单位预算执行、资金申请与拨付和账户管理等情况进行监督管理。

第二十三条　试点单位在资金支付中的主要职责是：

负责按单位预算使用资金，并做好相应的财务管理和会计核算工作；

负责编制本单位用款计划；

按规定填报资金支付申请，预生成有关电子凭证，并保证凭证的真实性、合规性。

配合财政部及主管部门对本单位预算执行、资金申请与拨付和账户管理等情况进行监督管理。

第二十四条　有关商业银行在资金支付中的主要职责是：

按照与财政部签订的委托代理协议及有关规定办理账户和资金支付业务，定期对账。严格按照中央一体化系统发送的支付凭证支付资金，不得违规支付资金，不得占压挪用资金。接受财政部监督，业务办理情况纳入财政部年度综合考评。

按规定开发与维护代理中央一体化资金支付业务的信息管理系统并与财政部、人民银行联网，按要求向财政部、人民银行反馈资金支付相关信息。妥善保管有关支付凭证及资料，并负有保密义务。

按照与人民银行签订的资金支付清算协议及有关规定办理资金支付清算等业务，定期对账，接受人民银行的监督检查。

第六章　附　　则

第二十五条　本办法施行前有关规定与本办法不一致的，以本办法为准；本办法未作出规定的，按照现行制度规定执行。

第二十六条 资金支付具体业务细则按照有关中央一体化试点操作规程办理。

第二十七条 本办法由财政部会同人民银行负责解释。

第二十八条 本办法自印发之日起施行。

13. 行政事业单位内部控制规范（试行）

第一章　总　　则

第一条　为了进一步提高行政事业单位内部管理水平，规范内部控制，加强廉政风险防控机制建设，根据《中华人民共和国会计法》《中华人民共和国预算法》等法律法规和相关规定，制定本规范。

第二条　本规范适用于各级党的机关、人大机关、行政机关、政协机关、审判机关、检察机关、各民主党派机关、人民团体和事业单位（以下统称单位）经济活动的内部控制。

第三条　本规范所称内部控制，是指单位为实现控制目标，通过制定制度、实施措施和执行程序，对经济活动的风险进行防范和管控。

第四条　单位内部控制的目标主要包括：合理保证单位经济活动合法合规、资产安全和使用有效、财务信息真实完整，有效防范舞弊和预防腐败，提高公共服务的效率和效果。

第五条　单位建立与实施内部控制，应当遵循下列原则：

（一）全面性原则。内部控制应当贯穿单位经济活动的决策、执行和监督全过程，实现对经济活动的全面控制。

（二）重要性原则。在全面控制的基础上，内部控制应当关注单位重要经济活动和经济活动的重大风险。

（三）制衡性原则。内部控制应当在单位内部的部门管理、职责分工、业务流程等方面形成相互制约和相互监督。

（四）适应性原则。内部控制应当符合国家有关规定和单位的实际情况，并随着外部环境的变化、单位经济活动的调整和管理要求的提高，不断修订和完善。

第六条　单位负责人对本单位内部控制的建立健全和有效实施负责。

第七条　单位应当根据本规范建立适合本单位实际情况的内部控制体系，并组织实施。具体工作包括梳理单位各类经济活动的业务流程，明确业务环节，系统分析经济活动风险，确定风险点，选择风险应对策略，在此基础上根据国家有关规定建立健全单位各项内部管理制度并督促相关工作人员认真执行。

第二章　风险评估和控制方法

第八条　单位应当建立经济活动风险定期评估机制，对经济活动存在的风险进行全面、系统和客观评估。

经济活动风险评估至少每年进行一次；外部环境、经济活动或管理要求等发生重大变化的，应及时对经济活动风险进行重估。

第九条 单位开展经济活动风险评估应当成立风险评估工作小组，单位领导担任组长。

经济活动风险评估结果应当形成书面报告并及时提交单位领导班子，作为完善内部控制的依据。

第十条 单位进行单位层面的风险评估时，应当重点关注以下方面：

（一）内部控制工作的组织情况。包括是否确定内部控制职能部门或牵头部门；是否建立单位各部门在内部控制中的沟通协调和联动机制。

（二）内部控制机制的建设情况。包括经济活动的决策、执行、监督是否实现有效分离；权责是否对等；是否建立健全议事决策机制、岗位责任制、内部监督等机制。

（三）内部管理制度的完善情况。包括内部管理制度是否健全；执行是否有效。

（四）内部控制关键岗位工作人员的管理情况。包括是否建立工作人员的培训、评价、轮岗等机制；工作人员是否具备相应的资格和能力。

（五）财务信息的编报情况。包括是否按照国家统一的会计制度对经济业务事项进行账务处理；是否按照国家统一的会计制度编制财务会计报告。

（六）其他情况。

第十一条 单位进行经济活动业务层面的风险评估时，应当重点关注以下方面：

（一）预算管理情况。包括在预算编制过程中单位内部各部门间沟通协调是否充分，预算编制与资产配置是否相结合、与具体工作是否相对应；是否按照批复的额度和开支范围执行预算，进度是否合理，是否存在无预算、超预算支出等问题；决算编报是否真实、完整、准确、及时。

（二）收支管理情况。包括收入是否实现归口管理，是否按照规定及时向财会部门提供收入的有关凭据，是否按照规定保管和使用印章和票据等；发生支出事项时是否按照规定审核各类凭据的真实性、合法性，是否存在使用虚假票据套取资金的情形。

（三）政府采购管理情况。包括是否按照预算和计划组织政府采购业务；是否按照规定组织政府采购活动和执行验收程序；是否按照规定保存政府采购业务相关档案。

（四）资产管理情况。包括是否实现资产归口管理并明确使用责任；是否定期对资产进行清查盘点，对账实不符的情况及时进行处理；是否按照规定处置资产。

（五）建设项目管理情况。包括是否按照概算投资；是否严格履行审核审批程序；是否建立有效的招投标控制机制；是否存在截留、挤占、挪用、套取建设项目资金的情形；是否按照规定保存建设项目相关档案并及时办理移交手续。

（六）合同管理情况。包括是否实现合同归口管理；是否明确应签订合同的经济活动范围和条件；是否有效监控合同履行情况，是否建立合同纠纷协调机制。

（七）其他情况。

第十二条 单位内部控制的控制方法一般包括：

（一）不相容岗位相互分离。合理设置内部控制关键岗位，明确划分职责权限，实施相应的分离措施，形成相互制约、相互监督的工作机制。

（二）内部授权审批控制。明确各岗位办理业务和事项的权限范围、审批程序和相关责任，建立重大事项集体决策和会签制度。相关工作人员应当在授权范围内行使职权、办理业务。

（三）归口管理。根据本单位实际情况，按照权责对等的原则，采取成立联合工作小组并确定牵头部门或牵头人员等方式，对有关经济活动实行统一管理。

（四）预算控制。强化对经济活动的预算约束，使预算管理贯穿于单位经济活动的全过程。

（五）财产保护控制。建立资产日常管理制度和定期清查机制，采取资产记录、实物保管、定期盘点、账实核对等措施，确保资产安全完整。

（六）会计控制。建立健全本单位财会管理制度，加强会计机构建设，提高会计人员业务水平，强化会计人员岗位责任制，规范会计基础工作，加强会计档案管理，明确会计凭证、会计账簿和财务会计报告处理程序。

（七）单据控制。要求单位根据国家有关规定和单位的经济活动业务流程，在内部管理制度中明确界定各项经济活动所涉及的表单和票据，要求相关工作人员按照规定填制、审核、归档、保管单据。

（八）信息内部公开。建立健全经济活动相关信息内部公开制度，根据国家有关规定和单位的实际情况，确定信息内部公开的内容、范围、方式和程序。

第三章　单位层面内部控制

第十三条　单位应当单独设置内部控制职能部门或者确定内部控制牵头部门，负责组织协调内部控制工作。同时，应当充分发挥财会、内部审计、纪检监察、政府采购、基建、资产管理等部门或岗位在内部控制中的作用。

第十四条　单位经济活动的决策、执行和监督应当相互分离。

单位应当建立健全集体研究、专家论证和技术咨询相结合的议事决策机制。

重大经济事项的内部决策，应当由单位领导班子集体研究决定。重大经济事项的认定标准应当根据有关规定和本单位实际情况确定，一经确定，不得随意变更。

第十五条　单位应当建立健全内部控制关键岗位责任制，明确岗位职责及分工，确保不相容岗位相互分离、相互制约和相互监督。

单位应当实行内部控制关键岗位工作人员的轮岗制度，明确轮岗周期。不具备轮岗条件的单位应当采取专项审计等控制措施。

内部控制关键岗位主要包括预算业务管理、收支业务管理、政府采购业务管理、资产管理、建设项目管理、合同管理以及内部监督等经济活动的关键岗位。

第十六条　内部控制关键岗位工作人员应当具备与其工作岗位相适应的资格和能力。

单位应当加强内部控制关键岗位工作人员业务培训和职业道德教育，不断提升其业务水平和综合素质。

第十七条 单位应当根据《中华人民共和国会计法》的规定建立会计机构，配备具有相应资格和能力的会计人员。

单位应当根据实际发生的经济业务事项按照国家统一的会计制度及时进行账务处理、编制财务会计报告，确保财务信息真实、完整。

第十八条 单位应当充分运用现代科学技术手段加强内部控制。

对信息系统建设实施归口管理，将经济活动及其内部控制流程嵌入单位信息系统中，减少或消除人为操纵因素，保护信息安全。

第四章 业务层面内部控制

第一节 预算业务控制

第十九条 单位应当建立健全预算编制、审批、执行、决算与评价等预算内部管理制度。

单位应当合理设置岗位，明确相关岗位的职责权限，确保预算编制、审批、执行、评价等不相容岗位相互分离。

第二十条 单位的预算编制应当做到程序规范、方法科学、编制及时、内容完整、项目细化、数据准确。

（一）单位应当正确把握预算编制有关政策，确保预算编制相关人员及时全面掌握相关规定。

（二）单位应当建立内部预算编制、预算执行、资产管理、基建管理、人事管理等部门或岗位的沟通协调机制，按照规定进行项目评审，确保预算编制部门及时取得和有效运用与预算编制相关的信息，根据工作计划细化预算编制，提高预算编制的科学性。

第二十一条 单位应当根据内设部门的职责和分工，对按照法定程序批复的预算在单位内部进行指标分解、审批下达，规范内部预算追加调整程序，发挥预算对经济活动的管控作用。

第二十二条 单位应当根据批复的预算安排各项收支，确保预算严格有效执行。单位应当建立预算执行分析机制。定期通报各部门预算执行情况，召开预算执行分析会议，研究解决预算执行中存在的问题，提出改进措施，提高预算执行的有效性。

第二十三条 单位应当加强决算管理，确保决算真实、完整、准确、及时，加强决算分析工作，强化决算分析结果运用，建立健全单位预算与决算相互反映、相互促进的机制。

第二十四条 单位应当加强预算绩效管理，建立“预算编制有目标、预算执行有监控、预算完成有评价、评价结果有反馈、反馈结果有应用”的全过程预算绩效管理机制。

第二节 收支业务控制

第二十五条 单位应当建立健全收入内部管理制度。

单位应当合理设置岗位，明确相关岗位的职责权限，确保收款、会计核算等不相容岗位相互分离。

第二十六条 单位的各项收入应当由财会部门归口管理并进行会计核算，严禁设立账外账。

业务部门应当在涉及收入的合同协议签订后及时将合同等有关材料提交财会部门作为账务处理依据，确保各项收入应收尽收，及时入账。财会部门应当定期检查收入金额是否与合同约定相符；对应收未收项目应当查明情况，明确责任主体，落实催收责任。

第二十七条 有政府非税收入收缴职能的单位，应当按照规定项目和标准征收政府非税收入，按照规定开具财政票据，做到收缴分离、票款一致，并及时、足额上缴国库或财政专户，不得以任何形式截留、挪用或者私分。

第二十八条 单位应当建立健全票据管理制度。财政票据、发票等各类票据的申领、启用、核销、销毁均应履行规定手续。单位应当按照规定设置票据专管员，建立票据台账，做好票据的保管和序时登记工作。票据应当按照顺序号使用，不得拆本使用，做好废旧票据管理。负责保管票据的人员要配置单独的保险柜等保管设备，并做到人走柜锁。

单位不得违反规定转让、出借、代开、买卖财政票据、发票等票据，不得擅自扩大票据适用范围。

第二十九条 单位应当建立健全支出内部管理制度，确定单位经济活动的各项支出标准，明确支出报销流程，按照规定办理支出事项。

单位应当合理设置岗位，明确相关岗位的职责权限，确保支出申请和内部审批、付款审批和付款执行、业务经办和会计核算等不相容岗位相互分离。

第三十条 单位应当按照支出业务的类型，明确内部审批、审核、支付、核算和归档等支出各关键岗位的职责权限。实行国库集中支付的，应当严格按照财政国库管理制度有关规定执行。

（一）加强支出审批控制。明确支出的内部审批权限、程序、责任和相关控制措施。审批人应当在授权范围内审批，不得越权审批。

（二）加强支出审核控制。全面审核各类单据。重点审核单据来源是否合法，内容是否真实、完整，使用是否准确，是否符合预算，审批手续是否齐全。支出凭证应当附反映支出明细内容的原始单据，并由经办人员签字或盖章，超出规定标准的支出事项应由经办人员说明原因并附审批依据，确保与经济业务事项相符。

（三）加强支付控制。明确报销业务流程，按照规定办理资金支付手续。签发的支付凭证应当进行登记。使用公务卡结算的，应当按照公务卡使用和管理有关规定办理业务。

（四）加强支出的核算和归档控制。由财会部门根据支出凭证及时准确登记账簿；与支出业务相关的合同等材料应当提交财会部门作为账务处理的依据。

第三十一条 根据国家规定可以举借债务的单位应当建立健全债务内部管理制度，明确债务管理岗位的职责权限，不得由一人办理债务业务的全过程。大额债务的举借和偿还属于重大经济事项，应当进行充分论证，并由单位领导班子集体研究决定。

单位应当做好债务的会计核算和档案保管工作。加强债务的对账和检查控制，定期与债权人核对债务余额，进行债务清理，防范和控制财务风险。

第三节 政府采购业务控制

第三十二条 单位应当建立健全政府采购预算与计划管理、政府采购活动管理、验收管理等政府采购内部管理制度。

第三十三条 单位应当明确相关岗位的职责权限，确保政府采购需求制定与内部审批、招标文件准备与复核、合同签订与验收、验收与保管等不相容岗位相互分离。

第三十四条 单位应当加强对政府采购业务预算与计划的管理。建立预算编制、政府采购和资产管理等部门或岗位之间的沟通协调机制。根据本单位实际需求和相关标准编制政府采购预算，按照已批复的预算安排政府采购计划。

第三十五条 单位应当加强对政府采购活动的管理。对政府采购活动实施归口管理，在政府采购活动中建立政府采购、资产管理、财会、内部审计、纪检监察等部门或岗位相互协调、相互制约的机制。

单位应当加强对政府采购申请的内部审核，按照规定选择政府采购方式、发布政府采购信息。对政府采购进口产品、变更政府采购方式等事项应当加强内部审核，严格履行审批手续。

第三十六条 单位应当加强对政府采购项目验收的管理。根据规定的验收制度和政府采购文件，由指定部门或专人对所购物品的品种、规格、数量、质量和其他相关内容进行验收，并出具验收证明。

第三十七条 单位应当加强对政府采购业务质疑投诉答复的管理。指定牵头部门负责、相关部门参加，按照国家有关规定做好政府采购业务质疑投诉答复工作。

第三十八条 单位应当加强对政府采购业务的记录控制。妥善保管政府采购预算与计划、各类批复文件、招标文件、投标文件、评标文件、合同文本、验收证明等政府采购业务相关资料。定期对政府采购业务信息进行分类统计，并在内部进行通报。

第三十九条 单位应当加强对涉密政府采购项目安全保密的管理。对于涉密政府采购项目，单位应当与相关供应商或采购中介机构签订保密协议或者在合同中设定保密条款。

第四节 资产控制

第四十条 单位应当对资产实行分类管理，建立健全资产内部管理制度。

单位应当合理设置岗位，明确相关岗位的职责权限，确保资产安全和有效使用。

第四十一条 单位应当建立健全货币资金管理岗位责任制，合理设置岗位，不得由一人办理货币资金业务的全过程，确保不相容岗位相互分离。

（一）出纳不得兼管稽核、会计档案保管和收入、支出、债权、债务账目的登记工作。

（二）严禁一人保管收付款项所需的全部印章。财务专用章应当由专人保管，个人名章应当由本人或其授权人员保管。负责保管印章的人员要配置单独的保管设备，并做到人走柜锁。

（三）按照规定应当由有关负责人签字或盖章的，应当严格履行签字或盖章手续。

第四十二条 单位应当加强对银行账户的管理，严格按照规定的审批权限和程序开立、变更和撤销银行账户。

第四十三条 单位应当加强货币资金的核查控制。指定不办理货币资金业务的会计人员定期和不定期抽查盘点库存现金，核对银行存款余额，抽查银行对账单、银行日记账及银行存款余额调节表，核对是否账实相符、账账相符。对调节不符、可能存在重大问题的未达账项应当及时查明原因，并按照相关规定处理。

第四十四条 单位应当加强对实物资产和无形资产的管理，明确相关部门和岗位的职责权限，强化对配置、使用和处置等关键环节的管控。

（一）对资产实施归口管理。明确资产使用和保管责任人，落实资产使用人在资产管理中的责任。贵重资产、危险资产、有保密等特殊要求的资产，应当指定专人保管、专人使用，并规定严格的接触限制条件和审批程序。

（二）按照国有资产管理相关规定，明确资产的调剂、租借、对外投资、处置的程序、审批权限和责任。

（三）建立资产台账，加强资产的实物管理。单位应当定期清查盘点资产，确保账实相符。财会、资产管理、资产使用等部门或岗位应当定期对账，发现不符的，应当及时查明原因，并按照相关规定处理。

（四）建立资产信息管理系统，做好资产的统计、报告、分析工作，实现对资产的动态管理。

第四十五条 单位应当根据国家有关规定加强对对外投资的管理。

（一）合理设置岗位，明确相关岗位的职责权限，确保对外投资的可行性研究与评估、对外投资决策与执行、对外投资处置的审批与执行等不相容岗位相互分离。

（二）单位对外投资，应当由单位领导班子集体研究决定。

（三）加强对投资项目的追踪管理，及时、全面、准确地记录对外投资的价值变动和投资收益情况。

（四）建立责任追究制度。对在对外投资中出现重大决策失误、未履行集体决策程序和不按规定执行对外投资业务的部门及人员，应当追究相应的责任。

第五节 建设项目控制

第四十六条 单位应当建立健全建设项目内部管理制度。

单位应当合理设置岗位，明确内部相关部门和岗位的职责权限，确保项目建议和可行性研究与项目决策、概预算编制与审核、项目实施与价款支付、竣工决算与竣工审计等不相容岗位相互分离。

第四十七条 单位应当建立与建设项目相关的议事决策机制，严禁任何个人单独决策或者擅自改变集体决策意见。决策过程及各方面意见应当形成书面文件，与相关资料一同妥善归档保管。

第四十八条 单位应当建立与建设项目相关的审核机制。项目建议书、可行性研究报告、概预算、竣工决算报告等应当由单位内部的规划、技术、财会、法律等相关工作人员或者根据国家有关规定委托具有相应资质的中介机构进行审核，出具评审意见。

第四十九条 单位应当依据国家有关规定组织建设项目招标工作，并接受有关部门的监督。

单位应当采取签订保密协议、限制接触等必要措施，确保标底编制、评标等工作在严格保密的情况下进行。

第五十条 单位应当按照审批单位下达的投资计划和预算对建设项目资金实行专款专用，严禁截留、挪用和超批复内容使用资金。

财会部门应当加强与建设项目承建单位的沟通，准确掌握建设进度，加强价款支付审核，按照规定办理价款结算。实行国库集中支付的建设项目，单位应当按照财政国库管理制度相关规定支付资金。

第五十一条 单位应当加强对建设项目档案的管理。做好相关文件、材料的收集、整理、归档和保管工作。

第五十二条 经批准的投资概算是工程投资的最高限额，如有调整，应当按照国家有关规定报经批准。

单位建设项目工程洽商和设计变更应当按照有关规定履行相应的审批程序。

第五十三条 建设项目竣工后，单位应当按照规定的时限及时办理竣工决算，组织竣工决算审计，并根据批复的竣工决算和有关规定办理建设项目档案和资产移交等工作。

建设项目已实际投入使用但超时限未办理竣工决算的，单位应当根据对建设项目的实际投资暂估入账，转作相关资产管理。

第六节 合同控制

第五十四条 单位应当建立健全合同内部管理制度。

单位应当合理设置岗位，明确合同的授权审批和签署权限，妥善保管和使用合同专用章，严禁未经授权擅自以单位名义对外签订合同，严禁违规签订担保、投资和借贷合同。

单位应当对合同实施归口管理，建立财会部门与合同归口管理部门的沟通协调机制，实现合同管理与预算管理、收支管理相结合。

第五十五条 单位应当加强对合同订立的管理，明确合同订立的范围和条件。对于影响重大、涉及较高专业技术或法律关系复杂的合同，应当组织法律、技术、财会等工作人员参与谈判，必要时可聘请外部专家参与相关工作。谈判过程中的重要事项和参与谈判人员的主要意见，应当予以记录并妥善保管。

第五十六条 单位应当对合同履行情况实施有效监控。合同履行过程中，因对方或单位自身原因导致可能无法按时履行的，应当及时采取应对措施。

单位应当建立合同履行监督审查制度。对合同履行中签订补充合同，或变更、解除合同等应当按照国家有关规定进行审查。

第五十七条 财会部门应当根据合同履行情况办理价款结算和进行账务处理。未按照合同条款履约的，财会部门应当在付款之前向单位有关负责人报告。

第五十八条 合同归口管理部门应当加强对合同登记的管理，定期对合同进行统计、分类和归档，详细登记合同的订立、履行和变更情况，实行对合同的全过程管理。与单位经济活动相关的合同应当同时提交财会部门作为账务处理的依据。

单位应当加强合同信息安全保密工作，未经批准，不得以任何形式泄露合同订立与履行过程中涉及的国家秘密、工作秘密或商业秘密。

第五十九条 单位应当加强对合同纠纷的管理。合同发生纠纷的，单位应当在规定时效内与对方协商谈判。合同纠纷协商一致的，双方应当签订书面协议；合同纠纷经协商无法解决的，经办人员应向单位有关负责人报告，并根据合同约定选择仲裁或诉讼方式解决。

第五章 评价与监督

第六十条 单位应当建立健全内部监督制度，明确各相关部门或岗位在内部监督中的职责权限，规定内部监督的程序和要求，对内部控制建立与实施情况进行内部监督检查和自我评价。

内部监督应当与内部控制的建立和实施保持相对独立。

第六十一条 内部审计部门或岗位应当定期或不定期检查单位内部管理制度和机制的建立与执行情况，以及内部控制关键岗位及人员的设置情况等，及时发现内部控制存在的问题并提出改进建议。

第六十二条 单位应当根据本单位实际情况确定内部监督检查的方法、范围和频率。

第六十三条 单位负责人应当指定专门部门或专人负责对单位内部控制的有效性进行评价并出具单位内部控制自我评价报告。

第六十四条 国务院财政部门及其派出机构和县级以上地方各级人民政府财政部门应当对单位内部控制的建立和实施情况进行监督检查，有针对性地提出检查意见和建议，并督促单位进行整改。

国务院审计机关及其派出机构和县级以上地方各级人民政府审计机关对单位进行审计时，应当调查了解单位内部控制建立和实施的有效性，揭示相关内部控制的缺陷，有针对性地提出审计处理意见和建议，并督促单位进行整改。

第六章 附 则

第六十五条 本规范自 2014 年 1 月 1 日起施行。

14. 财政部关于全面推进行政事业单位内部控制建设的指导意见

财会〔2015〕24号

党中央有关部门，国务院各部委、各直属机构，全国人大常委会办公厅，全国政协办公厅，高法院，高检院，各民主党派中央，有关人民团体，各省、自治区、直辖市、计划单列市财政厅（局），新疆生产建设兵团财务局：

内部控制是保障组织权力规范有序、科学高效运行的有效手段，也是组织目标实现的长效保障机制。自《行政事业单位内部控制规范（试行）》（财会〔2012〕21号，以下简称《单位内控规范》）发布实施以来，各行政事业单位积极推进内部控制建设，取得了初步成效。但也存在部分单位重视不够、制度建设不健全、发展水平不平衡等问题。党的十八届四中全会通过的《中共中央关于全面推进依法治国若干重大问题的决定》明确提出："对财政资金分配使用、国有资产监管、政府投资、政府采购、公共资源转让、公共工程建设等权力集中的部门和岗位实行分事行权、分岗设权、分级授权，定期轮岗，强化内部流程控制，防止权力滥用"，为行政事业单位加强内部控制建设指明了方向。为认真贯彻落实党的十八届四中全会精神，现对全面推进行政事业单位内部控制建设提出以下指导意见。

一、总体要求

（一）指导思想。高举中国特色社会主义伟大旗帜，认真贯彻落实党的十八大和十八届三中、四中、五中全会精神，深入贯彻习近平总书记系列重要讲话精神，全面推进行政事业单位内部控制建设，规范行政事业单位内部经济和业务活动，强化对内部权力运行的制约，防止内部权力滥用，建立健全科学高效的制约和监督体系，促进单位公共服务效能和内部治理水平不断提高，为实现国家治理体系和治理能力现代化奠定坚实基础、提供有力支撑。

（二）基本原则。

1. 坚持全面推进。行政事业单位（以下简称单位）应当按照党的十八届四中全会决定关于强化内部控制的精神和《单位内控规范》的具体要求，全面建立、有效实施内部控制，确保内部控制覆盖单位经济和业务活动的全范围，贯穿内部权力运行的决策、执行和监督全过程，规范单位内部各层级的全体人员。

2. 坚持科学规划。单位应当科学运用内部控制机制原理，结合自身的业务性质、业务范围、管理架构，合理界定岗位职责、业务流程和内部权力运行结构，依托制度规范和信息系统，将制约内部权力运行嵌入内部控制的各个层级、各个方面、各个环节。

3. 坚持问题导向。单位应当针对内部管理薄弱环节和风险隐患，特别是涉及内部权力集中的财政资金分配使用、国有资产监管、政府投资、政府采购、公共资源转让、公共工程建设等重点领域和关键岗位，合理配置权责，细化权力运行流程，明确关键控制节点和风险评估要求，提高内部控制的针对性和有效性。

4. 坚持共同治理。充分发挥内部控制与其他内部监督机制的相互促进作用，形成监管合力，优化监督效果；充分发挥政府、单位、社会和市场的各自作用，各级财政部门要加强统筹规划、督促指导，主动争取审计、监察等部门的支持，共同推动内部控制建设和有效实施；单位要切实履行内部控制建设的主体责任；要建立公平、公开、公正的市场竞争和激励机制，鼓励社会第三方参与单位内部控制建设和发挥外部监督作用，形成单位内部控制建设的合力。

（三）总体目标。以单位全面执行《单位内控规范》为抓手，以规范单位经济和业务活动有序运行为主线，以内部控制量化评价为导向，以信息系统为支撑，突出规范重点领域、关键岗位的经济和业务活动运行流程、制约措施，逐步将控制对象从经济活动层面拓展到全部业务活动和内部权力运行，到2020年，基本建成与国家治理体系和治理能力现代化相适应的，权责一致、制衡有效、运行顺畅、执行有力、管理科学的内部控制体系，更好发挥内部控制在提升内部治理水平、规范内部权力运行、促进依法行政、推进廉政建设中的重要作用。

二、主要任务

（一）健全内部控制体系，强化内部流程控制。单位应当按照内部控制要求，在单位主要负责人直接领导下，建立适合本单位实际情况的内部控制体系，全面梳理业务流程，明确业务环节，分析风险隐患，完善风险评估机制，制定风险应对策略；有效运用不相容岗位相互分离、内部授权审批控制、归口管理、预算控制、财产保护控制、会计控制、单据控制、信息内部公开等内部控制基本方法，加强对单位层面和业务层面的内部控制，实现内部控制体系全面、有效实施。

已经建立并实施内部控制的单位，应当按照本指导意见和《单位内控规范》要求，对本单位内部控制制度的全面性、重要性、制衡性、适应性和有效性进行自我评价、对照检查，并针对存在的问题，抓好整改落实，进一步健全制度，提高执行力，完善监督措施，确保内部控制有效实施。内部控制尚未建立或内部控制制度不健全的单位，必须于2016年底前完成内部控制的建立和实施工作。

（二）加强内部权力制衡，规范内部权力运行。分事行权、分岗设权、分级授权和定期轮岗，是制约权力运行、加强内部控制的基本要求和有效措施。单位应当根据自身的业务性质、业务范围、管理架构，按照决策、执行、监督相互分离、相互制衡的要求，科学设置内设机构、管理层级、岗位职责权限、权力运行规程，切实做到分事行权、分岗设权、分级授权，并定期轮岗。分事行权，就是对经济和业务活动的决策、执行、监督，必须明确分工、相互分离、分别行权，防止职责混淆、权限交叉；分岗设权，就是对涉及经济和业务活动的相关岗位，必须依职定岗、分岗定权、权责明确，防止岗位职责不清、设权界限混乱；分级授权，就是对各管理层级和各工作岗位，必须依法依规分别授权，明确授权范围、授权对象、授权期限、授权与行权责任、一般授权与特殊授权界限，防止授权不当、越权办事。同时，对重点领域的关键岗位，在健全岗位设置、规范岗位管理、加强岗位胜任能力评估的基础上，通过明确轮岗范围、轮岗条件、轮岗周期、交接流程、责任追溯等要求，建立干部交流和定期轮岗制度，不具备轮岗条件的单位应当采用专项审计等控制措施。对轮岗后发现原工作岗位存在失职或违法违纪行为的，应当按国家有关规定追责。

（三）建立内控报告制度，促进内控信息公开。针对内部控制建立和实施的实际情况，单位应当按照《单位内控规范》的要求积极开展内部控制自我评价工作。单位内部控制自我评价情况应当作为部门决算报告和财务报告的重要组成内容进行报告。积极推进内部控制信息公开，通过面向单位内部和外部定期公开内部控制相关信息，逐步建立规范有序、及时可靠的内部控制信息公开机制，更好发挥信息公开对内部控制建设的促进和监督作用。

（四）加强监督检查工作，加大考评问责力度。监督检查和自我评价，是内部控制得以有效实施的重要保障。单位应当建立健全内部控制的监督检查和自我评价制度，通过日常监督和专项监督，检查内部控制实施过程中存在的突出问题、管理漏洞和薄弱环节，进一步改进和加强内部控制；通过自我评价，评估内部控制的全面性、重要性、制衡性、适应性和有效性，进一步改进和完善内部控制。同时，单位要将内部监督、自我评价与干部考核、追责问责结合起来，并将内部监督、自我评价结果采取适当的方式予以内部公开，强化自我监督、自我约束的自觉性，促进自我监督、自我约束机制的不断完善。

三、保障措施

（一）加强组织领导。各地区、各部门要充分认识全面推进行政事业单位内部控制建设的重要意义，把制约内部权力运行、强化内部控制，作为当前和今后一个时期的重要工作来抓，切实加强对单位内部控制建设的组织领导，建立健全由财政、审计、监察等部门参与的协调机制，协同推进内部控制建设和监督检查工作。同时，积极探索建立单位财务报告内部控制实施情况注册会计师审计制度，将单位内部控制建设纳入制度化、规范化轨道。

（二）抓好贯彻落实。单位要按照本指导意见确定的总体要求、主要任务和时间表，认真抓好内部控制建设，确保制度健全、执行有力、监督到位。单位主要负责人应当主持制定工作方案，明确工作分工，配备工作人员，健全工作机制，充分利用信息化手段，组织、推动本单位内部控制建设，并对建立与实施内部控制的有效性承担领导责任。

（三）强化督导检查。各级财政部门要加强对单位内部控制建立与实施情况的监督检查，公开监督检查结果，并将监督检查结果、内部控制自我评价情况和注册会计师审计情况作为安排财政预算、实施预算绩效评价与中期财政规划的参考依据。同时，加强与审计、监察等部门的沟通协调和信息共享，形成监督合力，避免重复检查。

（四）深入宣传教育。各地区、各部门、各单位要加大宣传教育力度，广泛宣传制约内部权力运行、强化内部控制的必要性和紧迫性，广泛宣传相关先进经验和典型做法，引导单位广大干部职工自觉提高风险防范和抵制权力滥用意识，确保权力规范有序运行。同时，要加强对单位领导干部和工作人员有关制约内部权力运行、强化内部控制方面的教育培训，为全面推进行政事业单位内部控制建设营造良好的环境和氛围。

15. 行政事业单位内部控制报告管理制度（试行）

第一章 总 则

为贯彻落实党的十八届四中全会通过的《中共中央关于全面推进依法治国若干重大问题的决定》的有关精神，进一步加强行政事业单位内部控制建设，规范行政事业单位内部控制报告的编制、报送、使用及报告信息质量的监督检查等工作，促进行政事业单位内部控制信息公开，提高行政事业单位内部控制报告质量，根据《财政部关于全面推进行政事业单位内部控制建设的指导意见》（财会〔2015〕24号，以下简称《指导意见》）和《行政事业单位内部控制规范（试行）》（财会〔2012〕21号，以下简称《单位内部控制规范》）等，制定本制度。

本制度适用于所有行政事业单位。

本制度所称行政事业单位包括各级党的机关、人大机关、行政机关、政协机关、审判机关、检察机关、各民主党派机关、人民团体和事业单位。

本制度所称内部控制报告，是指行政事业单位在年度终了，结合本单位实际情况，依据《指导意见》和《单位内部控制规范》，按照本制度规定编制的能够综合反映本单位内部控制建立与实施情况的总结性文件。

行政事业单位编制内部控制报告应当遵循下列原则：

全面性原则。内部控制报告应当包括行政事业单位内部控制的建立与实施、覆盖单位层面和业务层面各类经济业务活动，能够综合反映行政事业单位的内部控制建设情况。

重要性原则。内部控制报告应当重点关注行政事业单位重点领域和关键岗位，突出重点、兼顾一般，推动行政事业单位围绕重点开展内部控制建设，着力防范可能产生的重大风险。

客观性原则。内部控制报告应当立足于行政事业单位的实际情况，坚持实事求是，真实、完整地反映行政事业单位内部控制建立与实施情况。

规范性原则。行政事业单位应当按照财政部规定的统一报告格式及信息要求编制内部控制报告，不得自行修改或删减报告及附表格式。

行政事业单位是内部控制报告的责任主体。

单位主要负责人对本单位内部控制报告的真实性和完整性负责。

行政事业单位应当根据本制度，结合本单位内部控制建立与实施的实际情况，明确相关内设机构、管理层级及岗位的职责权限，按照规定的方法、程序和要求，有序开展内部控制报告的编制、审核、报送、分析使用等工作。

内部控制报告编报工作按照“统一部署、分级负责、逐级汇总、单向报送”的方式，由财政部统一部署，各地区、各垂直管理部门分级组织实施并以自下而上的方式逐级汇总，非垂直管理部门向同级财政部门报送，各行政事业单位按照行政管理关系向上级行政主管部门单向报送。

第二章 内部控制报告编报工作的组织

财政部负责组织实施全国行政事业单位内部控制报告编报工作。其职责主要是制定行政事业单位内部控制报告的有关规章制度及全国统一的行政事业单位内部控制报告格式，布置全国行政事业单位内部控制年度报告编报工作并开展相关培训，组织和指导全国行政事业单位内部控制报告的收集、审核、汇总、报送、分析使用，组织开展全国行政事业单位内部控制报告信息质量的监督检查工作，组织和指导全国行政事业单位内部控制考核评价工作，建立和管理全国行政事业单位内部控制报告数据库等工作。

地方各级财政部门负责组织实施本地区行政事业单位内部控制报告编报工作，并对本地区内部控制汇总报告的真实性和完整性负责。其职责主要是布置本地区行政事业单位内部控制年度报告编报工作并开展相关培训，组织和指导本地区行政事业单位内部控制报告的收集、审核、汇总、报送、分析使用，组织和开展本地区行政事业单位内部控制报告信息质量的监督检查工作，组织和指导本地区行政事业单位内部控制考核评价工作，建立和管理本地区行政事业单位内部控制报告数据库等工作。

各行政主管部门（以下简称各部门）应当按照财政部门的要求，负责组织实施本部门行政事业单位内部控制报告编报工作，并对本部门内部控制汇总报告的真实性和完整性负责。其职责主要是布置本部门行政事业单位内部控制年度报告编报工作并开展相关培训，组织和指导本部门行政事业单位内部控制报告的收集、审核、汇总、报送、分析使用，组织和开展本部门行政事业单位内部控制报告信息质量的监督检查工作，组织和指导本部门行政事业单位内部控制考核评价工作，建立和管理本部门行政事业单位内部控制报告数据库。

第三章 行政事业单位内部控制报告的编制与报送

年度终了，行政事业单位应当按照本制度的有关要求，根据本单位当年内部控制建设工作的实际情况及取得的成效，以能够反映内部控制工作基本事实的相关材料为支撑，按照财政部发布的统一报告格式编制内部控制报告，经本单位主要负责人审批后对外报送。

行政事业单位能够反映内部控制工作基本事实的相关材料一般包括内部控制领导机构会议纪要、内部控制制度、流程图、内部控制检查报告、内部控制培训会相关材料等。

行政事业单位应当在规定的时间内，向上级行政主管部门报送本单位内部控制报告及能够反映本单位内部控制工作基本事实的相关材料。

第四章 部门行政事业单位内部控制报告的编制与报送

各部门应当在所属行政事业单位上报的内部控制报告和部门本级内部控制报告的基础

上，汇总形成本部门行政事业单位内部控制报告。

各部门汇总的行政事业单位内部控制报告应当以所属行政事业单位上报的信息为准，不得虚报、瞒报和随意调整。

各部门应当在规定的时间内，向同级财政部门报送本部门行政事业单位内部控制报告。

第五章　地区行政事业单位内部控制报告的编制与报送

地方各级财政部门应当在下级财政部门上报的内部控制报告和本地区部门内部控制报告的基础上，汇总形成本地区行政事业单位内部控制报告。

地方各级财政部门汇总的本地区行政事业单位内部控制报告应当以本地区部门和下级财政部门上报的信息为准，不得虚报、瞒报和随意调整。

地方各级财政部门应当在规定的时间内，向上级财政部门逐级报送本地区行政事业单位内部控制报告。

第六章　行政事业单位内部控制报告的使用

行政事业单位应当加强对本单位内部控制报告的使用，通过对内部控制报告中反映的信息进行分析，及时发现内部控制建设工作中存在的问题，进一步健全制度，提高执行力，完善监督措施，确保内部控制有效实施。

各地区、各部门应当加强对行政事业单位内部控制报告的分析，强化分析结果的反馈和使用，切实规范和改进财政财务管理，更好发挥对行政事业单位内部控制建设的促进和监督作用。

第七章　行政事业单位内部控制报告的监督检查

各地区、各部门汇总的内部控制报告报送后，各级财政部门、各部门应当组织开展对所报送的内部控制报告内容的真实性、完整性和规范性进行监督检查。

行政事业单位内部控制报告信息质量的监督检查工作采取“统一管理、分级实施”原则。中央部门内部控制报告信息质量监督检查工作由财政部组织实施，各地区行政事业单位内部控制报告信息质量监督检查工作由同级财政部门按照统一的工作要求分级组织实施，各部门所属行政事业单位内部控制报告信息质量监督检查由本部门组织实施。

行政事业单位内部控制报告信息质量的监督检查应按规定采取适当的方式来确定对象，并对内部控制报告存在明显质量问题或以往年份监督检查不合格单位进行重点核查。

各地区、各部门应当认真组织落实本地区（部门）的行政事业单位内部控制报告编报工作，加强对内部控制报告编报工作的考核。

行政事业单位应当认真、如实编制内部控制报告，不得漏报、瞒报有关内部控制信息，更不得编造虚假内部控制信息；单位负责人不得授意、指使、强令相关人员提供虚假内部控制信息，不得对拒绝、抵制编造虚假内部控制信息的人员进行打击报复。

对于违反规定、提供虚假内部控制信息的单位及相关负责人，按照《中华人民共和国会计法》《中华人民共和国预算法》《财政违法行为处罚处分条例》等有关法律法规规定追究责任。

各级财政部门及其工作人员在行政事业单位内部控制报告管理工作中，存在滥用职权、玩忽职守、徇私舞弊等违法违纪行为的，按照《中华人民共和国公务员法》《中华人民共和国行政监察法》《财政违法行为处罚处分条例》等国家有关规定追究相应责任；涉嫌犯罪的，移送司法机关处理。

第八章　附　　则

各地区、各部门可依据本制度，结合工作实际，制定相应的实施细则。

本制度自 2017 年 3 月 1 日起施行。